国家社会科学基金项目
哈尔滨商业大学应用经济学学科建设项目 资助

区域经济协调发展的财税政策创新与机制研究

王曙光 著

科学出版社
北 京

内容简介

本书以国家“十四五”规划为指导，以区域经济协调发展的财税政策创新与机制研究为对象，按照“厘清区域经济发展格局—确立区域经济协调发展财税政策—释析区域发展差异化的财税政策内容—完善区域经济协调发展财税政策机制—建立区域财税政策与其他宏观政策联动机制”的思路，从区域经济协调发展财税政策与机制的研究背景、目的意义、国内外研究、理论分析和相关理念等方面入手，运用比较、文本、实证和网络等分析方法，释析了区域经济发展差异及其区域财税政策状况、问题、成因及其对策。

本书既可作为高等财经院校财政学、区域经济学等专业研究生教学的参考书，也可作为财经领域工作人员和社会有识之士的参考读物。

图书在版编目（CIP）数据

区域经济协调发展的财税政策创新与机制研究 / 王曙光著. —北京：科学出版社，2022.12

ISBN 978-7-03-072673-5

Ⅰ. ①区… Ⅱ. ①王… Ⅲ. ①地方财政-财政政策-研究-中国 ②地方税收-税收政策-研究-中国 Ⅳ. ①F812.7

中国版本图书馆 CIP 数据核字（2022）第 111728 号

责任编辑：陶 璇 / 责任校对：樊雅琼

责任印制：张 伟 / 封面设计：无极书装

科学出版社 出版

北京东黄城根北街 16 号

邮政编码：100717

http://www.sciencep.com

北京建宏印刷有限公司 印刷

科学出版社发行 各地新华书店经销

*

2022 年 12 月第 一 版 开本：720 × 1000 B5

2022 年 12 月第一次印刷 印张：16

字数：323 000

定价：170.00 元

前　言

中国共产党第十八届中央委员会第三次全体会议确定了“财政是国家治理的基础和重要支柱”①的定位；中国共产党第十九次全国代表大会以来提出了“实施区域协调发展战略”和“加快建立现代财政制度”②等政策目标与要求；国家“十四五”规划指出了“优化区域经济布局，促进区域协调发展”③等深入实施区域协调发展战略的具体路径。当前，在中国宏观经济企稳反弹、微观绩效、结构调整和新动能培育度持续改善的现实背景下，区域经济发展协调状况良好，但受国际贸易保护主义抬头、经济波动仍频，以及区域间经济观念和行政壁垒套叠等国内外诸多不确定性因素影响，区域经济分化、生态失调、要素配置失序和收益分配失衡等新旧矛盾亟待纾解。财政为调控宏观经济、推进区域协调发展、加快国家治理体系和治理能力现代化的重要工具，应从规范政府行为和激发财政效应等视角出发，创新财税政策和理顺财税机制，促进实现区域经济协调发展和人民福祉最大化的目标要求。

全书的主要观点和创新意义：现行财政转移支付政策对区域经济发展有一定的促进作用，但仍有待改善的空间；明确提出“五型财税”（服务型、法治型、绩效型、预算型和自主型）价值理念和兼顾公平与效率的“中和位育”政策思路；提出了创新先发区域经济发展的“积极性”财税政策和创新后发区域经济发展的“激励性”财税政策的内容；规范了区域经济协调发展财税利益分配、风险共担、监督管理、扶持合作和风险化解机制体系，以及提出建立区域财税政策与其他宏观调控政策联动机制体系，特别是在创新区域经济协调发展财税政策、“中和位育”积极财政政策思路、区域财税政策机制体系、横向财政转移支付政

---

① 中国共产党第十八届中央委员会第三次全体会议公报. http://www.gov.cn/hudong/2015-06/09/content_2875841.htm，2015-06-09.

② 习近平. 决胜全面建成小康社会 夺取新时代中国特色社会主义伟大胜利——在中国共产党第十九次全国代表大会上的报告. http://www.gov.cn/zhuanti/2017-10/27/content_5234876.htm，2017-10-27.

③ 中华人民共和国国民经济和社会发展第十四个五年规划和 2035 年远景目标纲要. http://www.gov.cn/xinwen/2021-03/13/content_5592681.htm，2021-03-13.

策体系和财税政策效应实证方法等研究课题方面，具有一定的创新性和积极的现实性。

本书选用的东部、中部、西部和东北四大区域经济发展相关数据、财税政策和法律制度等资料，其时间截至 2020 年 10 月。书中非特殊说明和注明的数据，均来自《中国统计年鉴》（2020 年）、《中国财政年鉴》（2020 年）和财政部等官网资料。

本书是在王曙光主持的“区域经济协调发展的财税政策创新与机制研究”（国家社会科学基金，2020 年结题）课题研究的基础上修改而成的。该课题参加人包括蔡德发、周丽俭、李兰、张小锋、仲深、金向鑫、李金耀、章力丹、高志勇和王熙炎，执笔人为王曙光、李金耀和章力丹；孙慧玲副教授、博士研究生张泽群、王晰、李贺和硕士研究生白佳艳、王昊岩参与了本书部分内容的修订和数据更新，以及资料收集和文字校对等工作。全书由王曙光教授总纂和定稿。

本书在撰写和出版过程中参考了诸多的著述和期刊等资料，得到了哈尔滨商业大学和科学出版社的大力支持，在此一并表示衷心的感谢！

囿于作者水平及可考资料，书中难免存在不足之处，敬请同仁志士惠教，更欢迎广大读者的批评指正。

王曙光

2021 年 12 月

目　录

第一章　绪　　论

第一节　研究背景及意义

一、研究背景

“区域经济协调发展”一词，最初被用于经济维度上差异灭失的静态水平或动态过程。它的意义源于其所描述对象的经济特征及在现实（实然状态）或理论（应然状态）中的区别，正因如此，作为系列“时空的知识”的集合，它一直被用于阐释和引发人们对过去、现在和未来的重要讨论，同时在经济学学术研究之外，它也在思想争鸣和政治探讨中占有一席之地，不论是在中国特色社会主义市场经济发展早期阶段，还是在当下，它总能促使人们思考和解决重大的历史问题、现代文明及经济社会体制中的根本矛盾，主要体现在以下方面：一是如何有效拉近区域之间的收入差距，保障辖区居民公平与自由发展的权利；二是如何增进经济调控政策的统筹性，将经济与经济政策高度拟合；三是如何明晰市场在跨区域资源配置中的协调机制，消除地方保护主义和政府短视行为。总体而言，随着市场经济体制内含的经济行为原子个体化倾向、不确定性长期存在和经济发展压力升级等现象，区域经济的社会福利和公共利益效应的思考维度也得以延展，具体表现为：自然资源或自然资本（环境、气候和能源）的优势互补和保护补偿机制；文化资源或社会资本（凝聚力、惯例习俗和价值观念）的存续、融通和发展。纵览历史，中华人民共和国成立以来，诸次发展理念的重大调整都带有明显的区域性指向，而在新时代中国经济发展转型中，实现区域经济共同体利益协调不论是在技术上还是在理念上依然是基础性和前沿性论题。

在当前各领域全面深化改革、逐步落实“四梁八柱”主体框架构建的过程中，“坚持以人民为中心”的科学发展理念逐步得以彰显和确立，现代市场经济的基本经济制度愈发完善，区域发展协调性持续增强。在区域经济协调发展逐步由“历史—时间”纵向维度拓延至“社会—空间”“生态—空间”横向复合维度的过程中，如何以习近平总书记提出的“创新、协调、绿色、开放、共享”发展理念认识，把握和引领经济发展新常态，探索和创新区域经济协调发展的困局与出路，是新时代所赋予的挑战和机遇。一方面，在新兴经济体崛起、国际地缘合作深化、产业分工转型的宏观背景下，中国在深化原有“四大板块”区域战略基础上，适时推行新型城镇化、长江经济带发展、京津冀协同发展、粤港澳大湾区、“一带一路”、“乡村振兴”等建设，逐步形成了一条多元化、渐进式的中国特色区域经济协调发展道路；另一方面，在贸易主义抬头、经济波动周期仍频、传统区域间体制机制和观念意识壁垒互相钳制等诸多不确定性因素下，区域发展分化、生态规制失调、要素配置失序和收益分配失衡等新问题不断产生。这意味着在总结历史政策经验背后的深远意义（形态、动力、问题和影响）的基础上，超越和建构政策创新理论和机制体系，纵深化推进区域经济发展全面协调，以此形成社会、政治和生态等诸多向度的协调机制是一条可行的研究进路。

如果“区域经济学”可以简单地概括为“从经济学角度研究区域经济发展和区域关系的一门应用学科”，“经济地理学”可以简单地概括为“研究人类经济活动地域系统的形成过程、结构特点和发展规律的学科”，那么理论上的理性人假说可以将区域经济协调发展的研究进路限定于“效率之轨”中。从现实看，区域经济发展差异与分化，在某种程度上也是在对效率的过度追求中所产生的顽疾与新病，亚当·斯密“正是自利引导着社会效益最大化”的“无形之手”成为“虚假意识”。这也从反面解释了西方各国在主张自由放任的市场经济的同时，逐步增强了经济管控的措施和加大了管控范围，尤其是在后工业化时期应对各国区域发展不平衡的问题上，可以说混合市场经济秩序已在西方获得更多共识。中国优势体现为促进区域经济协调发展的财税政策所具有的逻辑承续性和渐进性，特别是 1998 年开始实施的积极财政政策，继而 2014 年、2015 年和 2017 年国家又分别提出“更有力度”、“加大力度”和“更加积极有效”的积极财政政策。2017 年党的十九大报告更是指出了建立现代财政制度的具体要求，即“建立权责清晰、财力协调、区域均衡的中央和地方财政关系。建立全面规范透明、标准科学、约束有力的预算制度，全面实施绩效管理。深化税收制度改革，健全地方税体系”。2018 年以来，积极的财政政策目标由 2018 年的“更加积极有效”，到 2019 年的“加力提效”，再到 2020 年的“更加积极有为”，最后到 2021 年的“提质增效”，可以看出政策的针对性和实效性持续增强，因而从历史坐标看，中国现代财税政策的供给方式、作用效应和机制体系，对保障区域经济发展协调性具有积极的理论和现实意义。

中国区域协调发展财税政策的最终目标是保证人在充分自由发展中的协同进步，不仅是经济层面，更包括社会、政治、文化和生态层面，而如何将财税政策有机地嵌入，减弱制度成本（负效应）和增强政策效益是关键。同时，就中国财税政策本身改革现状来看，无论是制度主义维度还是行为主义维度，无论是分析范式层面钱颖一的“财政联邦体制”、荣敬本的“压力型体制”、周飞舟的“以利为利财政模式”和刘尚希的“公共风险推力模式”等理论主张，还是在亚洲基础设施投资银行等超国家层面的财政治理创新实践下，财税政策和机制建构的研究仍有很大的挖掘空间。研究区域经济协调发展的财税政策创新与机制的过程就是完善其动力体系和增强其政策赋能的过程，这主要体现在价值理念和技术指南两个层面，如财税政策对私营经济管理模式的宣示效应和对市场投资的实际汲水功能等。简而言之，其核心内容可归纳如下：地方政府在财税法治层面严格的自律、在区域经济发展层面适度的自利、在政策施行层面科学的自治、在决策拟定层面广泛的慎议。因此，对以上问题的研究，都应基于对中国各区域板块经济增长的引擎源自何者（发展异质性问题）、财税政策刺激是否短期有效而长期有害（财政赤字控制问题）和公共资本同财富与经济权力的关系（分配体制改革问题）等问题的现实考察。当然，正如以约翰·梅纳德·凯恩斯为代表的开明经济学家一再强调的那样，对经济政策怀有再多谦卑的谨慎态度也不为过，这一警示也将贯穿本书研究的始终。

二、研究目的

从“财政乃庶政之母”到“更好发挥财政在国家治理中的基础和重要支柱作用”，公共财政体系及其新兴框架的建立意味着财税政策在促进区域经济协调发展过程中拥有了更多机遇和挑战。尽管财税政策工具箱中可以加以运用的工具并没有想象中那么大的变动，但当代经济研究技术维度的发展和新型调控思想却为财税政策有效性的提升扩展了实质空间。当然，财税体制改革在原理层面是显而易见的，但在实践中却未必能得到良好的预期结果。本书是在厘定财税体制研究范畴的基础上，分析财税政策创新不足和贯彻执行存在偏差等问题，提出多元的财税政策创新与机制组合，旨在为新时代中国区域经济向更高层次和更高水平协调性方向发展提供有益参考。

需要说明的是，财政政策的创新不但涉及新的规程问题，而且还牵涉到系统层面。无论是从价值再分配的中国道路视角，抑或是从风险管理和公共部门的经济学一般理论视角，以及提升地方政府公共财政治理能力视角，财税政策创新与机制的构建都显得尤为重要。正如我们在前文中所言：区域经济发展早已不能与地区生产总值增长等量齐观，其维度已经拓延至社会、政治、文化和生态层面，既不可偏废更不能割裂，其实质是社会福祉的协同。因此，基于各区域起点的多样性应对财税政策机制进行统筹规划，在更大程度上发挥提取、渗透、规制和分配的效用也是本书研究的旨归。

三、研究意义

（一）理论意义

空间是生活世界的基本组成部分，中西方区域经济发展的经验都已证明：区域发展不均衡是市场经济快速发展带来的阵痛，而公众民主意识和权利意识的觉醒，使得其对幸福感和获得感的追求也愈加强烈，在借鉴新发展理念、区域发展理论、财政分权理论、政策网络理论和机制设计理论的基础上，本书提出区域经济协调发展的根基是公共共识的获取和构建形成的形式理性，即既将经济计算作为手段也将其作为目的，以获得普遍适用的法律、法规、规则和政策。由此，将区域的视域抽象化为场域的角度，进而明确对其多元性内容物的财税政策作用路径进行研究是逻辑自洽的方法，并形成场域财税政策研究范式，在此进一步深化本书前期研究成果，即“确立先发（东部沿海）地区实施积极性的财税政策、后发（东北与中西部）地区实施激励性的财税政策”，形成理论进路明确、归纳统一的财税治理理论框架。

从财税政策研究的一般方法看，本书运用跨学科有机融合的方式，破除以市场失灵为切入点的传统路径，这是由施策对象的特殊性决定的。本书将区域升格为场域，“现实的区域”“虚拟的区域”“观念的区域”更多涉及的是法学、管理学、社会学、政策学和生态学等，如何将“善治良序”“新公共管理”“递归演化”“复杂网络”的思路和方法有机融合到财税政策和机制研究中，是本书持续探索的主干，也是对财税政策价值理论领域的填补。总体而言，财税政策的施策对象并非必然是产业经济，而是更多地从决策环节及政策行为管理本身考察人本主义关怀，从而拓宽其作用领域，进而加大对社会福祉的提升力度。

（二）实践意义

财税政策是政府经济调控的核心手段之一，本书通过梳理和实证分析现行区域经济协调发展的财税政策，阐释其问题并提出相应的对策建议，对稳步落实新时代区域协调发展战略具有重要的实践意义，主要表现在以下四个方面。

第一，有利于推进新时代区域协调发展战略的实施。明确区域经济协调发展战略的内涵，即明确了战略的基本方向，基于此提出促进区域经济协调发展的合力体系及基本路径。其中，区域经济协调发展战略是以区域开放、利益共享和风险共担为前提，四大区域相互分工合作和后发地区加快发展，使区际发展差异稳定在合理适度的范围并逐步收敛，最终形成人的自由全面发展“联合体”协同增益格局的基本方略。以区域开放、利益共享和风险共担为前提是指统筹国内国际两个市场和两种资源，形成互利共赢、多元平衡和约束有效的融合型经济体和制度机制框架；以四大区域相互分工合作、加快后发地区经济发展是指缩小区域经济水平、居民福利和财富分配的差距，以保障经济秩序稳定和可持续发展，这是解决区域经济发展中的深层矛盾和风险隐患的根本要求；以区际发展差异稳定在合理适度的范围并逐步收敛是指科学利用“五位一体”总体布局与“四个全面”战略布局的整体与局部的辩证关系；人的自由全面发展“联合体”协同增益格局是指要素自由流动、主体功能约束有效、基本公共服务均等、资源环境可承载协调发展，体现在理顺发展关系、拓展发展空间、提升发展效能方面，增益体现在增加经济总量和提升人民福祉方面。

第二，有利于推进区域经济协调发展财税政策改革进程。中国促进区域经济协调发展的财税政策具有连续性和渐进性，本书认为中国财政体制改革的路径具有显在的渐进式逻辑，但该渐进式逻辑在一定程度上造成了部分区域利益主体难以获得灵活补偿、发展机会受到侵蚀等。本书基于对区域经济发展现行财税政策和区域经济协调发展财税政策的实证分析，提出了完善区域经济协调发展的财税政策建议，为倒逼财税政策调整和体制改革提供了有益参考。

第三，有利于为规管地方政府之间财政竞争行为提供指导。本书在进行实证分析的基础上，明确了现阶段区域发展进程中存在的政府财政竞争空间格局，并通过规范性分析，明晰了中国地方政府间的利益冲突原因及表现，通过理论推演提出解决区域经济协调发展中的政府竞争的基本逻辑，即推动主动型的标杆管理替代被动型的标尺竞争；强化绩效管理和提升公共服务的外溢效应等。在实操层面，完善标准财政支出和标准财政收入的核算优化模型并进行仿真，提升规范地方政府财政竞争和财力缺口对策的应用价值。

第四，有利于为区域经济协调发展财税政策决策提供参考。基于对现行区域经济协调发展财税政策的问题分析及优化框架的一般性讨论，分别提出创新先发区域经济发展的“积极性”财税政策、创新后发区域经济发展“激励性”的财税政策和完善区域经济协调发展的财税政策机制三大核心建议，同时优化了促进区域经济协调发展的相关政策机制，主要包括联动有效的多元财政政策、规范科学的税收管理政策、更加积极协调的财政政策和更加优惠友好的税收政策，以及优化财税利益分配机制、完善财税风险共担机制、健全财税监督管理机制、明确财税扶持合作机制和加强财税风险化解机制等。

第二节　国内外文献综述

关于区域经济发展论题的思考，国内外财政经济学界较为传统的着眼点一般是将其纳入资源与环境经济、区域经济、经济地理、空间经济乃至城市与区域政治经济等经典理论的分析范畴。在不同的研究视域下，其关注的重点和归旨亦不尽相同。本节主要阐述主流经济学、区域学、政策学、财政学和税收学等专家学者在刻画和理解经济活动区域、空间组织形态和促进区域经济协调发展的财税政策及其他公共政策辩论等诸多议题上的主要贡献，以及重点梳理和分析财税政策在消除区域间不平等过程中的作用机制，特别是区域经济协调发展财税政策的思路、效应、缺陷和对策的研究。

一、国外文献综述

（一）区域经济发展的相关理论积淀

区域经济发展的相关理论可以概括为研究区域经济发展一般规律的经济学说的集合，其具体内容包括：生产要素在区域内和区域间进行有效配置；生产力的空间组织与布局；区域间经济发展关系及相关变动趋势；产业与就业结构调整；区域经济发展的文化、制度和社会基础[①]等。总体而言，其产生的出发点可以视为对新古典增长模型的补充和批判性反思[②]，基于正统区域经济学理论的发展主干，对区域经济发展现象的分析逐渐被定位为产品、信息和劳动力等诸要素流动成本与经济集聚产出权衡的结果（陆铭等，2011）。可以说，此类分析仍然限定在成本-收益分析的范式之内，基本思路是对发展经济理论所探讨的国家进行降

---

① 正如荷兰经济学家让·博西玛和英国经济学家让·马丁在其著作《演化经济地理学手册》一书中提到的，区域和城市发展的“制度”或“文化”转向已经发生。同时，以下诸多引用量颇高的经典成果也表明了从人文主义视角研究“区域”或“地方”的学术热潮（Turner，1973；Townsend and Taylor，1975；Brons，2010；Clifton，2011；Huggins and Thompson，2017；段义孚，2017；Puscasu，2018；Gründler and Köllner，2018）。

② 新古典经济增长理论的基本结论是在储蓄率、技术条件和人口增速相同的情况下，经济在国家或地区之间会出现绝对或无条件的趋同（Barro，1990）；而 20 世纪 50 年代时在凯恩斯主义的影响下，经济学界的普遍共识如下：市场的力量只会强化区域之间的发展差异，如极化理论、贫困恶性循环理论、增长极理论、回波效应理论、涓滴理论、倒“U”形理论、核心边缘发展理论等（Rosenstein-Rodan，1943；讷克斯，1966）。

维从而形成区域产出矩阵等诸多指示符（陆铭等，2011），而在此过程中，一部分偏离经济学家传统经济分析范式，转向其他社会科学寻求关于区域洞见的经济地理学派逐渐崛起。在其理论框架中，研究的重点主要集中在不完全竞争和诸多非经济因素影响下的市场失灵问题，同时他们也强调地理对经济竞争力和经济增长的具体影响①。当然，如果忽略学说史分析，仅就经典文献研究的功利主义而言，对关于"区域科学"的经济研究进行分门别类无甚意义，反而会增加对真实世界体认的阻碍，因此本节内容所列举和讨论的学说，仅以其对区域经济发展知识的贡献面向为基本分类依据。

（1）关于区域经济增长要素的研究。区域经济增长与发展的影响因素历来受到发展经济学等学科的重视，早期古典经济发展理论较为强调资本、劳动力和土地在经济增长中的作用（Smith，1976；Letiche，1960；Bell，1992），新古典经济发展理论强调资本积累和技术进步在经济增长过程中的作用（Lucas，1988；Mankiw et al.，1992；Grossman and Helpman，1993），现代发展理论则更多地强调人力资本和技术创新对经济增长和发展的贡献（Becker et al.，1990；Freeman，2002；Fleisher et al.，2010；Castelló and Doménech，2002；Maxwell，2009；Greenhalgh and Rogers，2011；Thompson，2018）。20世纪末至今，诸多区域经济增长理论及模型所包含的影响经济增长和发展的因素主要有投资、技术进步、人力资源和自然禀赋等。此外，还有一些因素由于量化口径难以统一等原因无法纳入模型，这些因素对区域经济增长的影响机制较为复杂，如文化环境②、气候环境（Lecocq and Shalizi，2007；Eboli et al.，2010；Mathiesen et al.，2011；Roson and van der Mensbrugghe，2012；Piontek et al.，2019）和地方政府治理能力（Edmund，2004；World Bank，2007；Freeman and Quinn，2012；Bolívar，2016；Aregay，2018）等。

（2）关于区域经济增长特点的研究。区域经济增长与区域经济发展是既相

① 如诺贝尔经济学奖保罗·克鲁格曼和迈克尔·波特认为，经济活动的空间集聚过程是收益递增的重要源泉之一，也正是基于对贸易模式、路径依赖等领域的研究，克鲁格曼将地理的经济学研究统一形成数学动态分析体系，并将其命名为"新经济地理学"（Krugman，1991；藤田昌久等，2013）。

② 文化环境意指一个经济区域内，人们在生产和生活中所形成的价值观念、思维方式、风俗习惯和道德规范的总和。将文化要素引入区域经济发展议题进行思考严格意义上起源于19世纪末20世纪初，其标志是1899年出版的美国经济学家托斯丹·邦德·凡勃伦著作《有闲阶级论：关于制度的经济研究》（*The Theory of the Leisure Class: An Economic Study of Institutions*）和1904年发表的德国社会学家马克斯·韦伯论著《新教伦理与资本主义精神》（*The Protestant Ethic and the Spirit of Capitalism*），目前有关对区域经济发展的影响研究可以参考Johnson和Lenartowicz（1998）、Kanatas和Stefanadis（2005）、Spolaore（2014）、Ostapenko（2016）、Oakley和Ward（2018）的研究。

互联系又相互区别的概念[①]，梳理区域经济增长与发展的规律是经济理论服务于实践的最基本要求。经济增长指的是更多的产出，而经济发展既包括更多的产出，也包括产品和分配所依赖的技术与体制安排上的变革（Kindleberger，1981）。区域经济增长和经济发展之间存在着包容与互动关系（Iyer et al.，2005；Huggins et al.，2014），一方面，区域经济发展包容着区域经济增长，增长是发展的必要条件，没有经济总量的增长，经济实力就不可能得以增强，经济、社会和政治结构的调整与变革也就变为无根之木，但也存在着有增长无发展的情况，如无工作的增长（jobless growth）、无声的增长（voiceless growth）、无情的增长（ruthless growth）和无未来的增长（futureless growth）[②]等模式；另一方面，社会经济发展水平的提高，物质财富和精神财富的积累，社会、文化和政治结构的优化，也必然会提高区域经济增长速度和幅度（Cooke et al.，2005；Beugelsdijk，2007；Jackson，2009；Stuetzer et al.，2018）。

正如对第一部分的文献总结，区域经济增长与发展同时受到地方政府治理能力、产业技术力量、区域内营力和外营力等内外动因的影响，且呈现出一定的规律性，而对区域经济发展规律特征的认识，可以将其归纳为时序上的阶段性、周期上的波动性、空间上的转移性三大特征。

第一，时序上的阶段性。在理论研究层面，经济学家通常以不同发展水平的特征来划分不同区域经济增长和发展的阶段，而其具体考量的维度却大不相同，以 20 世纪 60 年代为划分界线，主要分为早期阶段论和现代阶段论。区域经济发展阶段理论可追溯到英国经济学家詹姆斯·斯图亚特，他在 1767 年出版的《政治经济学原理研究》中通过对空间集中、经济活动区位、城市和区域成长原因的系统分析，提出区域经济演化经历了单部门的原始农业阶段、城市化阶段和制造业为主的分工阶段（Youngson，1967），以此为逻辑，历经亚当·斯密、李斯特等的发展，标准阶段次序理论出现在 20 世纪中期，即自给自足经济阶段、乡村工业兴起阶段、农业生产结构转移阶段、工业化阶段和服务性阶段（Hoover and Fisher，1949）。依据钱纳里的六阶段论（Chenery and Taylor，1968），惠特

---

① 一般而言，区域经济增长指以劳动地域分工为基础客观形成的不同层次、各具特色的经济区域在一定时间内生产的产品和劳务总量的增加，主要表现为经济指标如国民生产总值、人均国民生产总值、人均收入、就业水平、人口规模等在数量上的增长；区域经济发展指包括经济、社会和政治结构在内的一系列变化，主要包括投入产出结构、消费结构、空间分布、产品技术结构、分配状况、生活水平、政治制度等要素的动态演变过程，较区域经济增长的内涵更加丰富。

② 分别指：经济增长较快但没有提供充足的就业机会；经济增长没有与民主自由的扩大相联系；经济增长加剧收入分配不公平；经济增长以自然资源的消耗和环境恶化为代价（Caballero and Hammour，1998；帕特南，2015）。帕特南教授在《使民主运转起来：现代意大利的公民传统》一书中提出了“社会资本”概念，而在其另一部著作《独自打保龄：美国社区的衰落与复兴》的第 19 章则将民主因素对社区（区域）经济增长差异的影响进行了直接的衡量（帕特南，2015）。

曼·罗斯托依据工业发展水平、经济结构和生活质量等维度，将区域经济发展划分为六阶段：传统社会阶段、起飞准备阶段、起飞阶段、成熟阶段、高额消费阶段和追求生活质量阶段（Rostow，1971）。经过维拉四阶段论（Suarez-Villa，1989；Sheppard，1991）的发展和深化，波特依据增长要素特征将经济发展划分为要素驱动、投资驱动、创新驱动和财富驱动四大阶段（Porter，1990）。此外，也有学者基于社会政治及心理层面对区域经济发展的时序阶段性进行研究，如美国社会学家的阿莱克斯·英格尔斯的"现代人理论"和丹尼尔·勒纳的社会心理"传统–现代二分模型"（Mcnall et al.，2010）。

在经验研究层面，西方学界也越来越多地考虑区域经济发展阶段论对要素作用的发挥、社会福祉的实现之影响及后者对前者的纠正。例如，有学者认为通过道德和创新创业能力完成对贫困的消除是美国经济完成向罗斯托第六阶段迈进的主要任务（Farley，1981）；通过运用动态增长模型计量分析证明贸易自由化对经济增长的影响因经济发展阶段而异，其中与其他发展中国家相比中等偏下收入国家平均从贸易自由化中的受益至少多于 3%（Paudel，2014）；运用能源消耗指数、地区生产总值、劳动能源消耗指数和国内生产部门构成与分布等指标，对区域经济的阶段进行重新划分，包括不成熟期（immature stage）、成熟期（mature stage）和衰老期（senescent stage）（Broadberry and Klein，2012；Matutinovic et al.，2016）。

第二，周期上的波动性。在理论研究层面，传统区域经济周期一般以宏观经济周期的附属物为研究对象，包括基钦周期存货理论或曰短波理论、朱格拉中周期理论、康德拉季耶夫长周期理论、库兹涅茨周期和熊彼特以技术创新为依据形成的"二阶段周期模式"等，但以宏观经济规律理解一国之内区域间的经济周期波动性往往会产生一定的偏差，因而真正意义上的区域经济周期研究是在 20 世纪前半叶逐步产生的（Vining，1945），而随着数据处理技术的发展、实际经济周期理论（real business cycle，RBC）模型的兴起，20 世纪 90 年代起，区域经济周期波动性研究产生了大量的成果，如将技术沿革、贸易条件和产业状况作为非对称性要素融合至 RBC 以研究先发和后发区域间经济协动性的"南北经济发展周期模型"（Baxter and Kouparitsas，2005；Dixon and Shepherd，2013）。同时，受新凯恩斯主义的影响，"实际刚性""信息不对称"等假设被引入动态一般均衡理论对话平台中（Greenwald et al.，1993；Mona，2008；Criste，2009；Althaus，2010；Chung，2016；Krugman，2019）。

在经验研究层面，目前西方学界主要关注的是区域经济周期的同步性及相似性的影响因素等方面。就区域经济周期的同步性而言，指标的选定一般包括失业率、实际工资和平均工时等核心指标，也有部分文献利用经济周期波动的幅度、区位势能、非对称性和持续时间等因素进行研究（Crone，2005；

Mughal and Ahmed，2014；Arias，2018），其结果则随着时间和区域的差异而不同，总体来看，一国内区域间经济发展同步性要高于国际区域经济发展同步性，且与国家宏观经济水平呈正相关关系；而关于区域经济周期相似性的影响因素研究，则集中于区域产业结构、调控政策、市场一体化、要素流动等方面（Bande et al.，2008；Soskice et al.，2016；Faraz and Iftikhar，2020；Burger et al.，2017）。

第三，空间上的转移性。在理论研究层面，区域经济空间上的转移性通过对要素或产业的路径作用于扩大或缩小区域间经济发展不平衡的状态，其具体的转移模式包括赤松要的雁行理论、冈纳·缪尔达尔的循环累积因果理论、弗里德曼基于劳尔·普雷维什提出的“中心—外围”理论、雷蒙德·弗农的产品生命周期理论、威尔斯等提出的区域经济梯度转移理论和基于系统性原则的演化经济地理理论，其中演化经济地理理论的构架及核心内容如图 1.1 所示（博西玛和马丁，2016）。

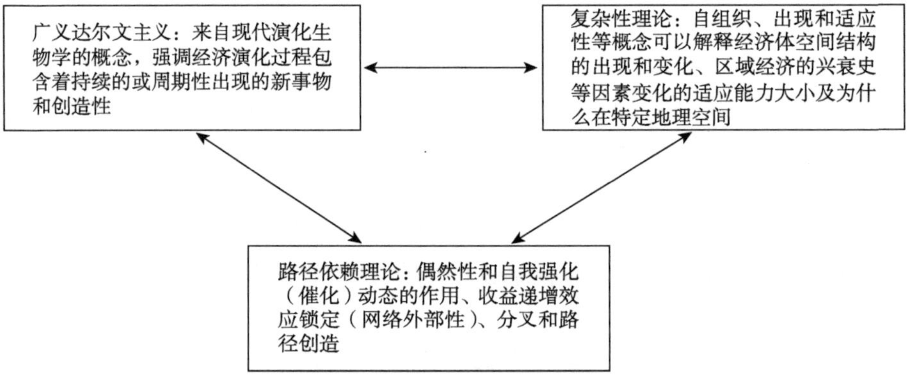

图 1.1　演化经济地理理论的构架及核心内容

西方学界对区域经济空间转移性的研究一般以经济集聚（economic agglomerations）及其背后的集聚力量（agglomeration forces）和分散力量（dispersion forces）等由来已久且已然发挥核心作用的观念进行思考，因此演化出从对土地利用与资源配置定价（von Thunen，1826），到关注企业及产品空间竞争决策机制（Hotelling，1929），再到报酬递增与不完全竞争在跨区域市场中的相互作用及空间竞争（Krugman，1991；Krugman and Venables，1995）的学说。时至今日，特别在经验研究层面，基于封闭经济的两区域 CP 模型[①]、开放经济的产业集聚收敛及其福利效应、空间动态效率与公平等话题成为西方学界关注的核心。例如，一般认为当国际贸易条件较弱时，一国内区域差异将出现扩大的趋势，反之则会有利于区域平衡（Behrens et al.，2007；Sabaruddin，

① 封闭经济的两区域 CP 模型即指 Krugman 早期建立起的中心—外围模型。

2014；Roh and Kim，2018）；产业的空间分布与知识溢出及其对生产研发效率的影响已成为学界的共识，但区域间收入差距及其最终均衡状态却与它们存在着更为复杂的关系，总体上这与经济集聚的增长效应、财富效应和运输成本效应有较强的关系（Martin and Ottaviano，2001；Agnoletti et al.，2015；Gaspar et al.，2018）。

（二）区域经济协调发展的影响要素

从上述分析来看，经济集聚诚然是目前西方区域经济和经济地理学界研究的重中之重，而且对区域经济协调发展的相关议题很容易让人基于直觉与集聚产生联系，但对经济集聚相关理论研究也不乏批判和反思之音①。我们完全有理由摆脱经济集聚的绝对统领，以构建区域经济协调发展的多元动力机制体系。

自“经济大发展”以来，发展的本质被认为是人类社会在政治、经济、社会和文化方面的演进过程。目前西方学界对区域经济发展的认识可总结如下：为扩大既定区域内的就业、提高收入水平、扩大财富和就业机会而进行的努力（马丁内斯-维斯奎泽和瓦利恩考特，2013）。其中区域经济发展的差异主要体现为经济发展的速度、效果和品质上存在鸿沟，其中描述差异性时西方文献所用到的词包括不平等（inequality）、非协同性（dispersion）、差异化（variation）和非合作性（non-cooperative），而直接研究协调性（coordination）的文献并不多见。

（1）非物质要素对区域经济协调发展的影响。这里所论及的非物质生产要素主要指劳动力分工布局、组织管理、制度要素、技术创新和结构变革等（Kindleberger，1981；North，1992）。其中劳动力分工布局对区域经济发展的影响源于亚当·斯密自由市场条件下的分工理论，其框架如图 1.2 所示。

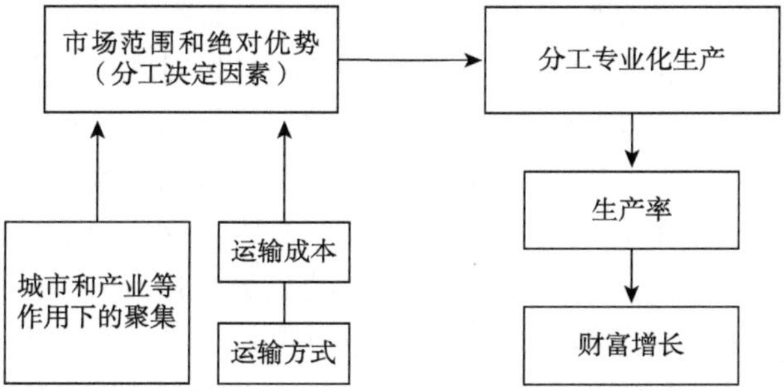

图 1.2　亚当·斯密的劳动力分工理论对区域经济发展的分析逻辑

① 如与藤田昌久（Masahisa Fujita）合著了《集聚经济学：城市、产业区位与全球化》的雅克-弗朗斯瓦·蒂斯教授（Jacques-Francois Thisse）曾直言：“虽然用经济集聚作为统称在某种抽象层面是方便的，但必须牢记的是这一概念体现了不同世界的真实情形……鉴于经济主体的集聚存在于多个层面，能区分各种集聚类别的是研究过程中选取的空间尺度或空间参照单位。”

该古典经济学理论下的劳动分工理论一般逻辑经由赫克歇尔和俄林等新古典经济学家提出的 H-O 劳动禀赋比较优势理论的发展（Ohlin，1967），以及新经济地理学的扬弃纳入空间结构的微观基础分析之中（Drinkwater，2010；Krugman，2015）。目前，基于劳动地域分工理论[①]的大量实证研究阐述了工业多样化对经济发展的重要性，但职业多样化的运作方式有所不同，如职业多样化趋势与就业增长有关，同时也与收入水平较低有关。这表明职业多样性未必能确保工作质量，也未必能保证消除区域间收入的不平等问题（Bagchi-Sen and Pigozzi，1993；Uchida et al.，2013；Shilpi and Fafchamps，2016；Giménez-Nadal et al.，2018）。

此外，制度要素对区域经济发展的影响研究则起源于诺斯对路径依赖理论的应用，诺斯将制度变迁类比为技术变迁，且运用后者的自我增强机制研究制度路径依赖对区域经济发展的影响（North，1982，1992）。之后，遵循此路径，又有一批新制度经济学者将认知结构、政治锁定、社会联系和组织制度等更广泛的制度外延含义引入区域经济增长机制的研究之中，并将制度路径依赖的程度进行定量分析（Aoki，2001；Hassink，2007；Tsiapa et al.，2018）。通过制度路径依赖对区域经济发展差异的研究是静态或动态的解释过程，路径创造（path creation）的概念提出则是根据有条件的均衡实现更加突出经济主体有意识的“建构性”过程，直接因应区域经济增长协调发展这一议题（Garud et al，2010；Soumonni，2014；Sotarauta and Suvinen，2018）。

（2）财政分权对区域经济协调发展的影响。财政行为与区域经济增长的实证研究集大成者罗伯特·巴罗构建了一个引入政府公共开支的内生增长模型。在公共服务免费提供、无拥挤效应和无资本存量、非生产型政府的一系列假设前提下，对含有外部性的生产型财政与非生产型财政、慈善型政府与自利型政府的财政收支行为进行分析，构造出经济增长率、储蓄率与财政收支制度安排之间动态关系的完整分析框架。在 1996 年完成的名为 *Determinants of Economic Growth: A Cross-country Empirical Study* 的报告中，巴罗将研究范围扩大到教育、寿命、生育率、法治化、通胀率和贸易条件等方面，虽然研究成果表明政治自主权对其具有较弱的非线性关系，且呈先增强后减弱的趋势（Barro，1990），但关于一国政府内部各种财政关系对经济增长的影响等问题并未进一步涉及。

Oates（1999）从财政联邦主义的视角认为，如果财政分权可以改善资源配置效率，那么可预计财政制度从集权到分权的转变能提高经济长期增长率，但从各国学者基于本国实际发展状况对财政分权与经济增长关系实证研究的现有文献看，其结论并不一致。Arachi 和 Zanardi（2004）系统总结了意大利政府间财政

① 劳动空间分工理论是由区域经济学家麦茜在人文地理学兴起的背景下提出的（Massey，1979）。

关系改革进程，并释析了其存在的问题，如公共支出职能完全下放到地方政府将会加剧区域间的分化。

Akai 等（2007）使用 1992~1997 年美国 50 个州的面板数据分析了财政分权在区域内和区域间互补性结构下对经济增长的影响效应，其结果表明财政分权与经济增长呈倒“U”形曲线关系，同时计算出最优财政分权度，并提出进一步扩大财政分权空间的政策建议。Vargas 等（2012）运用调整的多重网格（adjusted multi grid equilibrturn，AMGE）方法，证实了财政分权与区域经济增长之间呈正线性相关关系，即财政职能向地方政府转移有利于经济增长（Vargas et al.，2012）。这一正相关性对财政分权最常用的四个指标都是显著的，同时基于 β 和 σ 收敛分析得出财政分权对缩小贫富差异具有积极作用。

（三）区域经济协调发展财税政策的研究

目前西方主流经济学界的基本出发点如下：在考虑各种市场失灵和完全依赖自然调节机制与劳动力流动性导致的社会资本被过度忽视的情况下，总是存在一种作为实现区域协调发展微妙方法的最优财税政策，其基本标准是如果财税政策能成功促使贫困地区经济快速增长，可缩小其未来税赋能力上的差异，因而更能实现均等化或区域经济协调发展。本节主要阐述西方文献中所运用到的区域经济协调发展的财税政策思路及其效果评价，总结学界对区域经济协调发展及其财税政策工具问题的反思与评判。

（1）区域经济协调发展财税政策基本思路。20 世纪 90 年代以来，国际层面的全球化和国内区域间的市场一体化不仅改变了社会经济景观，更加强了各级政府财政决策的依存关系。解决全球公共产品问题的财政博弈在诸如欧洲联盟（以下简称欧盟）和经济合作与发展组织（Organisation for Economic Co-operation and Development，OECD）等超国家组织中得以实现，同时多数发展中国家实施了财政分权改革。不可否认，由于缺少全球意志，世界福利函数无法确定，国家之间的财政合作仍需谨慎对待。评估此类合作所带来经济利益的研究表明，合作的回报大约是 GDP（gross domestic product，国内生产总值）的 0.5%，甚至远不能弥补政府因合作而导致国内政策受限带来的损失（Oudiz and Sachs，1984）；一般而言，像七国集团这样的国际组织则被人们认为只是创造了合作的假象而非实质性合作（Yang and Tobin，1991）。与此相反，对一国中央与地方政府及地方政府间财政关系的研究，自亚当·斯密提出“收益属于地方或省域地方性支出应由当地税收支付”以来，在学界一直处于主流地位。

Barro（1990）在其内生增长模型中首次对政府公共支出与经济增长之间的关系进行了系统研究，Romer（1990）、Lucas（1990）则进一步细化了消费性支出与生产性支出对经济增长的影响，以上研究均认为生产性财政支出对经济增长具有正向效应。Semmler 和 Greiner（2000）证明了公共资源若从生产性支出转向非生产性支出，将导致经济增长率下降。Devarajan 等（1996）则认为与经济增长呈正相关关系的是消费性支出，而生产性支出并未带来 Lucas 和 Romer 所预期的经济增长，反而会对经济增长产生负效应。

从理论层面看，在现代财政治理体系中，横向财政政策与纵向财政政策相得益彰，共同增进兼具效率与公平双重目标的社会经济福利。纵贯政府上下层级的财政政策历来是财政分配关系论和财政联邦制之显学，研究成果丰赡。可见国外对横跨行政管辖区域的政府财政关系的研究，桎梏于财政公共性和区域利益集团性之间的矛盾，以及财政分权下地方政府财政竞争和财政合作之间的矛盾，在传统的财政理论中付诸阙如。随着 20 世纪 50 年代传统财政学向现代公共经济学转变，财政研究的重点由财政收支矛盾向公共部门资源配置有效与否矛盾转变。基于囚徒困境博弈政策抉择模式的探讨，国外学界对政府主体间横向财政权责关系的研究日益丰富。不论何者，区域经济发展财税增长政策都可以纳入经典发展理论进行分析（贝纳西-奎里等，2015），如图 1.3 所示。

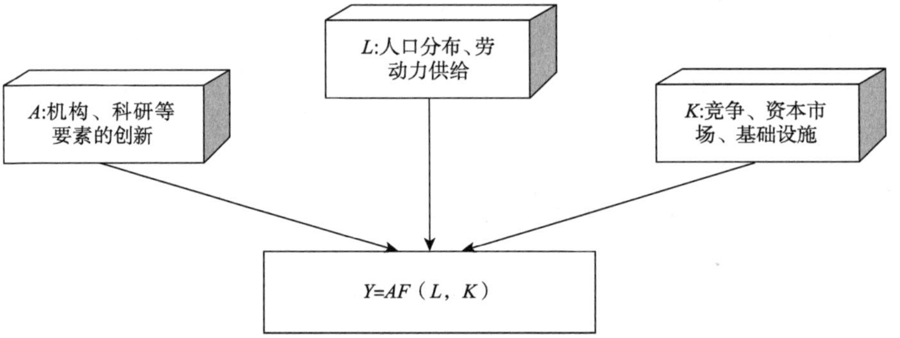

图 1.3　区域经济发展财税政策的基本作用机制

西方学界注重研究更复杂的区域经济协调发展维度下[①]，基于财税政策的规制、计划、融资和管理等方面，对财税政策在促进区域经济协调发展中的作用对象等进行研究，以迈克尔·卢格尔和尼古拉斯·梅纳德的研究成果为代表，见图 1.4。

---

① 更复杂的区域经济协调发展维度，其核心即围绕发展的内涵与外延意义的探讨，如著名发展经济学家瑟尔沃认为：区域发展概念包含各个区域和社会为之奋斗的主要经济、社会目标及价值观；丹尼斯·古雷特则在更广的发展意义上区分了三个基本要素和核心价值：生命的存续、自尊的实现和自由的保障，而自尊涉及自重和独立感，自由则是摆脱贫困、无知和卑贱；阿玛蒂亚·森则是按照权利和能力的扩展来定义他的发展观。同时，也应该注意的是“区域”的定义虽然没有发生太大的变化，但是西方经济学界对它的关注重点却逐渐发生转向，如美国由桥梁建设到供水系统、电气化工程、空港海港，再到现代的通信技术等。

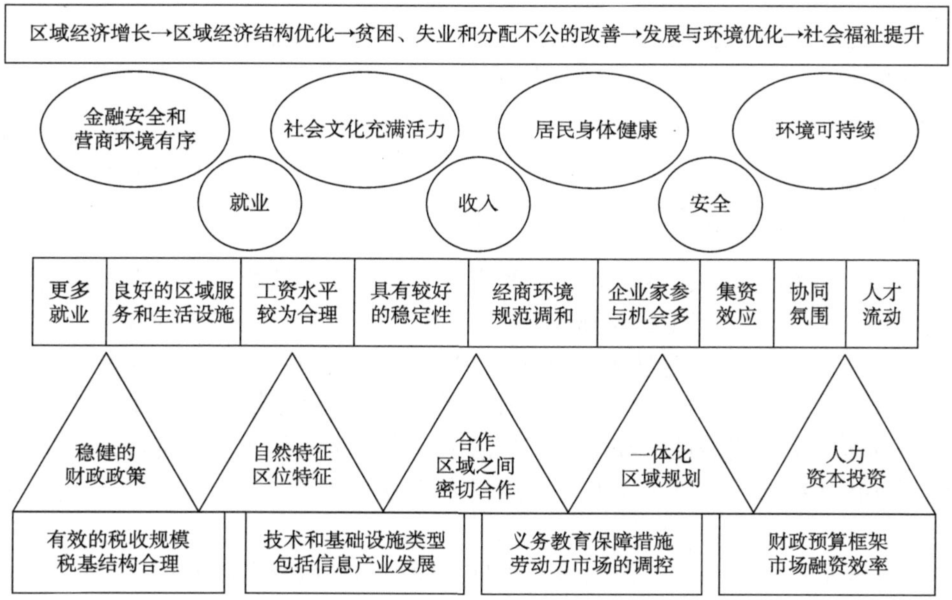

图 1.4 区域经济协调发展财税政策作用对象和目标层次

（2）区域经济协调发展财税政策效应研究。按照本书上一小节对区域经济协调发展财税政策作用对象和目标层次的梳理，本小节主要就区域经济协调发展财税政策的效应进行研究，当然根据新古典增长、内生性增长和新经济地理等理论，区域经济发展的趋同产生的特征和原因也不尽相同，基于此，本小节主要对现有文献关于财税政策对人力资本布局、产业结构调整、区域环境规制和收入等方面的效应研究进行总结和分析，其中关于各经济增长理论的基本假设等情况具体见表 1.1。

表1.1 区域经济协调发展主要经济理论体系对比

理论依据	理论基本假设	区域经济协调源泉
古典增长理论（classical growth theory）	基于全球资本自由流动和资本边际产出均等化的机制会导致先发区域和落后区域的趋同，最终通过市场力量和竞争缩小不平等	社会生产规模；产品剩余的增加；经济的增长
新古典增长理论（neoclassical growth theory）	要素流动和技术扩散较为自由，在要素边际生产率递减、规模报酬不变的前提下，形成后发区域对先发区域的追赶	要素禀赋不同：包括技术发展水平、资本与劳动之比
内生增长理论（endogenous growth theory）	区域收入水平的发展有赖于技术落后地区对技术发达地区的赶超、知识水平和技术在地理上的扩散度与人力资源的流动。如果劳动力更多地迁移至先发区域，那么区域间收入差距将扩大	知识存量与知识产业劳动力之比、资本与劳动之比

续表

理论依据	理论基本假设	区域经济协调源泉
新经济地理理论（new economic geography theory）	经济一体化（主要特征是贸易自由和要素流动率）提高了空间集聚和经济活动专业化趋势，产生中心—外围均衡	专业化、空间集聚、外部资源集聚和受益递增等

资料来源：Gardiner 等（2004）；霍顿和康塞尔（2015）

第一，财税政策对区域收入分配的影响。从国外文献看，关于收入分配的研究通常涉及经济不平等（economic inequality）、再分配（redistribution）和贫困（poverty）等。现代主流学界的基本共识如下：一国内收入分配不均已成为其他不平等问题的重要基础（Carter，2016）[①]。关于财税政策对区域间收入分配调节效应的研究最具代表性的经济学家是法国经济学家托马斯·皮凯蒂，他在《21世纪资本论》中将不平等现象的基本逻辑表达为

$$r > g$$

其中，r 表示资本收益率，如利润、利息、股利和其他资本收入；g 表示经济增长率。

皮凯蒂（2014）认为，通过设计合理的公共制度和政策可以有效应对这一逻辑的负面影响，如设立累进资本税等。在实践中更为常见的财政政策工具（转移支付或援助）的有效性，主要包括两种不同的观点：一是从长期效应的视角肯定了转移支付对经济增长和消除不平等的积极影响（Sachs，2008；Minoiu and Reddy，2010）；二是对转移支付或援助等财政政策工具的有效性表示怀疑态度，甚至认为转移支付政策或援助从更为综合的角度来看是一种“彻底的失败”（Deaton，2013；Wessel，2005）。

此外，其他财税政策对消除收入不公平的研究主要包括：通过构建具有弹性劳动供给的内生增长模型，分析不同投资补贴融资方式对分配的影响，结果表明收入不平等与增长之间的关系是正相关的，从福利分配视角来制定财政政策有利于消除效率与公平之间的冲突（Carcla-penalosa and Turnovsky，2007）；公共投资对金融发展具有挤出效应，而后者对消除低收入国家的贫困具有积极作用，并论证公共投资对消除贫困的负面作用（Boukhatem，2016）；基于“不平等-增长-再分配”的关系，探讨财税再分配政策的复杂性（Yang and Greaney，2016）；通过区分总收入最大化、穷人收入最大化和促进社会总体公平等政策目

---

① 美国前劳工部部长罗伯特·赖克（Robert Reich）2014 年在其 *Income Inequality in the United States: Hearing Before the Joint Economic Committee* 一文中直言：“美国的不平等情况已经非常严重，其程度正在接近或可能已经致使经济增长和民主陷入危机。”约瑟夫·斯蒂格利茨于 2014 年在其 *Opportunity, Mobility, and Inequality in Today's Economy* 一文中也表达了同样的观点：“就我们的民主和社会性质而言，我们为这种不平等付出了高昂的代价……我们的民主被削弱，因为经济不平等不可避免地转变为政治不平等。”

标，分析零税率、罗尔斯税率和平等税率的效度及其有效性（巴苏，2016）；运用财政关联度分析法，证明财政再分配政策的有效与否主要取决于再分配努力度、对低收入群体的转移支付力度和对富人的直接税税率（Lustig，2017）；通过对人力资本质量和贫困之间的关系分析，强调消除不平等财税政策的核心是促进人的能力提升（Banks et al.，2017）。

第二，财税政策对人力资本布局的影响。将人力资本作为经济发展要素的研究，主要源于舒尔茨、索洛和贝克尔对经济增长现象由古典向新古典解释模型过渡中的贡献（Beker，1964；Vaizey and Schultz，1972；Solow，1980）。此后，卢卡斯则进一步解释了人力资本积累差异对经济增长差异的影响（Lucas，1988）；曼昆和罗默等基于索洛模型形成内生增长理论，阐明了人力资本与物质资本能解释 78%的跨国收入差异（Mankiw et al.，1992；Blundell et al.，1999）。目前，国外学者对财税政策的人力资本调控研究集中于教育、就业和劳动力开发等方面。

利用多元协整分析，实证研究发现公共资本、私人资本、技能调整、劳动力、技术、知识对私营部门产出具有积极和显著的长期影响，但经济增长率最大贡献来自知识存量和人力资本（Joutz and Abdih，2008）；也有学者基于技能的定向迁移模型评估区域人力资本集聚对中国劳动力迁移的影响，研究目的地人力资本集中对高技能移民的重要性，同时也证明了人力资本集聚的政策组合对中国不同区域增长影响的重要性（Fu and Gabriel，2012）；除教育因素之外，加入创业和工作人才分配等要素作为对 Lucas 人力资本外部性模型的完善与优化，从而证明了财税政策对企业投入和人力资本正外部性的积极促进作用（Baptista et al.，2015）；在人力资本投资、金融储蓄和异质性个体劳动供给的生命周期模型中，双重所得税不仅对劳动收入而且对资本收入的边际税率为正是最优的，对资本性收入征税有助于缓解劳动税对人力资本积累的扭曲，而如果储蓄与人力资本投资相比具有弹性，则资本收入的最优边际税率低于劳动收入的边际税率（Jacobs and Yang，2016）。在更为具体和新颖的研究中，有结果表明财政扩张刺激了以女性为主的就业，这意味着按性别划分的“行业、职业、就业”财税政策组合仍有进一步的研究空间（Bredemeier et al.，2017）。

第三，财税政策对区域环境规制的影响。学界对区域环境规制的逻辑起点往往是根据庇古（2009）在其著作《福利经济学》中提出的外部性理论，萨缪尔森和诺德豪斯（2018）则在此基础上从公共物品的角度对环境负外部性进行阐述，并将其处置方法囊括到“公共劣品”的政府计划框架之中。科斯（Coase，1960，1972，2006）则利用交易成本理论主张以确定产权的方式通过私人协商来解决环境污染的负外部性问题。因此，行业补贴政策的低效性被广泛证明并取消后，碳税、碳交易和碳排放责任[①]等概念得以提出，并用于协调市场主体间和区域间的环境外部性问题。其最新观点认为：财政政策，特别是税收措施的中心地位应该施加于更加脆弱的环境和稀缺的自然资源，以使经济转型有效和公平（Jones，2011）；对资本征收的碳税比对劳动力征收的碳税更高，如果再加上所得税的减少，税收负担显然会从劳动力转移到资本（Conefrey et al.，2013）；通过两国一般寡头垄断均衡模型分析，最优的排放税甚至可能是负的，双边贸易自由化应与最优排放税的上升或下降相匹配，排放分配和跨部门技术分配是实施最优环境政策的基础（Colacicco，2016）。

在环境的可持续性对区域间群体生活质量的影响方面，有的专家学者研究分析了绿地的可用性与居民居住地关系的机会不平等现象，发现相比其他环境利益的不平等，绿地的可用性与居民居住期限相关的不平等及其与场所依恋强度的联系较少（Laszkiewicz et al.，2018）；基于邻近性驱动假设，人均二氧化碳排放量随着家庭规模和城市密度的增加而减少（Fremstad et al.，2018）；通过将跨部门网络模型校准到两个区域来说明碳税改革的效果，以生产网络中的地位为目标的碳税改革，比仅以直接排放为目标的改革，能够实现更大规模的总排放量减少（King et al.，2019）；由于低收入家庭将其收入的更大一部分用于碳密集型产品，这种碳税加剧了不平等，而将碳税收入用于为碳红利提供资金，故政策具有进步性，最大限度地减少类似家庭和区域之间的再分配，缓解基于群体的不平等（Fremstad and Paul，2019）。

第四，财税政策对产业结构调整的影响。产业结构与区域经济发展的研究主要源于均衡增长战略（Nurkse，1963）和非均衡增长战略（Hirschman，1992）两大思想，包括地域分工、比较优势的发挥和产业理性转移等诸多议项。在自由主义经济学的研究中不乏对财税政策产业效应的悲观论断，如从效率角度进行分析，财税政策的波动和价格扭曲机制明显地抑制了产出的自我调整和增长（Afonso and Furceri，2008；Bleaney and Hallad，2009；Siguret et al.，2013），但将研究范围扩大，财税政策对产业跨区域调整的影响则会表现为明显的异质性效应（Aghion et al，2014；Bashir et al.，2016）。

在特定国家分产业进行研究则会产生不同结果，如日本的减税、研发补贴和基础设施建设投资等对新能源汽车产业等战略性新兴产业的发展起到重要推动作用（Bo，2014）。对荷兰 3 个区域间进行产业投入和产出量化研究后，结果表明了财税政策对产业聚集的积极影响，同时构建区域间产业信息表有利于政策成本

① 1974 年亚太经合组织提出“污染者付费”原则，即一个区域对其区域范围内碳排放量承担责任，联合国政府间气候变化专门委员会（Intergovermental Panel on Climate Change，IPCC）以生产者责任方原则为依据制定了国家温室气体清单指南。

的降低和后发区域的产业回报率提升（Oosterhaven et al.，1986），也有学者探讨了产业与财税政策的相互影响机理，如美国石油和天然气产业的快速发展，进一步增加了地方政府的财产税、销售税、遣散税费等收入，但同时也增加了政府管理费用和服务诉求，这也为拓宽运营商与地方政府财税合作渠道提供了机遇（Newell and Raimi，2018）。

二、国内研究现状

区域经济发展问题历来是中国学术界研究的热点，1949 年以来，新的理论工具、研究技术和政策建议不断涌现，中国特色区域经济协调发展的财税理论体系日渐成形。本节主要就中国区域经济协调发展的认识、区域经济发展影响因素及其相关研究等方面进行文献梳理。

（一）对区域经济协调发展认识的研究

党的十九大明确提出中国特色社会主义进入新时代，区域经济发展也被提升至前所未有的战略高度，引发了学界对新时代中国区域经济发展的广泛研究。研究重点可归纳为区域经济协调发展的理论内涵和区域经济协调发展的实施重点两个方面。

（1）区域经济协调发展的理论内涵。目前国内学界主要从马克思主义经济理论和中国特色社会主义理论体系等维度研究其理论内涵。王一鸣（2017）认为，区域协调发展战略是对“两个一百年”奋斗目标历史交汇期中国区域发展的新战略部署，也是今后一个时期推进区域协调发展的行动指南；夏飞（2018）认为，新时代区域协调发展战略是中国特色社会主义思想的重要组成部分，具有全局性、辩证性和前瞻性等特征。

孙久文（2018）认为，新时代区域协调发展战略是区域经济研究的最新成果，具有空间性、综合性和动态性特征，理论标准包括缩小并最终消除区域发展差距、实现区域间公共服务的适度均衡、实现地区间发展机会的均等、实现人口资源与环境的可持续发展；洪银兴等（2018）认为，将马克思社会再生产理论运用到社会主义社会化生产，可归结为协调发展理论，是新时代中国特色社会主义政治经济学的重要组成；刘秉镰等（2019）则从中国区域经济发展的四元逻辑框架把握区域经济协调发展的本质，包括国家战略、区域战略、国内外环境和制度变迁。

（2）区域经济协调发展的实施重点。主要包括对特定区域战略实施、发展理念和宏观实施的研究。例如，李明和刘同德（2018）、孙毅（2018）、罗黎平（2017）、郑长德（2018）分别对青海、内蒙古、湖南和民族地区发展战略的实施进行研究；钟茂初（2018）提出将绿色发展理念融入区域协调发展路径中；樊杰等（2018）认为战略重点是通过菱形顶点区域带动菱形内部区域发展，张可云（2018）认为，“穷堵老”是区域协调发展战略的直接发力点；张贡生（2019）认为，“四纵四横”经济带建设将成为落实新时代区域协调发展战略的重点。

此外，还有学者从区域协调发展的子战略中进行归纳总结，理顺了区域协调发展战略的地位关系。王佳宁和罗重谱（2017）认为，以“一带一路”建设、京津冀协同发展、长江经济带建设为引领，以西部开发、东北振兴、中部崛起、东部率先四大板块区域布局为基础，以八大城市群、11 个自贸试验区和 18 个国家级新区为支点，服务于“三大战略”和“四个板块”区域布局，推动区域协调发展，探索区域协调发展新路；陈伟雄和杨婷（2019）认为，深入实施区域发展总体战略，应充分发挥战略效应，以分类指导为核心，以此调整和优化东部、中部、西部和东北板块发展重点任务；王曙光（2018，2019）认为，区域经济协调发展的重点在于构建新时代系统动态平衡发展格局。

（二）对区域经济发展影响因素的研究

20 世纪 90 年代起，中国学界开始相继运用人均 GDP、夜间灯光数据、基尼系数、聚类分析、泰尔系数、α 与 β 收敛检验和空间俱乐部趋同检测等计量方法对区域经济发展差异进行分析，但从研究结果看，由于时空尺度、具体方法和指标选取等不同，对中国区域经济发展差异的计量分析结果也不尽相同，主要包括区域经济发展差距扩大论、缩小论和波动论三种观点。

（1）区域经济发展差距呈扩大趋势。关兴良等（2012）基于空间场能的表征方法，从省、市和县三个尺度研究了三大板块与南北经济差异，结果表明 2000~2009 年中国区域经济发展不平衡性扩大，但不同研究尺度下反映出的差异大小各异；芦惠等（2013）运用差异系数和极化指数等方法测算出 2000~2010 年中国区域经济差异和极化水平总体呈波动上升趋势，且区域经济差异变化基本与极化变动趋势一致，其中四大板块之间的差异占总差异的比重较大，而其内部差异所占比重较小；张晓蓓和李子豪（2014）运用 Jorgenson-Fraumeni（J-F）计量模型，认为中国区域经济发展差距虽然在逐渐扩大，但是具有条件性而非绝对性趋同的潜力，而此种趋同的实现主要取决于劳动力增长率、储蓄率和人力资本等因素能否共同发挥作用；李妍等（2015）认为，在区域经济增长率提高的同时，区域间经济发展水平差异逐渐扩大，经济空间非均衡分布也随之产生，随后运用动态面板系统广义矩（system gaussian mixture model，SYS-GMM）和向量自回归（vector autoregression，VAR）模型证明了中国正处于基础设施因素与区域经济增长倒“U”形曲线关系的上升阶段。

此外，杨开忠（2016）认为，目前在东部和西部农村区域发展差距日渐扩大的基础上，南北区域经济发展差距的扩大已成为不争的事实，表现在沿海与内陆之间的差距、省内中心与外围区域的差距、城市群与边缘区域的差距；张可云和沈洁（2017）认为，中国板块之间的区域经济发展差距没有实质性地缩小，从各项人均指标来看反而有扩大的趋势，继而从行政区经济和区域合作路径等方面分析了此种趋势；高国力（2018）认为，地区相对差距尽管有所缩小，但在绝对差距上仍不断扩大，特别是目前城乡之间的发展差距在不同区域间的差别较大，且已成为全面建成小康社会的主要制约因素。

（2）区域经济发展差距呈缩小趋势。彭宝玉等（2016）运用泰尔指数和地理信息系统（geographic information system，GIS）地图技术分析了2001~2014年区域经济发展差异，结果表明全国区域间经济发展差异呈缩小趋势，其差异主要源于四大板块；王曙光和梁伟杰（2017）通过构建区域经济协调发展水平国际社会调查项目（International Social Survey Programme，ISSP）测度模型，对中国四大板块“十二五”期间的社会福利、环境保护和教育就业等数据进行分析，认为中国区域经济发展总体呈现出由东部向中部、西部和东北转移的趋势，四大板块之间的经济发展协调度逐渐增大；尚勇敏（2016）运用时间趋势拟合、α趋同和β趋同等方法对中国1988~2012年的区域经济数据进行分析，认为在此期间中国区域经济在发展水平和发展速度上同时出现趋同现象；王贤彬等（2017）基于区域经济增长理论的分析框架研究了1992~2012年中国省与省之间和地市之间的发展差异问题，认为区域间夜间灯光亮度存在σ趋同，夜间灯光亮度呈现绝对β趋同，以此看区域之间呈现显著互动追赶特征；陈耀（2018）认为，从2000~2016年的数据来看，全国区域总体发展差异和四大板块间的发展差异都呈缩小态势，而板块内部分化现象较为明显；刘华军和贾文星（2019）基于1980~2015年省际面板数据，对经典β收敛进行检验，认为中国东部、中部和西部经济增长呈现出一定程度的俱乐部收敛趋势，中部收敛速度最快，而东部、西部区域仅在特殊权重矩阵下存在增长收敛。

（3）区域经济发展差距呈波动趋势。石风光和李宗植（2010）根据协整检验方法分析1957~2006年三大板块人均实际GDP，研究发现东部区域内省际经济差距存在收敛，中部和西部区域内部的经济差距不存在收敛；刘琦和黄天华（2014）运用泰尔熵标准方法对经济发展差距进行测算，结果表明东部区域的内部经济发展差距明显高于中部、西部区域，且西部区域的内部经济差距尚未明显缩小；冯长春等（2015）运用泰尔指数二阶分解和空间数据分析（exploratory spatial date analysis，ESDA）空间统计方法，阐述了中国区域经济差异在2000~2012年呈“先小幅上升、后持续下降”的变化趋势，且省际差异、经济区间差、异省内差异逐级增加，并总结了资源禀赋、政策体系和行政分割等要素的影响。

此外，周文和赵果庆（2016）运用空间计量模型验证了自 1999~2010 年中国区域政策有效促进了后发区域发展，区域经济发展的协调性显著增强，但区域经济发展不平衡的状态并未发生实质改变，在地理位置、空间集聚、初始状态等因素联合作用下，区域经济发展产生了新的差距。例如，“大西南”等后发区域出现“穷人俱乐部效应”。赵威（2017）运用空间俱乐部趋同检验及其影响因子研究，认为 1990~2013 年中国部分区域存在空间俱乐部趋同，但并不具有“普遍性”，继而依据固定效应的空间滞后模型筛选出投资水平等影响趋同的主要因素。赵放和刘一腾（2019）基于四大板块面板数据分析认为，区域发展战略实施后的区域经济发展不均衡虽在一定程度得以缓解，但仍持续发挥作用，即 2012 年后西部和中部与东部经济差距持续减小的势头趋停，而东北区域则自 2012 年后与东部经济发展差距再次呈现扩大趋势，并从人力资本、外商直接投资、基础设施和民营经济等方面对该现象进行解释。

（三）对区域经济协调发展的相关研究

（1）区域经济发展协调度的指标构建。虽然目前学界对运用层次分析法进行区域经济协调度量化已初步达成共识，但区域发展内容所涉及的面向极为多元，用一个量化指标很难加以概括说明。同时区域发展中的表现形式复杂，增加了量化评价的难度，客观上促进了区域经济协调发展度向涵摄范围更广的区域协调发展度的演化，也导致指标体系上的分野，选取何种指标、赋予其何种权重比例或多或少会影响最终的评价结果。纵观目前理论界对区域经济协调发展度的实证分析和规范分析，主要包括以下四类观点，具体见表 1.2。

表1.2　区域经济发展协调度建构研究总结概况

基本视角	代表作者	指标体系
双元论	范柏乃和卞晓龙（2013）	经济和社会协调发展为 1 级指标，各设 4 个 2 级指标和多个 3 级评价指标
	王慧等（2014）	社会经济和资源环境协调度为 1 级指标，分别下设 24 个 2 级指标
三元论	刘志亭和孙福平（2005）	能源、经济和环境协调度为 1 级指标，设 5 个 2 级指标和多个 3 级指标
	覃成林等（2013）；胡军和覃成林（2014）	区域联系、区域经济发展和区域经济差异为 1 级指标，对其进行平均赋权
	乔旭宁等（2014）	经济、社会和环境为 1 级指标，设 22 个 2 级指标，运用 AHP 法计算
	黄永春等（2018）	资源、经济和环境为目标层，设准则层和指标层，用熵权法进行综合分析

续表

基本视角	代表作者	指标体系
四元论	岳云华和冉清红（2006）	规模、外资、收入和储蓄为 1 级指标，选取 11 个总量数据和 9 个增长率数据，运用多指标非线性降维的分形研究方法进行计算
	张佰瑞（2007）	经济、社会、环境和资源系统为 1 级准则系统层，多个 2 级指标层，进行分系统得分综合评价
	王曙光和梁伟杰（2017）	经济增长、经济结构、公共服务和发展潜力为 1 级指标，形成人均指标为主体、总量指标为辅助的 2 级和 3 级指标体系
	杜鹰	综合运用经济角度、基本公共服务均等化水平、区域比较势能、人与自然关系和谐程度指标进行评价
	陈栋生（2008）	地区发展水平、公共产品享用水平、区际分工协作发育水平和收入水平
多元论	汪波和方丽（2004）	分为资源环境、经济、社会、科技教育和人口 5 大子系统，各设 2 级指标
	乔俊峰和张春雷（2019）	扶贫与社会保障度、就业、生态、住房与养老、医疗卫生、教育和经济共享度为 1 级指标，分别下设多个 2 级指标
	胡超美等（2008）	将区域分为人口、社会、经济、环境和资源等 5 大子系统，分别设多个 2 级指标评价体系
	吴继贵和叶阿忠（2016）	将技术创新因素引入区域发展实证模型，形成经济、环境、技术创新、能源等评价体系
	江孝君等（2019）	以经济总量、结构、活力、效益和增速为准则层，下设 28 个指标层

注：杜鹰的观点根据其于 2018 年 4 月 1 日在中国区域经济 50 人论坛·2018 年年会上的演讲整理而来

（2）区域经济协调发展模式的研究。区域经济协调发展模式研究兼具理论意义与实践意义，依托中国期刊全文数据库（China National Knowledge Infrastructure，CNKI），以“区域发展模式”、“区域协调发展模式”、“区域经济协调发展模式”、“苏南模式”、“温台模式”、“长三角模式”、“珠三角模式”和“京津冀一体化模式”等作为关键词进行“模糊”检索，结果发现自 2015 年以来关于区域经济发展模式的文献研究数量有下降趋势，而区域经济协调发展模式研究却逐年增加，如图 1.5 和图 1.6 所示[①]。其典型模式如表 1.3 所示。

① 文献总数共 4 602 篇，检索条件如下：（主题=区域经济发展模式或者题名=区域经济发展模式或者 v_subject=中英文扩展（区域经济发展模式，中英文对照）或者 title=中英文扩展（区域经济发展模式，中英文对照）（模糊匹配）；数据库是 CNKI 文献跨库检索。

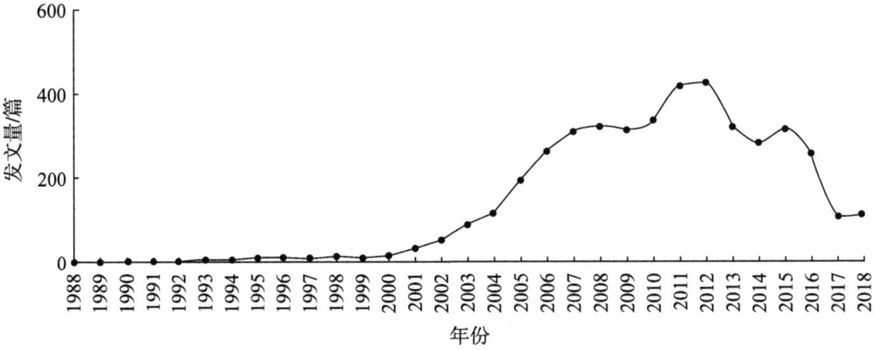

图 1.5 “区域经济发展模式”文献总体趋势分析

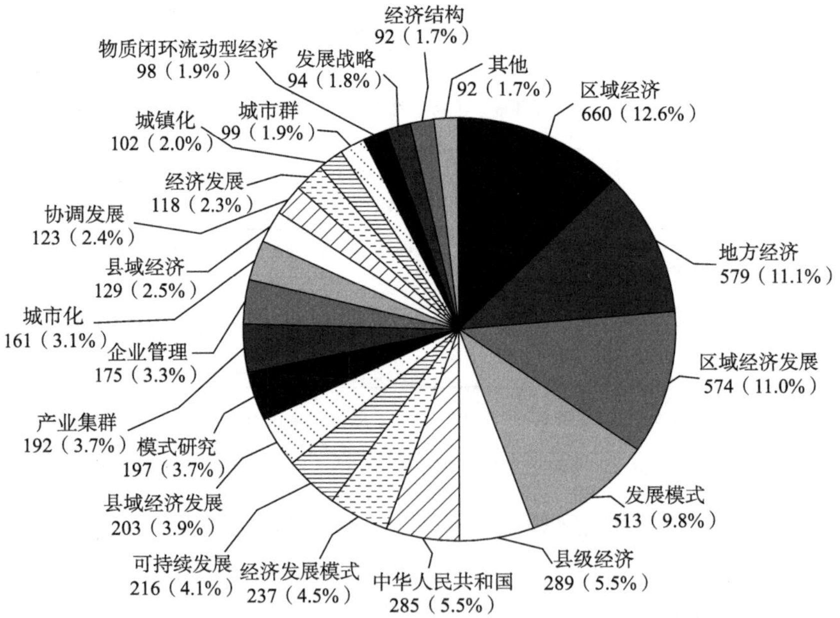

图 1.6 “区域经济发展模式”文献研究主题分布

表1.3 区域经济协调发展模式研究重点

典型模式	代表作者	模式核心内容
京津冀一体化发展模式	母爱英等（2010）；段铸和王雪祺（2014）；张健（2018）；倪文卿（2019）	以大都市区管治理念为基础，建立行政区划协调机制；以新区建设为依托，通过大项目、大投资推动产业有序转移
长三角协调发展模式	朱舜（2011）；蒋阳和沈于（2019）；郭湖斌和邓智团（2019）；吴福象（2019）	建立长三角区域一体化发展的国家战略组织机构；破除创新能力不足区、农业增长乏力地区和产业转型阵痛地区等

续表

典型模式	代表作者	模式核心内容
大湾区区域一体化模式	廖原（2019）；张羽等（2019）；蔡丽茹（2018）；张胜磊（2018）	探索跨行政区域统一立法机制；产学研协同创新；取消或放宽对港澳投资者的资格要求、持股比例和行业准入等限制
省内城市圈协调模式	杨义武和方大春（2012）；卢宪英（2018）；黄雪琴和黄田园（2008）；伍长南（2018）	长株潭、武汉城市圈合作模式；安徽“一圈一带一群”、南海、温台模式；江苏南北互助模式；武陵山片区模式等
省际发展协作模式	郑代良（2017）；黄禹铭（2019）；徐慧华（2019）；王莹和王允武（2018）	东三省、边境民族地区、闽台区域、粤桂等合作模式；关中天水协作模式；江西经济带、呼包鄂榆模式等
协作性政府治理模式	锁利铭等（2013）；全毅和尹竹（2017）；季剑军（2017）；杨龙和胡慧旋（2012）	地方政府为克服交易成本障碍，构建相互依赖的可持续合作网络，从而实现公共服务的供给；区域、次区域协作

资料来源：根据中国期刊全文数据库及相关图书资料整理

表 1.3 是进一步对近十年中国典型区域经济协调发展模式的梳理，在检索条件中主题设定为“区域经济协调发展模式”，在文献分类目录中选择“经济与管理科学专辑”进行文献分析，按照被引次数排名，进而筛选出区域经济协调发展典型模式。

总体看，目前中国学界对区域经济协调发展问题关注较多，但从现有文献的概念运用情况看，尤其是当涉及协作性区际政府治理模式时，往往采用“区域协作”、“府际协作”、“区域合作”、“府际关系”和“地方政府合作”等词（锁利铭等，2018），虽然都关注的是地方政府的协调、冲突、竞争与合作等领域，但是由于术语尚未统一，反映了中国区域经济协调发展问题在政府行为和治理模式等诸多方面仍有较大的研究空间。

（四）区域经济协调发展财税政策研究

诚然，区域经济协调发展离不开财税政策的激励作用，但从现有的文献研究看，包括税收、转移支付、预算、公债和其他财政收支在内的财税政策对区域经济协调发展效应分析结果也随着政策组合、分析方法和实施区域的不同而存在正向效应、负向效应或差异性效应，具体包括以下三个方面。

（1）财税政策的积极效应。公共投资正向协调效应方面，曾淑婉等（2015）通过动态空间面板计量模型，证明财政支出规模与结构会通过区域经济差异动态变化及其空间溢出机制产生时空效应，一般财政预算支出规模越大越有利于促进区域经济协调发展；刘德军等（2015）强调了公共投资对区域经济发展有直接拉动作用和扩张性的乘数效应，从而论证了向后发区域倾斜投资政策的有效性。税收政策正向协调效应方面，王曙光等（2006）从规范性分析角度出发认为，税收优惠政策能够通过营造良好的营商环境发挥其协调导向作用，且财政转移支付政策则能通过增加区域资金筹措能力有效抑制各个区域间再分配的差异；丁芸（2009）运用规范性分析方法，认为遵循“税收政策—价格—企业—产业—区域经济”的一般逻辑，通过税收政策调控资源、技术和劳动力等生产要素对缩小区域经济差异具有积极作用。

转移支付对区域经济正向协调效应方面，赵永辉和付文林（2017）认为财政转移支付能够匡正地方财力失衡，因而完善财政转移支付的针对性是引导后发区域实现跨越式发展的重要政策取向；赵桂芝和郭丽英（2018）基于居民收入福利的视角，认为现阶段财政转移支付政策对居民收入福利具有正向调节作用，但是效果不显著；卢盛峰等（2018）从财政转移支付政策的系统性出发，认为目前转移支付政策对消除区域间收入不平等的效果显著；董珍和白仲林（2019）通过研究对口支援的政策效应，认为该政策的经济增长和产业结构优化效应在总体上是显著的，说明其对促进区域协调发展具有积极作用。

（2）财税政策的差异效应。财税政策的差异效应主要是指不同财税政策措施对区域经济协调发展的作用具有差异性，或同一财税政策在不同区域内的经济增长效应具有差异性。目前中国学界主要通过计量分析对不同税收政策、转移支付政策和公共支出项目的区域经济增长效果进行研究，且多数研究成果已形成共识。

第一，财政支出的区域经济协调效应差异分析。董秀良和漆柱（2011）运用结构向量自回归（structural vector autoregression，SVAR）模型进行分析，认为财政投资政策具有明显的区域非均衡性，即表现为东部、中部和西部依次递增，且税收政策的区域差异效应不明显；类似地，如甘家武和杜一峰（2017）认为，虽然财政支出政策对区域经济增长总体上具有促进作用，但作用程度在东部、中部和西部依次是递增的，其中基本建设财政支出对中西部经济发展的作用显著，对东部不显著，而社会保障支出对东部则为负相关，科教文卫财政支出对东部显著，但对中部不显著，对西部经济发展呈负相关；马理等（2013）基于面板向量自回归（panel vector autoregression，PVAR）模型计量分析，认为财政支出政策具有较明显的区域非对称性，其对中西部区域的经济和物价水平影响较为显著，但对东部地区经济和物价水平影响较小。

张尔俊等（2013）通过套索算法（least absolute shrinkage and selection operator，LASSO）方法对财政支出项目的经济增长效应进行计量分析，认为经济建设费支出和其他支出对区域经济增长效应显著，而行政管理、社会文教和国防支出的增长效应不显著；李兰等（2017）认为，东部生产性支出增长效应大于保障性支出，而中部支出结构对经济增长影响不显著，东北和西部地区则与其相反；基于新型城镇化背景，晏朝飞（2017）基于 2003~2015 年省际面板数据，运用 Markov 链和 Kdernel 密度估计分析法，认为城镇社会性公共投资水平持续偏低且分布不均问题突出，而生产性公共投资水平差异缩小势头在“十二五”期间有所减缓；田海燕和李秀敏（2018）基于可计算的一般均衡（computable general equilibrium，CGE）模型分析，认为研发支出可以提高区域物质资本效率，但有损人力资本效率和非受援区域经济，而教育支出对区域技术提升和经济增长的影响不显著。

第二，转移支付政策的区域经济协调效应差异分析。何文和安虎森（2013）通过构建经济地理一般均衡模型进行计量分析，认为转移支付政策不能显著缩小区域经济发展差距，但税收政策则有明显的效果，尤其是区域贸易开放水平较高时该效果更为明显；樊丽明和解垩（2014）基于微观调查面板数据分析，认为尽管中国贫困率在逐步下降，但其财政转移支付政策对暂时性贫困和慢性贫困的脆弱性几乎无影响；颜银根（2014）认为财政转移支付资金对区域协调发展具有一定的门槛效应，财政转移支付只有超过其阈值后才可以破除产业转移过程中的补贴循环，并产生正向效应；贾晓俊和岳希明（2015）认为不论是专项转移支付还是一般性转移支付对促进地方政府财力均等化都具有一定的积极作用，但从其效果来看，后者效应要强于前者。

第三，税收政策的区域经济协调效应差异分析。梁俊娇等（2017）分别就所得税和流转税与区域经济增长的关系进行计量分析，认为税负对区域经济增长影响的显著度、大小和方向因区域和税种的不同而不同，东部区域流转税和所得税税负均会产生增长负效应，而在中部和西部区域则具有正效应。

三、研究文献简析

国内外学界对区域经济协调发展及财税政策的相关研究已取得较为丰硕的成果，无论是基础研究还是立足实践的对策性研究，都呈现出将财税政策作为重要变量纳入区域经济学或经济地理学的均衡范式之趋势。在此过程中，由于样本跨度、研究视角、理论假设和侧重点不同，有关区域经济协调发展的影响因素、财税政策变迁和内外生动力等话题的讨论尚未形成一定之规，甚至有时还会产生明显碰撞和对话，这一方面符合经济学研究的一般规律；另一方面也为后续关于政策辩论性研究提供了多元化的智识启迪。正如查尔斯 · L. 舒尔茨（Charles L.

Schultze）在他的经典著作《私人利益的公共使用》（*The Public Use of Private Interest*）中所言“社会进步的前提条件不是区分好人和坏人，而是找出激励机制中的缺陷”。因此，系统总结理论和政策的积极性，同时重新反思被人为忽视的变量，将能够更有效地解决财税政策在某种意义上的失灵。

（一）国外研究文献评析

区域经济发展本身自含区域科学与地理学等学科相互交叉的逻辑，尤其是随着文化和制度要素日益受到经济学界的重视，结构主义、后现代主义和新马克思主义等理论视角也相继延伸到对区域和空间的研究之中，多种理论方法相互融合趋势明显。现代西方经济学界对特定制度结构的区域经济发展效应的解读日渐成为热潮，这也促进了学界对经济网络、知识循环、企业区位选择等概念的重新审视。在此过程中，对制度的研究往往遵循新马克思主义政治经济学思路而非新制度学派的古典方法，学习区域（learning region）、创新区域系统（innovation regional systems）、地方化能力（localized capabilities）和内生区域增长（endogenous regional growth）等新概念在此种理论融合的背景下被大量创造出来，试图通过涵盖不同研究流派的成果构建区域经济增长研究的一般范式。纵观西方理论界区域经济协调发展维度的财税政策研究，通常与公共品外部性、各级政府职能划分和财税政策相联系，但这些联系却常常产生动态的甚至相互对立的研究结果，因而也就鲜有普适性强的结论，究其原因，大致有以下三个方面。

第一，西方国家的财政管理体制较为完善，理论界的研究基础立足于预算管理和市场机制等因素在西方国家区域经济协调发展维度的财政转移支付研究中被看作一个常量，而在发展中国家中其通常被作为变量，反映了发展中国家的财政体制仍有进一步的改革空间。

第二，由于价值观念和文化基础等因素不同，西方的区域协调发展的基本含义与中国有所差别，前者更多地是在发展经济学的增长模型中引入财税政策作为自变量，研究其对区域经济增长的影响，因此循此种逻辑研究财税政策自然会得出不同结论，那么这也就客观对中国财政研究提出了特殊要求，即建立符合中国特色社会主义的区域经济协调发展财税政策理论体系。

（二）国内研究文献评析

目前中国学界对区域经济协调发展财税政策研究呈现百花齐放之势，尤其是区域经济协调发展被提升至战略高度，相关的规范研究和实证研究成果大量呈现。之前受制于中国的发展阶段形成的财政需求在一定程度上忽视了横向财政关系，但其也逐渐进入主流研究视域。如前文文献梳理所言，中国区域经济协调发展的财税政策研究基本内容主要涵盖了区域经济协调发展的认识，区域经济发展影响的因素，区域经济协调发展的研究，区域经济协调发展的财税政策内容、效应及其缺陷等内容，其内容结果以共识为主，但每一方面都有着互相背离的结论。

无论是区域经济协调发展还是财税政策，两者都是包含政治、社会、经济和文化等多元面向的价值维度，但盱衡学术界对财政政策价值取向为数不多的研究，大多陈陈相因，抑或语焉不详，财税政策价值研究的不足导致效率与公平目标兼顾不到位，政府横向和纵向分利关系失序。因此，从区域经济协调发展多元维度入手是否能够弥补以上研究缺陷，是学界仍有待探索的领域。此外，财税政策的制定与实施往往要兼顾多元约束条件和多重性目标，这客观决定了财税政策理论研究视角多样化与差异化，如大抵可分为经济视角（对财政资金效应的定量研究）、政治视角（对国家或政府结构及其职能的定性研究）、社会视角（对财政各参与方行为的结构性研究）甚或心理学视角（对官员动机的规范性分析）。目前我国学者对财税政策的研究往往从经济视角切入，这几近成为学界奉行不渝的准则，政府行为、动机、政策过程等则默认是政治学、社会学和政策学的研究领域，这也在某种程度上导致了财税政策研究失之片面。

第三节 研究内容与方法

一、研究思路

本书按照“理论奠基—现状研究—问题归纳—成因分析—策略设计—政策建议—机制构建”的主线，形成区域协调发展财税政策体系，如图 1.7 所示。

二、研究内容

（一）区域经济协调发展财税政策与机制的基础理论

区域经济协调发展财税政策与机制基础理论的研究内容包括：区域经济及区域经济协调发展的内涵及其相关概念；财税政策创新和机制的界定、价值取向和工具簇分析；财政失衡视角下对财税政策的协调效应、再分配效应和福利效应的规范分析；新发展理念、区域发展理论、财政分权理论、政策网络理论和机制设计理论的基本内容及其借鉴意义。

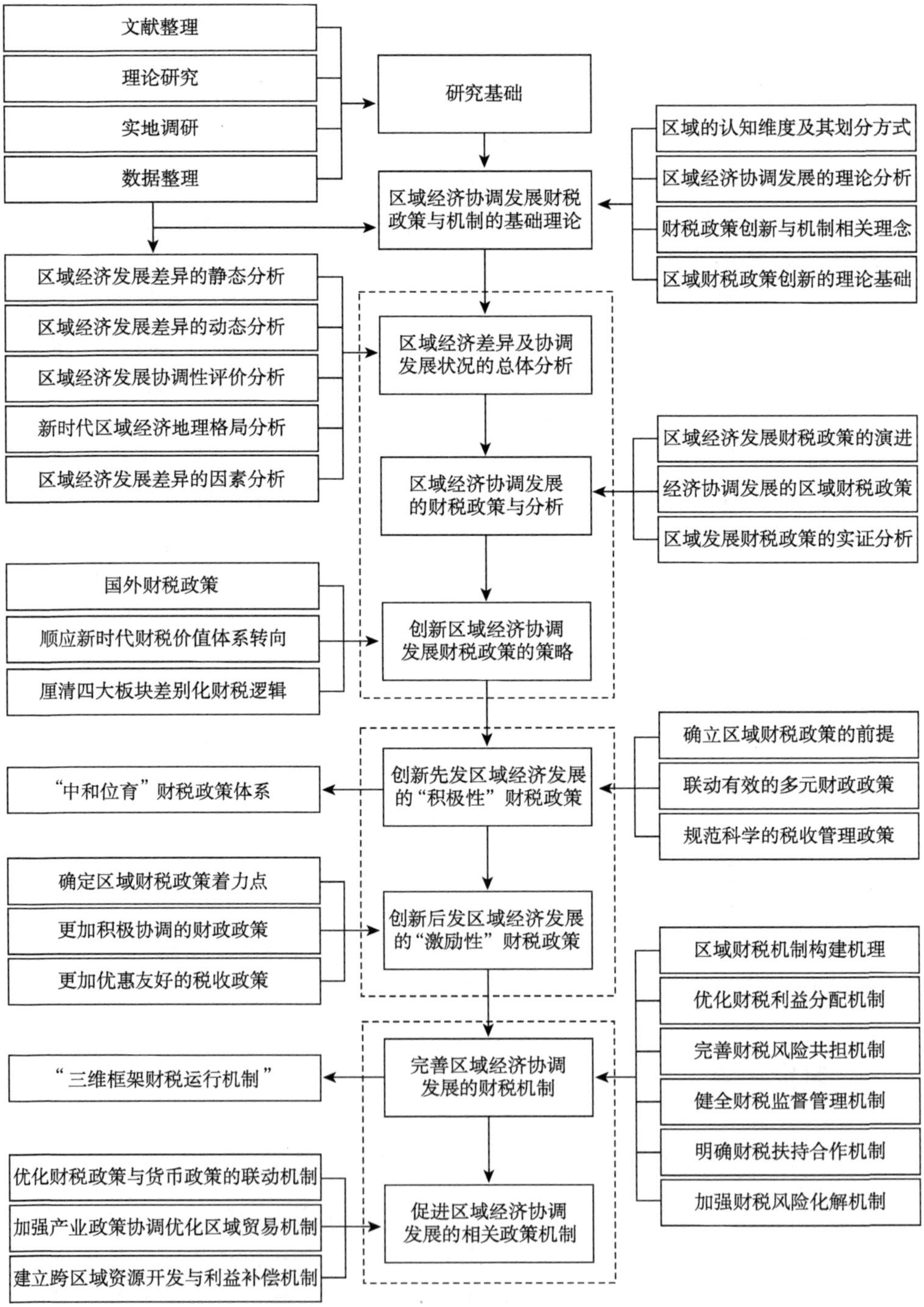
文献整理
理论研究
实地调研
数据整理
研究基础
区域的认知维度及其划分方式
区域经济协调发展的理论分析
财税政策创新与机制相关理念
区域财税政策创新的理论基础
区域经济协调发展财税政策与机制的基础理论
区域经济发展差异的静态分析
区域经济发展差异的动态分析
区域经济发展协调性评价分析
新时代区域经济地理格局分析
区域经济发展差异的因素分析
区域经济差异及协调发展状况的总体分析
区域经济发展财税政策的演进
经济协调发展的区域财税政策
区域发展财税政策的实证分析
区域经济协调发展的财税政策与分析
国外财税政策
顺应新时代财税价值体系转向
厘清四大板块差别化财税逻辑
创新区域经济协调发展财税政策的策略
确立区域财税政策的前提
联动有效的多元财政政策
规范科学的税收管理政策
"中和位育"财税政策体系
创新先发区域经济发展的"积极性"财税政策
确定区域财税政策着力点
更加积极协调的财政政策
更加优惠友好的税收政策
创新后发区域经济发展的"激励性"财税政策
区域财税机制构建机理
优化财税利益分配机制
完善财税风险共担机制
健全财税监督管理机制
明确财税扶持合作机制
加强财税风险化解机制
"三维框架财税运行机制"
完善区域经济协调发展的财税机制
优化财税政策与货币政策的联动机制
加强产业政策协调优化区域贸易机制
建立跨区域资源开发与利益补偿机制
促进区域经济协调发展的相关政策机制

图 1.7　本书研究路线图

（二）区域经济差异及协调发展状况的总体分析

区域经济差异及协调发展状况总体分析的研究内容包括：基于经济发展、财政收支和税收水平差异的区域经济发展差异静态分析和动态空间计量分析；区域经济发展协调性的静态评价和历史动态评价分析；新时代区域经济地理格局分析；自然资源状况、区域经济政策和市场发育程度等影响区域经济发展差异的因素。

（三）区域经济协调发展的财税政策与分析

区域经济协调发展财税政策与分析的研究内容包括："工业强国"下区域经济平衡性发展、"两个大局"下区域经济非均衡发展、"科学发展观"下区域经济协调发展和新发展理念下区域协调发展的财税政策演进路径；东中西北四大区域经济协调的发展财税政策内容；运用空间计量、聚类分析和双重差分等实证分析方法分析了区域经济发展财税政策效应。

（四）创新区域经济协调发展财税政策的策略

创新区域经济协调发展财税政策策略的研究内容包括：介绍国外财税政策的经验；顺应新时代的服务型、法治型、效能型、预算型、自主型的财税价值体系转向；基于公平与效率视角阐述了厘清四大板块差别化财税逻辑，即形成政策取向上相互适配、实施上相互协同、成效上相得益彰的"中和位育"财税政策机制：将区域实际发展诉求作为财税政策拟定的出发点，在差异性财税政策的基础上，更加兼顾精准性、联动性和实效性的机制网络。

（五）创新先发区域经济发展的"积极性"财税政策

创新先发区域经济发展的"积极性"财税政策的研究内容包括：明确"积极性"即要求突出先发区域积极担当、积极引领、积极示范、积极服务和积极创新的能动性。例如，确立事权与支出责任相适应、经济效率与社会公平相匹配、促进财税竞争合理有序和财税政策合意性最大化的区域财税政策；创新横向转移支付、财政资金管理、预算绩效管理、债权融资模式等联动有效多元财政政策；建立促进纳税服务工作实效性、保障产业税收优惠规范性、加大税务稽查管理质效性、调动跨境税收治理参与性等规范科学的税收政策。

（六）创新后发区域经济发展的"激励性"财税政策

创新后发区域经济发展的"激励性"财税政策的研究内容包括：明确"激励性"即要求突出后发区域学习激励、资金激励、制度激励、思想激励和权力激励的有效性。例如，利用“一带一路”建设契机、应“三农”现代化的诉求、突出“新型城镇化”的重点；实施创新政府性投资、社会性保障、基础设施运营、非税管理等更加积极协调的财政政策；实施创新结构性减税、风险性管理、税收性优惠等更加优惠友好的税收政策。

（七）完善区域经济协调发展的财税机制

完善区域经济协调发展财税机制的研究内容，其核心是确立“中央-地方-市场主体”三维框架范式，即要求以价值共享和契约关系为依托，基于财税政策实施的政治、行政和经济过程，重构财税治理主体、政策和要素之关系。主要包括严格横向资金划拨、强化纵向支付管理等完善区域经济协调发展的财税利益分配机制；完善财税规制的法律保障、严格财税规制的执行监督等强化区域经济协调发展的财税监督管理机制；明确跨区域的税收扶持、优化专项民生投入扶持等区域经济协调发展的扶持合作机制；优化地方政府现代治理水平、健全融资平台管理等规范区域经济协调发展风险化解机制；以风险承担控制力原则、回报挂钩原则和风险预期上限原则为基准，延展区域共同体风险承担链条，破除“税收逐底竞争”激励路径，完善风险共担机制。

（八）促进区域经济协调发展的相关政策机制

促进区域经济协调发展的相关政策机制的研究内容包括：构建政策管理协调组织、明确货币政策调节重点、理顺货币政策传导机制，以优化财税政策与货币政策联动机制；明确跨域贸易协调导向、构建贸易协调政策机制、完善产业政策保障措施，以加强产业政策协调优化区域贸易机制；明晰开发补偿基本原则、制定开发补偿要素标准、完善跨域补偿开发制度，以建立跨区域资源开发与利益补偿机制。

三、研究方法

本书从区域经济协调发展的视角研究财税政策创新与机制相关问题，主要采用以下四种研究方法。

（1）实证分析法。实证分析法是本书“以问题为导向展开研究”的重要方法之一，第三章对区域经济发展差异进行静态截面聚类分析、空间计量分析和历史数据比较，揭示我国区域经济发展差异及其协调性特点；第四章运用动态空间计量、政策双重差分（differences-in-difference，DID）分析和树状聚类比较分析方法，对财税政策的溢出性、协调性及产业调整效应进行了实证研究。

（2）比较分析法。主要分为纵向历史数据比较和横向国内外经验的比较与借鉴。例如，在第五章中运用比较分析法，对美国、德国和日本等诸多发达国家的区域经济协调发展财税政策经验进行归纳研究，提高转移支付的立法层级等有益经验进行借鉴。

（3）文本分析法。在第四章中，对“工业强国”下区域经济平衡性发展阶段、“两个大局”下区域经济非均衡发展阶段、“科学发展观”下区域经济协调发展阶段和新发展理念下区域协调发展战略阶段的财税政策的主要文件进行纵向历时文本分析处理，梳理财税政策改革的演变路径和规律；结合现行政策文本进行区域间横向比较，凝练新时代区域经济协调发展之重难点。

（4）社会网络分析法。运用社会网络分析范式中位置取向和关系取向的两个基本维度，分析中国四大区域政府行为偏好及其之间的关系。同时借鉴“社会资本”“政策网络”等概念工具，释析财政需求由私人领域和单位福利向产业部门的溢出现象。此外，还以社会格局分析方法，阐释后发区域对财税扶持政策和优惠政策的强路径依赖性等问题。

第二章　区域经济协调发展财税政策与机制的基础理论

何谓区域经济、区域经济协调发展的本质、财税政策与机制在促进区域经济协调发展过程中的作用，新时代下区域经济增长、区域发展与区域分化等概念的认识，区域财税政策创新的工具选择，区域财税机制构建的基本流程，区域经济协调发展的理论基础等问题，是本章主要试图解决的。

第一节　区域的认知维度及其划分方式

一、空间的学理释析

空间作为人类活动的载体，内含着人类实践活动的诸多方面。基于对“空间”经验的一般抽象与概括，空间观念或空间概念也得以产生和发展。自古典哲学形成时空理论以来，从马克思主义、新马克思主义，到新地理经济学和地理社会学等，对空间的认识是逐步加深的过程，在不同理论范畴下对空间的理解方式各异。从“空间是一切生产和一切人类活动所需要的要素”（中共中央马克思恩格斯列宁斯大林著作编译局，1995），到“空间里弥漫着社会关系，它不仅被社会关系所支持，还生产社会关系和被社会关系所生产”（Lefebvre，1992），物质性的“自然空间”逐渐拓延至社会性的“人化空间”。因此，空间不仅是人类活动的背景、对象或工具，亦是生产力本身，更是生产方式发展和变迁的场域。

空间社会性可分为政治性、经济性和文化性，就此而言，空间的内容物在地理景观内还包含政治意识、社会关系和精神追求等。新马克思主义代表人物亨利·列斐伏尔将空间分为（物质的）自然空间、（生活的）社会空间和（思想的）精神空间三种类型（孙全胜，2015），并以此引领了“空间转向”运动。在此基础上，大卫·哈维从历史–地理唯物主义视角入手，完善了以地理不均衡发展理论为核心的空间政治哲学体系（刘鹏飞和赵海月，2017），卡斯特（2006）则将信息网络引入空间范畴，以“流动空间”理论丰富了空间的认知维度，这一点可以从他对大都市区的描述中看出——“从功能上看，它是经济焦点，集中了指挥、生产与管理之上层功能；媒体的控制；无限政治权力；传播信息和用户创造的象征力”。

社会的发展促使空间逐渐由一般抽象或概括所形成的解释性概念转变为一种社会哲学思潮，它是社会关系的综合，这一点在经济学领域表现得更加明显。18 世纪末 19 世纪初的古典区位理论是最早将地理空间引入经济（经营）问题分析之中的，随着 20 世纪末以克鲁格曼（Krugman，1991）将经济空间有机融入经济学分析的主流框架为开端，空间成为一种以地理位置为基础的生产、交换、分配和消费等经济活动的无形组织形式。此后，随着空间经济学、城市经济学和区域经济学等学科的发展和完善，空间在经济学领域的研究维度也不断演变，而且呈现出与其他学科交融的态势，具体如图 2.1 所示。

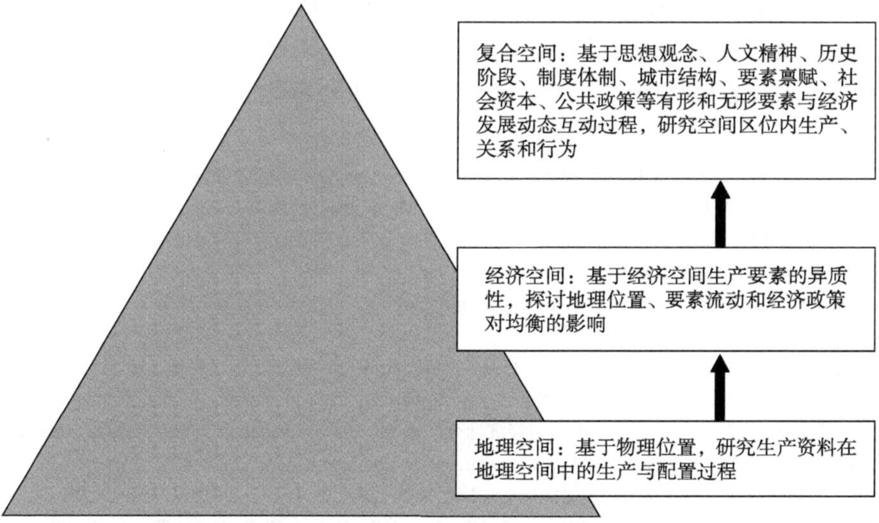

图 2.1　经济学视域下的空间内涵及其研究内容变迁

因此，区域模型（中心–外围模式）、城市体系模型（城市层级演化模式）和国际模型（产业集聚与国际贸易）是当今空间经济学的三种基本模型（梁琦，

2005)，而公共政策[①]、知识溢出[②]、社会资本[③]、生态环境[④]等因素对经济的空间现象产生的影响也越来越受关注，空间成为高度人工化的复合系统。本书正是在经济空间的复合特征认识基础上，具体探讨经济活动在复合空间内应采取何种安排，行稳致远的经济总体效应该如何获得，而财税政策作为关键的制度要素应如何发挥最大效能。其所言的复合空间可以分为三个层面：一是中国特色城镇化形成的“平面”空间；二是“海陆”统筹发展的立体地理空间；三是科学布局所形成的“三生”空间(包括生产、生活和生态空间)。

二、区域的划分方式

论及“区域划分”(以下简称区划)可溯至《尚书·禹贡》，即根据空间的自然特征提出的“九州”之说(包括冀、兖、青、徐、扬、荆、豫、梁和雍)。西晋政治家潘安在《为贾谧作赠陆机诗》中提出：“肇自初创，二仪絪缊。粤有生民，伏羲始君。结绳阐化，八象成文。芒芒九有，区域以分。”近现代以降，区划成为多个学科的基础性工作。一般而言，区域是指一定时期内按一定标准划分的有限空间范围(王曙光，2015)，各个学科研究范畴的不同决定了不同的区划标准，主要包括经济、行政、生态、文化、问题和特殊标准，这也决定了区划具有阶段性、约束性、同质性、基础性和内聚性[⑤]等特征。根据党的十六届三中全会“促进区域经济协调发展”的部署，“十一五”规划纲要明确并全面阐述了中国区域经济发展总体战略，以此形成东、中、西和东北四大板块的划分方式。区

---

① 具体可以参见 Richard Baldwin 等编著的 *Economic Geography and Public Policy* 一书。

② 关于知识溢出效应的研究最早可见于罗默于 1990 年在 *Journal of Political Economy* 杂志上发表的经典论文“Endogenous technological change”，后来学者将研究视角从微观发展至宏观的区域层面，研究内容上更是引入默会知识、知识扩散和创业创新等内容，如 Autant Bernard 等于 2013 年在 *Research Policy* 杂志上发表的“Knowledge diffusion and innovation policies within the European regions：challenges based on recent empirical evidence”等文章。

③ 社会资本这一概念最早由法国社会学家 Pierre Bourdieu 于 20 世纪 80 年代提出，20 世纪 90 年代以来被广泛应用于空间发展问题的分析上，比如美国政治学家 Robert D. Putman 于 1991 年出版的 *Making Democracy Work：Civic Traditions in Modern Italy* 和美国经济社会学家 Mark Granovetter 于 2005 年在 *American Economic Association* 杂志上发表的“The impact of social structure on economic outcomes”。

④ 20 世纪中叶以后逐渐兴起的环境保护运动和深层生态学逐渐进入空间经济理论的研究视野，生态经济学和可持续发展经济学逐渐兴盛，比如英国环境经济学家 David W. Pearce 和 R. Kerry Turner 于 1989 年出版的 *Economics of Natural Resources and The Environment* 一书和德国生态经济学家弗里德希·亨特布尔格(Freiendrich Hinterberger)等合著的《生态经济政策：在生态专制和环境灾难之间》(*Zwischen Okodiktatur UND Umweltkatastrophe*)。

⑤ 中国大百科全书出版社于 1985 年出版的《简明大英百科全书》认为区域即“有内聚力的地区”(area with cohesion value)，周建明和刘畅于 2016 年出版的《文化生态保护区理论与实践》一书中则将内聚性作为区域界定或划分的决定性因素之一，可以将内聚性理解为区域内基于某一或某些要素同质性而产生的向心引力。

域划分的标准及其主要内容如图 2.2 所示。

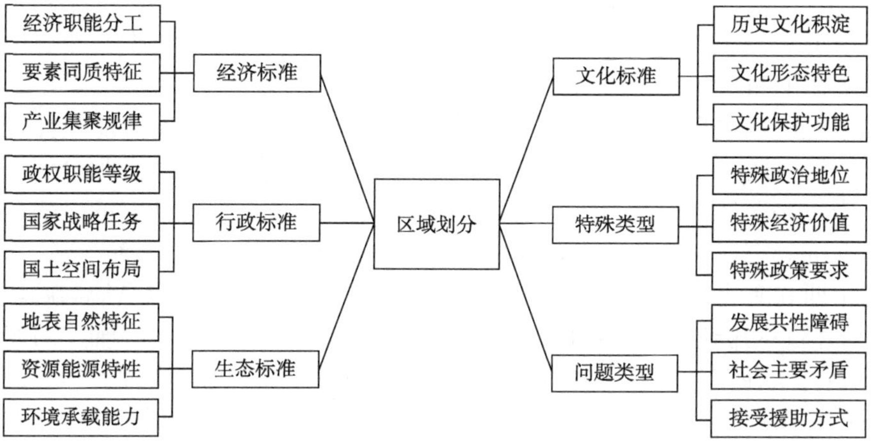

图 2.2 区域划分的标准及其主要内容

（1）经济标准。按照经济标准，可将中国复合空间划分为不同种类的经济区，经济区划是研究区域经济的基础，是财税等经济政策发挥作用的最基本单元。划分经济区的主要方法包括地域分工法、经济中心法和统计分析法，其中地域分工法即指按照劳动等经济要素地域分布规律，采用自上而下的程序划分经济区（张敦富，2013）；经济中心法即指按照中心地区理论[①]，根据各城镇综合实力和影响范围，划分区域层级和腹地范围；统计分析法即指按照统计对象的数量指标反映在区域经济发展中的地位和收敛特征，自下而上地进行经济区域划分，其中主要方法包括聚类法、指标法和差异分析法等。总体而言，经济区域可分为单一功能经济区和综合经济区两大类，其中属于单一功能经济区的经济开发区成为近些年来中国的重要实践。

单一功能经济区主要包括两种划分方法。第一，按照经济部门划分的经济区，如工业经济区（能源区、纺织区和钢铁区等）、农业经济区（植业区、牧业区、林业区、园艺区和渔业区等）和旅游经济区（特色旅游区、生态旅游区和全域旅游区等）。第二，按照特定扶持政策划分的经济区，主要包括：一是经济特区（共 7 个，包括东部 5 个和西部 2 个）；二是综合保税区（共 52 个，包括东部 23 个、中部 12 个、西部 14 个和东北地区 3 个）；三是国家级经济技术开发区（共 219 个，包括东部 98 个、中部 50 个、西部 49 个和东北地区 22 个）；四是

① 按照中心地区理论划分经济区的思路是受到空间经济学家的支持的，如藤田昌久、保罗·克鲁格曼和安东尼·维纳布尔斯在具有划时代性的《空间经济学：城市、区域与国际贸易》（*The Spatial Economy Cities, Regions and International Reade*）一书中写道："那么，中心地区理论是什么呢？它并不是一个表明因果关系的模型。我们最好把它理解为一种分类纲要，……，它充其量是对经济空间结构的描述，而不是解释。"

边境经济合作区（共 17 个，包括西部 12 个和东北地区 5 个）；五是国家级高新技术产业开发区（共 168 个，包括东部 69 个、中部 44 个、西部 39 个和东北地区 16 个）；六是国家综合配套改革试验区（共 12 个，包括东部 5 个、中部 3 个、西部 2 个和东北地区 2 个）[①]。

综合经济区主要包括两种划分方法。第一，按照发展程度与地理位置相结合，划分沿海地区和内陆地区。第二，按照区际经济合作战略主要划分如下：一是"一带一路"，涵盖 18 个省、自治区和直辖市，主要包括西北的新陕甘宁青蒙、东北的黑吉辽、西南的桂滇藏、沿海的沪闽粤浙琼和重庆（渝），统筹国内外、东中西和南北方协同发展[②]；二是京津冀"首都经济圈"，以京津和廊坊、保定为中部核心功能区，包括 11 个地级市[③]；三是长江经济带"一轴、两翼、三极、多点"，联通东中西三大板块，以长江黄金水道为依托，发挥沪渝和武汉的核心作用，以长江三角洲城市群、长江中游城市群、成渝城市群为主体，覆盖沪苏浙皖赣鄂湘渝川滇黔等 11 省市[④]；四是粤港澳大湾区"世界级城市群"，由两个特别行政区和广州、深圳等 9 市组成[⑤]。

（2）行政标准。根据《中国大百科全书》（政治学卷）可将行政区划释义为"国家行政机关实行分级管理而进行的区域划分"，政权职能等级和分级管理相对应是行政区划的主要原则（刘瑞，2016）。当今，市场经济国家，政府运用财税、货币等政策介入经济活动以平抑外部性、垄断、信息不对称或市场主体短视等因素所引起的市场失灵已成为主流趋势，经济管理和政策供给是区域政府首要职能之一，行政区和经济区之间联系紧密，综合性的区域规划往往是依照行政区来界定其范围。易言之，行政区是国家权力分配、政策制定和落实的基本空间单元，根据《行政区划管理条例》（2018 年第 704 号国务院令），中国现行区划的特点主要包括以下四个方面。

第一，区划管理的核心依据包括推进国家治理体系和治理能力现代化，有利于行政管理、民族团结和巩固国防，注重城乡统筹和区域协调，推进城乡发展一体化，促进人与自然和谐发展，同时应合理借鉴专家论证报告、风险评估报告和社会公众等意见。

---

① 以上数据统计截至 2017 年 12 月，数据源自《中国统计年鉴 2018》、商务部、科学技术部、海关总署和保税区出口加工区协会官方网站。

② 根据《推动共建丝绸之路经济带和 21 世纪海上丝绸之路的愿景与行动》（2015 年，国务院授权，国家发展和改革委员会、外交部、商务部联合发布）整理得到。

③ 根据《京津冀协同发展规划纲要》（2015 年，中共中央政治局审议通过）整理得到。

④ 根据《长江经济带发展规划纲要》（2016 年，中共中央政治局审议通过）整理得到。

⑤ 根据《深化粤港澳合作 推进大湾区建设框架协议》（2017 年，国家发展和改革委员会、广东省人民政府、香港特别行政区政府、澳门特别行政区政府协商制定）整理得到。

第二，区划管理程序包括地方政府派出机关管辖范围的管理，由当地政府审批，市、市辖区的设立由国务院批准，镇、街道的设立由省、自治区、直辖市人民政府批准，同时报送国务院备案。

第三，区划管理制度包括变更审批周期、建立行政区划档案盒、健全社会公开机制等。

第四，明确区划管理责任，加强上级政府对下级政府行政区划管理过程中的监督、指导，细化增加了罚则机制等。

（3）生态标准。根据国土资源开发状况和生态承受度，兼顾经济社会发展现状和规律，突破行政区划的空间限制，形成不同类别的主体功能区。中国在 2006 年“十一五”规划中首次在“区域协调发展”篇章中，专门阐述主体功能区主要内容，提出将国土空间划分为优化开发、重点开发、限制开发和禁止开发四类主体功能区；《全国主体功能区规划》（国发〔2010〕46 号）将主体功能区规划定位为国土空间开发的战略性、基础性和约束性规划。

2016 年全国“十三五”规划提出，形成以“两横三纵”为主体的城市化战略格局、以“七区二十三带”为主体的农业战略格局、以“两屏三带”为主体的生态安全战略格局，以及可持续的海洋空间开发格局。其中“两横”是指陇海亚欧大陆桥和长江沿线；“三纵”是指沿海、京广和包昆通道沿线；“七区”是指东北平原、黄淮海平原、长江流域、汾渭平原、河套灌区、华南和甘肃新疆等农产品主产区；“两屏三带”是指青藏高原生态屏障、黄土高原–川滇生态屏障和东北森林带、北方防沙带、南方丘陵山地带。

（4）文化标准。文化标准即按照一定的标准对文化区进行划分，从而确定不同的文化区类型，其中文化区是指不同性质的文化现象的分布范围，即根据语言、宗教、政治形态、生活习俗、生产方式等文化差异所划分的区域。

按照主流的文化区划方式，文化区可分为三种：一是机能文化区，即受政治、经济等非自然状态影响而导致内部之间形成互相联系而确定其范围的文化区；二是形式文化区，即以一种或多种文化要素为界限形成的文化区；三是乡土文化区，即基于居民对区域文化的认同或感性而形成的文化区。

第二节　区域经济协调发展的理论分析

一、区域经济发展的基本认识

发展意味着变革，它描述国家内部经济及社会转型的过程。随着人们对经济社会认识的深入，区域经济发展正逐步脱离区域经济总量增长的单一认知，从而逐步形成了包括各区域和社会为之奋斗的主要经济社会目标和价值观念。这可从联合国所制定的有关教育、不平等（包括消除极端贫困、性别不平等）、生态可持续性和全球伙伴关系等千年发展目标中体现①。正如本书在文献研究中所阐释的，迄今在经济学视域下对经济发展的认识较受欢迎的观点是古雷特的 LSF（life-sustenance self-esteem freedom）体系，即生存、自尊和自由，也有其他经济学家或学者从发展本质入手，对其进行定义，如熊彼特在《经济发展理论》中认为，经济发展是指经济活动中改变或替代传统方式和打破原有平衡状态等内部变革之总称。

可以说，经济发展并非纯经济概念，它包括经济结构的优化、收入及分配的合理化、社会相关制度的完善、主流价值理念的兴革等，但诸多因素不可度量这一事实不应作为其重要性受到贬损的理由。正如瑟尔沃（2015）所言：经济增长或进步使得居民基本需求得到满足，同时进一步促进了一个区域及其辖区内人民自尊感的提升。因此，对区域经济发展的研究总体上可归结为三大落脚点：一是区域经济的持续增长；二是区域经济增长的模式或结构是优化的；三是经济制度和人的现代化。区域经济发展内涵研究进路见表 2.1。

表2.1　区域经济发展内涵研究进路

时期	区域经济发展内涵	主要特征
20 世纪 50 年代	区域经济增长是区域内经济总量或人均 GDP 的增加；发展即居民物质生活水平的提高	经济发展近似于经济增长
20 世纪 60 年代	经济发展与经济增长的关系有所区分，发展包括社会经济结构的变动及人民生活水平的提升	经济发展包括经济增长及相应的社会经济结构变动
20 世纪 70 年代	经济发展的维度进一步拓展，就业、健康和收入分配等问题成为研究重点	发展视域下突显对贫困、平等和失业等议题的关注
20 世纪 80 年代	经济发展统合了经济增长、不平等、失业、贫困、环境可持续性等主要议题	经济发展视域下强调经济活动（或人的生活）与环境的关系
20 世纪 90 年代	经济发展与文化多样性、政治参与（或民族、政治制度）等社会、政治和文化内容联系紧密，经济增长成为手段，人的发展为核心目标	人本主义的回归，亦即将经济发展与人的发展近似等同
21 世纪初期	经济发展促进了对传统经济理论的反思，将动态模型和递归模型引入均衡理论的探讨之中	经济发展视域下着重探讨跨时期的均衡形成机制

资料来源：整理汇总

二、区域经济增长的要素分析

对区域经济协调发展的研究应追根溯源，从厘清经济增长与经济发展之间

① https://www.un.org/millenniumgoals/。

的基本关系着手，探讨区域经济发展的影响因素。其经济发展的相关理论要通过对区域经济增长和区域经济发展的学理进路的研究，揭示复杂经济发展过程的一般规律，这有助于明确区域经济发展的动力机制、形成过程与要素特征等。对区域经济增长的成因按照时间次序可归纳为要素论、制度论、关系论和区位论四大类。

（1）经济增长的要素论。古典政治经济学之父威廉·配第将经济增长的源泉分为土地和劳动两大类；亚当·斯密进一步将资本积累和劳动人数归纳为经济增长的两大源泉，其中以劳动分工为基础的报酬递增的理念被认为是其最伟大的贡献之一；让·巴蒂斯特·萨伊则进一步将土地、资本和劳动力归纳为经济增长的三大动力。

可以说，18 世纪和 19 世纪伟大的古典经济学家都是发展经济学家，所提出的要素决定论增长理念不论是对哈罗德–多马增长模型等古典增长理论，还是对索洛新古典增长理论抑或罗伯特·卢卡斯、保罗·罗默等内生增长理论而言，都可视为其思想源泉。近代以降，随着发展经济学的完善，更多的要素被纳入经济增长的考虑范畴之内，如金德尔伯格认为结构变革、技术创新和组织管理等也应视为经济增长的主要要素。

（2）经济增长的制度论。诚然，经济增长不可能产生于制度的真空状态之中，制度之于经济增长的意义在于其作为规则框架，能够保证市场主体行为的有序性、经济运行环境的稳定性、价格信号的有效性和财产权的确定性。道格拉斯·诺斯首次提出制度对经济增长的作用，他将制度分为支配人类行为的正式和非正式规则，进而提出“历史上出现的停滞和现存的欠发达的重要原因是社会缺乏有效执行合同的能力”。

就现代意义而言，瑟尔沃、曼瑟尔·奥尔森、丹尼·罗德里克、西蒙·约翰逊和罗伯特·巴罗等更是将影响经济增长的制度要素归纳为产权和具有法律约束的合同、冲突管理制度、稳定制度、社会保障制度、监管制度和民主制度等。

（3）经济增长的关系论。马克思主义历史辩证唯物主义学派认为经济增长是一个历史过程，其中生产力与生产关系的内部矛盾引致了社会生产方式的变革，而生产力的进步是经济增长的社会内容，生产关系的变迁则是经济增长的社会形式。

遵循此分析逻辑在现代经济学语境下，经济增长也被视作非平衡、非持续和波动性运动过程，尤其是区域经济增长既非增长也非发散，而是周期性的空间结构调整过程。具言之，即各种经济矛盾的处理、各类经济关系的协调和各个经济利益的分配，而非单一要素作用的结果。

（4）经济增长的区位论。基于对新古典经济增长理论的生产函数规模报酬不变、完全竞争和无差异空间等假设的反思，以保罗·格鲁格曼、约瑟夫·斯蒂格利茨、亨利·迪克斯特和藤田昌久等为代表对区位要素进行考量，将递增收益、自由贸易、集聚经济、运输成本和规模经济外部性等概念引入经济增长模型之中。

可见，与古典的区位理论侧重于工业区位研究不同的是，上述的新地理经济学家和发展经济学家将工业区位拓展至零售区位等向度；与马歇尔外部经济不同的是，保罗·克鲁格曼等更注重外部经济的一般性作用，即将外部经济的分析与需求和供给之间的关系联系到一起，从而将集聚优势和外部性等纳入内生性增长的研究范畴。

最新的经济增长研究则是趋向新经济空间或场域的研究，即将经济空间进一步动态化和数量化的同时，更多地把生态、社会、地理和政治等空间内容包括进来。

三、区域经济发展的嬗变脉络

区域经济学和发展经济学对区域经济发展的阶段论断是一般意义上的理论建构，正如文献综述关于区域经济发展的相关理论积淀中所探讨的内容，它们为各国拟定和选择区域经济发展战略提供了范式参考。历史能生动地展现逻辑生成与发展规律，是理论在时空的展开，更为重要的是，一个国家要振兴就必须在历史前进的逻辑中前进（人民网–人民日报，2019）。

如何据此理解中国区域经济发展内涵的嬗变，中国专家学者持有不同的学术观点：如孙久文（2016）从中国区域经济发展空间特征出发，总结出“工业西渐”式的平衡发展（1949~1978 年）、“沿海倾斜”式的非均衡发展（1979~1995年）、“三大地带与四大板块”式的均衡发展（1996~2013 年）和“区域空间新格局”式的协调发展战略（2014 年至今）四大阶段；刘耀彬和陈文华（2017）从中央领导集体有关区域经济发展思想出发，划分出区域均衡发展（1949~1978 年）、区域非均衡发展（1979~1990 年）、区域协调发展（1991~2011 年）和区域综合均衡发展（2012 年至今）四大阶段；崔万田和徐艳（2018）根据改革开放 40 年来中国区域经济政策形式和内容将中国区域经济发展分为非均衡发展战略（1978~1991 年）、区域发展总体战略（1992~2012年）和区域协调发展战略（2013 年至今）三大阶段；陆铭和刘雅丽（2019）则根据地区人均 GDP 基尼系数所揭示的地区经济发展差异将中国区域经济发展划分为计划经济时期空间平衡发展（1949~1977 年）、经济增长极式的东部倾斜发展（1978~2003 年）和人口集聚滞后导致的看似均衡实则失衡（2004 年至今）三大阶段；张贡生（2019）则基于党的八大到党的十九大报告、历届三中全会和五年规划将中国区域经济协调发展划分为由西部和东北部优先布局重工业到重点发展沿海区域（1953~1978 年）、沿海率先发展到区域协调发展（1979 年至今）两大阶段。从上述分析可以看出，目前学界对中国区域经济发展嬗变脉络尚未形成一定之规，依据对区域经济发展中的战略或政策关注重点和价值取向等因素产生了不同的认识和划分方法，主要体现在时间节点不同、发展战略理解重点有所区别、特征认识各异等。

本书认为，理解中国区域经济协调发展可采取概念规范性分析和历史实证分析相结合的方式，其中概念规范性分析可识别为解释经济、政治等活动及其相互关系所必需的重要变动事项。从中国区域经济发展的历史实践来看，区域是核心概念且涉及不同时期经济地理空间的划分，顺应“肯定到否定再到否定之否定”的辩证规律，经济发展则蕴含着作为生产过程物质内容的生产力与作为生产过程社会形式的生产关系、经济基础与上层建筑之间矛盾的交互运动规律，战略具有由特殊性方略到一般性方略的辩证统一特点，以此构成了兼具连续性和超越性的区域协调发展战略的逻辑体系。

综上所述，本书认为，区域经济发展历史变革中应综合考虑中央与地方（主要是财税分权）、效率与公平（主要是发展目标与成果分享）、政府与市场（主要是经济体制改革与发展秩序）、经济与非经济维度（主要是文化、社会、生态和政治）等要素，并将中国区域经济 70 年发展历程分为四大阶段：一是基于“工业强国”的区域经济平衡发展阶段（1949~1977 年）；二是基于“两个大局”向沿海倾斜的非均衡区域经济发展阶段（1978~1994 年）；三是基于“科学发展观”的区域经济协调发展战略全面实施阶段（1995~2014 年）；四是基于新发展理念的区域经济协调发展战略深化改革阶段（2015 年至今）。其中，我们将新时代区域协调发展战略理解为对区域经济协调发展的纵深化改革，以构成逻辑一致、体系完整、突显其公共性特征和人本主义诉求的区域经济发展脉络，而该部分也是贯穿全书的研究重点。

总体而言，在计划经济体制下，中国借鉴苏联“社会主义生产力布局理论”提出“使工业布局逐步平衡”，工业凸显区域经济调整的核心内容，布局强调“一切以计划为纲”“生产资料公有制”等，反映了“公平优先”的平均分配主义时代特征；改革开放之初，中国区域规划方略将“发展”放置区域或地区经济后，实施以“放权让利”为主的“效率优先”的经济体制改革，以“先富”“后富”为主线的收入分配体制，这是实现“共同富裕”的必经之路。因此，在学术研究和实践工作中“区域经济发展”与“区域经济增长”差异较小。

随着改革开放的不断深入，为应对过大的区域发展差距，国家制定西部开发、中部崛起和东北振兴等特殊性的区域发展战略，以及确立科学发展观和新发展理念，使发展回归本义。改革因问题倒逼而生，又在问题解决中得以深化，政府宏观调控区域经济发展的过程中，将资源配置权力逐渐向市场让渡，兼具外在差异性和内在有机统一的政策体系逐步形成，区域经济协调发展机制缩小差异的效能愈加突显。与此同时，“人民日益增长的美好生活需要和不平衡不充分的发展之间的矛盾”促成了包含生态、文化、政治和社会等向度的长远性和全局性区域协调发展理论的形成。主要体现如下：新时代将区域协调发展提至前所未有的战略高度，这是新一届党的领导集体践行马克思主义中国化、贯彻新发展理念、建设现代化区域发展新格局的必然之举。

继党的十一届三中全会提出“以经济建设为中心”“发展是硬道理”、党的十六届三中全会提出“坚持以人为本，树立全面、协调、可持续的发展观、促进经济社会和人的全面发展”和党的十九大提出“发展作为党执政兴国的第一要务”的理念和实践之后，以习近平同志为核心的党中央提出“创新、协调、绿色、开放、共享”的新发展理念，党的十九大将“坚持新发展理念”“坚持人与自然和谐共生”作为坚持和发展中国特色社会主义的基本方略，“十四五”规划更是提出“把新发展理念完整、准确全面贯穿发展全过程和各领域，构建新发展格局”作为“十四五”时期经济社会发展必须遵循的原则。这反映了我们党对发展规律的新认识，更体现了“十四五”乃至未来中国经济社会发展的基本思路和方向，也应是新时代中国区域经济协调发展的基本依循。其具体内容可归纳为区域经济协调发展的五大动力体系，如图 2.3 所示。

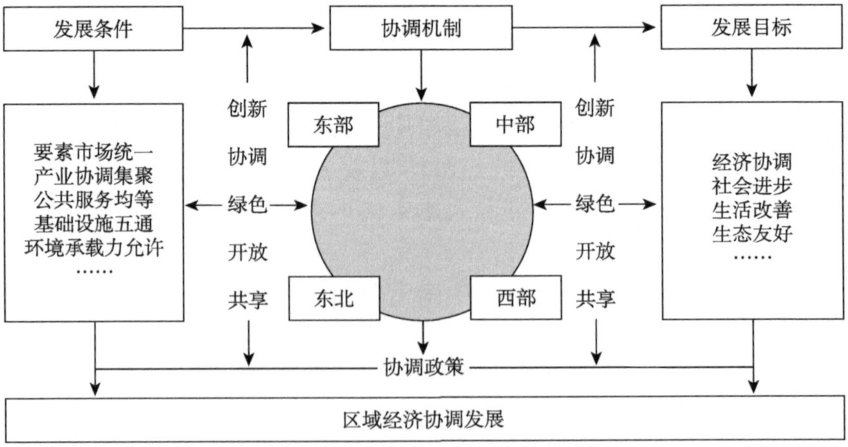

图 2.3 区域经济协调发展的动力系统

第一，创新是引领区域经济转型发展的新动力。中国区域经济发展步入新常态后为应对区域经济分化等新情况、新问题必须实现发展动力的转换，即由传统的要素驱动与投资驱动转换到创新驱动轨道。具言之，中西部地区在发展中转型，老的动能没有完全衰退，同时新的动能正在孕育成长；东北地区等老工业基地仍在转型与发展的“两难”中停滞不前，老的动能加速衰退，而新的动能尚未形成，处于“三明治陷阱”之中；东部先发区域发展速度换挡、动力层级跃升和结构优化调整，是中国区域经济分化的基本描述。为各个板块加快新旧动能接续转换，需要通过创新政策制度供给、推动区域之间知识、技术和人力资本等有形和无形要素流动、打造区域多元创新体系，推动东部区域打造更高层次、更高水平和更具竞争力的开放型经济，纾解东北老工业基地资源制约和要素报酬偏低等困境，促进中西部区域打造高质量和高效益的产业承接和转型模式，形成更加稳健和长效的经济增长周期。

第二，协调是促进区域经济持续发展的聚合力。增强区域经济发展的协调性是化解公共风险和社会矛盾的主要抓手，更是宏观经济发展空间拓延的核心保障。习近平总书记指出，“下好‘十三五’时期发展的全国一盘棋，协调发展是制胜要诀”①，其意在理顺发展关系、拓展发展空间、提升发展效能，促进中国经济社会行稳致远，这充分体现了中国发展理念、体制和方式变革对区域经济新棋局的建设带来的机遇。具言之，在深入实施区域发展总体战略的过程中，坚持统筹“东中西北”四大区域、协调南北部省区、完善全国经济带②、打造多元支点布局③、统筹城市群④、优化重大功能平台辐射带动作用⑤、扶持特殊类型困难地区转型发展⑥。以此形成基本公共服务均等、主体功能约束有效和资源环境可

① 资料来源：习近平在省部级主要领导干部学习贯彻党的十八届五中全会精神专题研讨班上的讲话. http://cpc.people.com.cn/n1/2016/0510/c64094-28337020.html,2016-05-10.

② 目前已初步形成或正在重点打造的国家级经济带主要包括：新丝绸之路经济带、长江经济带、环渤海经济带、东北中部经济带、东南沿海经济带、黄河经济带、珠江经济带和长城经济带等。

③ 这里的支点主要指的是支撑区域经济发展的增长极，如依次形成的长三角地区、珠三角地区和环渤海地区、长江中部地区、中原经济区、成渝经济区、关中—天水经济区、北部湾经济区、天山北坡地区、东北中部地区和海峡西岸地区等。

④ 截至 2019 年 2 月 18 日，国务院共先后批复了 10 个国家级城市群，分别是长江中游城市群、哈长城市群、成渝城市群、长江三角洲城市群、中原城市群、北部湾城市群、关中平原城市群、呼包鄂榆城市群、兰西城市群和粤港澳大湾区。

⑤ 这里的重大功能平台主要包括：18 个自由贸易试验区，如中国（上海）自由贸易试验区、中国（广东）自由贸易试验区、中国（天津）自由贸易试验区、中国（福建）自由贸易试验区、中国（辽宁）自由贸易试验区、中国（浙江）自由贸易试验区、中国（河南）自由贸易试验区、中国（湖北）自由贸易试验区、中国（重庆）自由贸易试验区、中国（四川）自由贸易试验区、中国（陕西）自由贸易试验区、中国（海南）自由贸易试验区、中国（山东）自由贸易试验区、中国（江苏）自由贸易试验区、中国（广西）自由贸易试验区、中国（河北）自由贸易试验区、中国（云南）自由贸易试验区、中国（黑龙江）自由贸易试验区；20 个国家级新区，如浦东新区、滨海新区、横琴新区、两江新区、舟山群岛新区、兰州新区、南沙新区、西咸新区、贵安新区、西海岸新区、金普新区、天府新区、湘江新区、江北新区、福州新区、滇中新区、哈尔滨新区、长春新区、赣江新区和雄安新区。此外，还包括国家生态文明试验区、产城融合示范区、产业承接转移示范区、海洋经济示范区、临空经济区、综合改革试验区和开放合作试验区等各具特色的重大功能平台。

⑥ 特殊类型困难地区主要包括欠发达革命老区、民族地区、独立工矿区、边疆地区、资源枯竭城市和生态严重退化地区等。

承载的多层次空间体系和全方位区域经济关系链条。

第三，绿色是优化区域经济集约发展的约束力。绿色是永续发展的必要条件，更是人民对美好生活追求的主要体现（顾海良和王天义，2017），其意在优化国土空间开发格局，提高区域绿色全要素生产率，促进区域经济布局与资源环境平衡稳定，正确处理局部可持续发展与全域可持续发展的关系。对此，应妥善解决区域之间生态开发外部性定价、流域性生态环境管制、居民福利区际和代际不平衡等问题，以促进区域经济迈向更高水平和更深层次的协调。其内容主要包括：完善基于博弈均衡的生态补偿制度；创新生态补偿的公共财政政策；先发与后发地区建立生态受益区—生态功能区责权利长期合约；探索生态环境的市场交易制度；在组织层面构建区域生态共同体。

第四，开放是推动区域经济融合发展的牵引力。党的十八届五中全会提出“互利共赢的开放战略”，这是完善中国区域开放格局的必经之路。这就要求进一步提升沿海地区开放水平，发挥其对外开放的重要门户作用；加快沿边地区开放步伐，构筑特色鲜明、定位清晰的陆路开放经济带；大力发展内陆开放型经济，提升内陆地区对外开放的平台支撑能力；先发地区拓展产业服务能力和经济腹地，着力培育总部经济，推动经济发展质量、效率和动力的变革；后发地区明确区域功能定位，提升专业化分工水平，推动产城融合发展。

第五，共享是维护区域经济互惠发展的保障力。习近平总书记指出，“全面深化改革必须着眼创造更加公平正义的社会环境，不断克服各种有违公平正义的现象，使改革发展成果更多更公平惠及全体人民”①，其意指从制度安排上解决好社会公平正义问题，保证人民平等参与、平等发展权利，坚持和完善公平与效率并重的原则，提高劳动报酬在初次分配中的比重，再分配中坚持“更加注重公平”的原则，实现基本公共服务均等化。公共服务供给方面，优化公共服务平台的共建共享机制，尤其是促进教育资源配置公平和供需合理衔接，规范人力资本联合开发和人力资源跨区域流动；收入分配层面，促进劳动报酬和生产率同步提高，增加中等收入群体比重、有效保障低收入劳动群体基本生活水平。

通过梳理中国区域经济发展嬗变脉络可以看出，在中华人民共和国成立 70 余年不同历史发展阶段，基于经济社会实际需求和区域发展实际情况，紧抓共同富裕这一社会主义最终目标，在例行的国民经济管理基础上，不断创新区域经济规划指导思想和具体发展策略，以形成与时俱进、一脉相承的中国特色社会主义区域经济发展伟大理论和实践，这既符合历史规律又顺应时代潮流。

---

① 资料来源：习近平.切实把思想统一到党的十八届三中全会精神上来. http://politics.people.com.cn/n/2014/0101/c1024-23994509-2.html,2014-01-01.

四、区域经济协调发展的本质

在社会经济发展的新时代，区域协调发展不仅是一种对区域之间经济关系的描述，更是对技术创新驱动型、统筹协调全面型、生态文明持续型、市场开放融合型和利益共享普惠型发展模式的统合要求。社会存在决定社会意识，紧密结合新时代中国特色社会主义的经济体制变革、区域格局调整、产业结构变动和发展观念转变的现实状况，我们将“区域经济协调发展”释义如下：以区域开放、利益共享和风险共担为前提，以四大区域相互分工合作和加快后发地区经济发展为基础，以区际发展差异稳定在合理适度的范围并逐步收敛为手段，形成协同增益格局的动态过程。

一般认为，中国区域经济协调发展直接对应的内容如下：缩小地区收入差距，促进基本公共服务均等化实现，保障区域居民公平发展权利；加强宏观经济政策统筹协调，兼顾资源优势互补和生态环境补偿、产业结构优化和产业结构转移，实现区域经济共同体的利益协调；要充分发挥市场在资源配置中的决定性作用，消除部门保护主义和地方市场分割，建立多元平衡、安全高效和统一有序的市场体系；更好地发挥政府作用，理顺跨区域经济建设项目管理的财权事权关系，有效弥补市场失灵；建立区域间分工网络，畅通生产要素流通机制，提高宏观经济效率。区域协调发展的首要目标应定位于缩小区域间的经济发展差距，重点加快后发地区经济发展水平和发展能力建设，稳步培育先发地区新动能，并在适应新常态和应对公共风险冲击方面发挥示范、帮扶和引领作用。总体上区域经济协调发展所依附的具体载体为区域经济“共同体”，本质是人的全面协调发展的“联合体”，其内涵具体包括以下四个方面。

第一，“以区域开放、利益共享和风险共担为前提”指统筹国内国外两个市场和两种资源，形成互利共赢、多元平衡、约束有效的融合型经济体和制度机制框架。“发挥市场机制在资源配置中的决定性作用”，将沿海内陆沿边市场开放和技术网络扩散作为产品内专业化空间分工的前提；更好地发挥政府作用，将跨区企业外部经营环境规范化和降低交易成本作为提高区域经济循环速度和质量的前提；健全利益和风险协调机制，将政府与市场主体博弈行为的产权约束、预算约束和责任约束作为人口经济和环境资源空间均衡的前提。

第二，“以四大区域相互分工合作和加快后发地区经济发展为基础”指缩小区域间经济发展、居民福利和财富分配的差距，保障经济秩序稳定和可持续发展，这是解决区域经济发展中深层矛盾、风险隐患的根本要求。区域协调发展既要统筹推进又要重点突破，辩证处理好稳定与发展的关系。当下区域分工不合理和后发区域经济发展滞缓是不稳定、不平衡、不可持续发展中的突出矛盾，需优先解决。因此，以现代发展理论、区域经济理论和经济地理理论为借鉴，坚持以经济建设为中心，提升后发地区经济增长潜力和发展能力。

第三，“以区际发展差异稳定在合理适度的范围并逐步收敛为手段”指科学利用“五位一体”总体布局与“四个全面”战略布局的整体与局部的辩证统一关系。区域协调发展不仅是对区域经济关系的具体描述，更是对技术创新驱动型、统筹协调全面型、生态文明持续型、市场开放融合型、利益共享普惠型的综合要求和客观实践。

第四，“形成协同增益格局的动态过程为归宿”指要素自由流动、主体功能约束有效、基本公共服务均等、资源环境可承载的区域协调发展新格局，协同体现在理顺发展关系、拓展发展空间和提升发展效能，增益体现在经济社会整体的行稳致远。这是在区域开放、利益共享和风险共担所形成的制度机制框架下，通过优先破除区域发展矛盾和风险隐患，坚持以新发展理念为统领、以人民为中心、以解放和发展生产力为本质要求，最终实现物质文明、精神文明、政治文明和生态文明成果由人民共享的深层协调。

五、区域经济协调发展的核心

在区域协调发展战略的核心内容层面，国家不同的经济社会发展阶段对应着不同发展战略范式和组合的选择，中国学界对区域协调发展相关问题的研究较早，如 1994 年孙尚清等出版《中国区域协调发展战略》著述，但国家政策或政府规划提之较晚。其原因是中国处于经济增长方式转变的摸索期，实践中仍存在着“以发展之名行增长之实”的问题。在全面建成小康社会决胜阶段提出区域协调发展战略，标志着新时代区域协调发展被赋予了新的历史使命，即在新老使命的变化与转换之间实现功能和效率的质的跃升。

（一）战略地位

党的十九大报告将区域协调发展战略与科教兴国、人才强国、创新驱动发展、乡村振兴、可持续发展、军民融合发展等置于同等重要地位，其落脚点是“突出抓重点、补短板、强弱项……使全面建成小康社会得到人民认可、经得起历史检验”。以上 7 个内容并非简单的并列关系，而是有机联系、互相贯通的顶层设计，是全面建成小康社会的具体部署，也是决胜的重点与难点，统一于新发展理念的伟大实践、民族复兴的伟大梦想和中国特色社会主义的伟大事业，是“四个全面”战略布局的协调有序展开。

（二）战略构成

新时代区域协调发展战略内含特殊性区域战略与一般性区域战略相结合的辩

证关系，且其外延随着全球化的发展而得以拓展，主要包括西部大开发、东北老工业基地振兴、中部地区崛起、新型城镇化、长江经济带和京津冀协同发展6项子战略，其中前三项是对“两个大局”战略的继承、深化与发展，后两项是先发地区拓展产业服务能力和经济辐射腹地、着力培育总部经济新格局，而新型城镇化战略是中国特色城镇化路径的创新。随着“命运共同体”的实践，区域发展渐入“一带一路”所形成的空间价值链之中。

（三）战略层级

区域协调发展战略涉及经济社会发展、区域、城市、国土和主体功能区5项规划。经济社会发展规划以经济流量为对象，立足部门（条条）协调；区域规划以社会经济资源的空间配置为对象，强调地域（块块）协调；城市规划以中心城、新城、市镇的发展方向为对象，突出“点”协调；国土规划以资源开发、利用、治理和保护为对象，重点是行政区效益协调；主体功能区规划以区域环境承载力为对象，着重发展特点协调；经济社会发展规划是战略实施的指引，后四者是战略实施的“空间准入”约束。

（四）战略任务

按照国家“十三五”规划和党的十九大战略部署，区域协调发展战略概括为点线面结合“1+2+4+5”多维度协调新格局。“1”是深化“一带一路”倡议与区域协调战略的融合，形成沿线 18 个省、自治区和直辖市的开发开放；“2”是全面落实京津冀协同发展和长江经济带发展战略，促进南北方经济共同繁荣；“4”是四大区域协调发展战略在区域发展主题前提下对症施策实现战略目标；“5”是五个着力点，即老少边穷地区和革命老区加速发展、大中小城（镇）协调发展、支持资源型地区转型发展、加快边疆地区发展和海陆统筹发展海洋强国。

第三节　财税政策创新与机制相关理念

正如文献综述部分所揭示的，目前国内以财税政策创新为主题的研究进路大抵是以财税政策对经济增长等议题的作用机理实证主义研究为基础的，结合国家财政改革历史文本逻辑、最新财税政策实践和制度安排，以国家各项战略的规范研究为导向，针对现行财税政策缺陷提供弥合和优化的政策建议，这是符合经济学政策研究的一般规律。然而，本书认为财税政策创新，尤其是中国在实行公共财政体制以来，应在结合传统实证主义研究的基础上，将政府议程设置、政策决策、政策实施、政策评估和绩效管理各环节各机理进行解构，最终重新建构财税政策创新体系，其中主体和工具重新建构及组合的过程即财税机制研究，这也是本书研究的内在逻辑。

一、财税政策创新概念的界定

（一）政策创新的一般性分析框架

政策工具（policy instruments）的概念源于公共政策学，随着20世纪80年代政策设计（policy design）研究的勃兴而逐渐受到重视。在早期政策设计的研究视阈下，政策制定者决策行为的基本假设是建立在知识经验和逻辑推理基础之上的，而非纯粹的经济交易或政治权衡（Bendor et al.，2009），此阶段政策工具呈现单一性特征。20世纪90年代分权理论兴起，在传统工具论的基础上，多元主体参与、网络建构和去中心化等理念促使单一的“命令—控制”政策工具减少［在这一方面，中国目前已有一批财政学专家做出回应，如李俊生和姚东旻（2018）提出的新市场财政理论］，尤其受到来自社会等级建构、政策行动者和不均衡政策等理论的影响，政策设计理论中的政策工具簇（the bundles of tools arranged in a policy mix）和政策组合（policy portfolios）成为该领域前沿议题（朱伟，2018）。

从以上分析可以看出，无论是从逻辑理性到技术理性（以其为支撑的规范经济学、实证经济学和政治经济学），还是政策工具论逐渐由“事实和价值相分离”走向“事实、情境与价值相结合”，可以说政策工具簇这个概念不仅意味着政策手段的多样化，更强调政策工具的伦理价值多元性，同时，“簇”这个字在经济学意义上更内含着最优选择集合的倾向。例如，约翰·罗尔斯的《正义论》和詹姆斯·M. 布坎南的《民主财政论：财政制度与个体选择》，以及阿玛蒂亚·森的《伦理学与经济学》都是试图把政策工具推向逻辑理性、技术理性和价值理性的融合。

本书认为，政策工具簇的相关理论为政策创新提供了一个相对可靠的逻辑依据，即遵循逻辑理性、技术理性和价值理性融合的基本路径，不论是政策创新扩散理论①，还是完美政策过程假说①，抑或基于公共管理者角色—行为理论的政策

① 政策扩散理论最早由美国学者 Walker 于 1969 年提出，其将政策创新定义为某政府首次采纳某一项目或政策，无论该政策是否被其他政府采用过；Brown 和 Cox 基于此，总结出政策创新的扩散规律，如“S”形时间曲线、邻近空间效应和中央短视效应等，此后学界出现了诸多关于政策创新的扩散研究成果，如地域传播模型、全国互动模型和垂直影响模型等。Berry 等在 1990 年则提出政府自身（如经济、历史和政治等内部客观特征）和外部条件（如邻近政府的采纳情况等）。

目标过程整合的相关理论其最终旨归皆可落脚于此。

（二）财税政策创新的概念及构成

财税政策创新是政府为应对公共管理使命之需求与政策环境之变化，以新发展理念为指导，完善与优化财税政策，以实现社会资源的优化配置和有效解决社会经济发展问题的自主性政策优化行为。本书认为，财税政策创新可界定如下：以税收和财政支出政策为主导，以财税治理为核心，基于财税政策价值的更迭、主体行为的约治、工具理性与管理目标理性的有序结合，实现财税政策优质、高效运行并为达到预定目标提供合理激励的过程。

建立财税权利关系联动，形成以自主、效率和公平为价值取向的财税权利配置安排；明确政策实施主体，合理规范中央与地方及地方与地方之间的支出责权划分关系；综合运用政策工具，根据区域实际合理调配使用政府投资、财政补贴、转移支付和税制结构等政策；兼顾不同财税政策对象，处理好长期和短期的关系，对现实微观主体发展的促进作用同对潜在微观主体发展的激励作用并重；实施全面有效的监管，加强对财税机制运行情况及时的反馈、监督、控制和管理。财税政策创新核心工具及其特征包括以下三个方面。

（1）区域经济协调发展中财政投资政策及其基本特征。财政投资政策是一国进行宏观经济调控的主要手段，与企业和居民等私人部门的投资相比，在区域经济协调发展过程中具有以下四个基本特征：一是投资目标的非营利性，财政投资通常是以政府为主体，以财政资金用于地区及国民经济各部门的一种集中性和政策性投资，可微利或不盈利，但以不盈利为主，旨在提高社会经济的整体效益，避免出现过大的地区差距；二是投资对象的公共性，财政投资的对象一般应集中于“外部效应”较大的基础产业与设施，主要包括公共基础设施、能源、交通、卫生、文化、教育和农业，以及治理大江大河、污染等涉及国计民生的产业和领域；三是投资功能的调控性，包括直接调控和间接调控：前者是根据经济政策目标安排财政投资的方向、规模与结构，使全社会投资达到优化状态，后者是通过财政投资的导向作用及税收等手段，调控非政府投资方向；四是投资政策的特定性，国家及各级政府通过建立激励区域经济发展的财政投资机制，加大对经济落后区域的财政投入力度，增加公益性与基础性投资，以促进区域经济协调发展。

（2）区域经济协调发展的财政转移支付政策及其基本特征。财政转移支付是以国家或政府为主体的财政管理活动，具体是指为扩大财力规模、改善财力结

① 政策过程完美假说是基于对拉斯韦尔政策过程——阶段范式的发展和优化，中国学者赵德余教授据此将其分为理性决策模型（民主决策的科斯定理式理想命题）、政策合法化完美假设（卢梭-科斯定理）、政策完美实施模型、政策模拟的完美型假设和政策完美性评估模型等。

构与优化治理方式而进行政府间财政资金无偿转移所形成的分配关系。进一步来讲，财政转移支付政策是指规定政府之间财政资金转移分配关系的策略及其措施。需要强调的是，全书的界定方式略微区别于财政转移支付制度的提法[①]，更加强调在区域协调发展战略特定目标下，基于政策工具的应用研究，探究转移支付行为的内层机理，不仅明晰制度中的政府“所为与不为”，更是通过政策设计确定政府“如何为”，因为从理论发展看，政策设计仍然是政策研究中的“缺失环节”（王庆华和张海柱，2012）。

有条件转移支付指拨款政府（一般为上级政府）对受款政府（一般为下级政府）限定款项使用范围、要求或附加条件的财政拨款。有条件转移支付强调专用性，又可具体分为配套性转移支付与非配套性转移支付：有条件配套性转移支付在公共经济学中又称为成本共担计划，指的是受款政府需自己筹集一定比例的资金，方可获得拨款政府的拨款，按照受款方可获得资金额度，可分为无限额配套拨款（并不规定受款政府可获资金最高值）和有限额配套拨款（严格规定受款政府可获资金最高值）（马海涛，2004）；非配套性转移支付指的是受款政府无须自己筹集一定比例的资金就可以获得拨款政府的有条件转移支付资金。

无条件转移支付指拨款政府（一般为上级政府）对受款政府（一般为下级政府）不限定款项使用范围、要求或附加条件的财政拨款。无条件转移支付强调均衡性，其特点如下：一是灵活性，受款政府可以根据当地自然、社会和经济等诸多收支因素的变化因地制宜地调整财政资金的管理和使用方式；二是平衡性，无条件转移支付的首要目标是平抑财政纵向和横向失衡的问题，缓解区域之间财政能力的差异；三是自治性，无条件转移支付有助于提高区域政府的财政自治水平，如从加拿大等国家在保健、教育和福利方面的转移支付改革历程看，多数联邦制国家的普遍倾向是逐渐放宽条件而形成无条件转移支付的主体格局（吴雨坤，2014）。当然，按照相同的方法也可以再细分为配套性无条件转移支付和非配套性无条件转移支付。

（3）区域经济协调发展的税收政策及其基本特征。其内容主要包括以下四个方面：①税收政策的区域差异性。改革开放之初，对经济特区和沿海经济开放区制定的“免二减三”等优惠政策是较为典型的区域性税收政策，其明确规定仅适用于经济特区等特殊区域。②税收政策的内容临时性。国家或地区为

① 一般而言，政策指国家政权机关、政党组织和其他社会政治集团为实现自己所代表的阶级或阶层的利益与意志，以权威形式标准化地规定在一定的历史时期内应达到的奋斗目标、遵循的行动原则、完成的任务、实行的工作方式、采取的一般步骤和具体措施；经济史学家诺斯（North，1993）提出：“制度是一种约束机制，这种约束对人类的相互作用具有组织效应，具体由正式约束（规则、法律）、非正式约束（行为规范、习俗）及两者的执行特点组成。它们共同定义了社会的激励机制，尤其是经济的。”

缓解和缩小区域经济发展而采取的税收优惠政策，通常具有较为明显的临时性特点，且随国际惯例和标准的完善将会更加突出。③税收政策的效应限制性。合理的税收政策在鼓励一定地区的同时，对其他地区规定一般的税收政策或限制性的税收条款，这在一定程度上可限制一些地区的经济过度膨胀和“泡沫经济”，起到调节经济发展的重要杠杆作用。④税收政策的权限裁量性。各级政府在享用国家各项税收优惠的同时，在不违反国家税收政策的前提下，也会根据自身的特点因地制宜制定本地区的税收优惠政策，体现了地方自主性和灵活性的特点。

（三）区域财税政策创新主要目标

财税政策创新应当着眼于破除新常态下事关区域经济协调发展的深层次矛盾或问题，其内容主要包括以下四个方面。

（1）行政区既得利益与区域协同利益之间的矛盾。例如，区域经济协调发展在地方官员政绩考核体系中的缺失、投资洼地及区域市场保护主义等。

（2）权力结构集中与区域市场分散之间的矛盾。例如，财税政策所具有的滞后性和模糊性、行政定价与市场定价之间巨额的政策租金等。

（3）深化财税体制改革与协调区域经济需求之间的矛盾。例如，统一上移税收优惠政策制定权限导致经济欠发展地区投资乏力等。

（4）资源跨区开发利用与生态保护责任的矛盾。例如，为扩大优势产业的“回波效应”和“极化效应”，不惜采取“以邻为壑”的恶性竞争策略，生态保护责任失衡逐渐成为制约区域经济协调发展的刚性约束等。

（四）区域财税政策创新价值导向

一个民族在其公共行为中所创造的物质和精神财富，以及与环境对话中所显露的意态，即形成了体现其心智结构、行为准则和自然秩序之元范的价值观念，这又作为一种元制度直接影响市场均衡和政策工具的有效性（贝纳西-奎里等，2015）。凯恩斯在20世纪对价值观念与经济关系表达时提出：“没有任何国家、任何民族，能够在期待这种多暇而丰裕时代的同时，不怀有丝毫的忧惧……当他再也不能在传统社会的温床和他所珍视的那些风俗习惯中找到自己的根基时，这个问题就显得尤为严重。”（Pecchi and Pigas，2008）

财税政策价值属于规范性概念范畴，作为规范性原则和财政转移支付道德思想，是财税政策本体特有的财政文化、功能编序、义项配置、框架建构、适应性修复的框架性规约，它是破除财政唯意志论，构建科学、规范、长效财税政策的重要保障。进而言之，价值取向属于历史范畴，正如英国史学家霍布斯鲍姆所言：“历史以其时间为其向度，我们关切的不只是结构及社会的存续与变迁，还有转变的可能性及类型。”故此，区域经济协调发展的财税政策价值体系的构建应在顺应现代财政体制改革导向的基础上，更加关注区域协调发展的嬗变规律。

二、区域财税机制概念的界定

财税机制蕴含着财政与税收政策在发挥配置资源、稳定与发展经济、分配收入和监督管理等职能过程中所产生的“系统性”力量，它包含了财税管理主体之间、政策之间、要素之间及主体、政策与要素之间的相互联系、影响、配合、促进和制约的动态关系。本书认为，相互联系是机制存在的客观逻辑，而配合、促进和制约等关系是产生影响的具体方式。财税机制依靠相对应的财税体制、制度和政策来发挥其显性作用，且依靠财税体制变革实现自身优化，具言之，通过财政收支规模总量调整、收入来源变动和支出结构优化来体现政府的财税政策作用导向，以促进财税机制目标的实现。

诚然，就其边界而言，广义上的财税机制向外涉及货币政策机制、市场机制之间的动态联系，向内涉及财政政策与税收政策之间的相互作用和影响；就其方向而言，财税机制涉及横向和纵向上的联动链条；就其作用效果而言，包含激励性机制、协调性机制、约束性机制和补偿性机制等；就其内容而言，包括财税利益分配机制、财税规制机制、财税扶持机制和财税绩效评价机制等。鉴于其内含的“隐性和复杂性”特征，中国学界尚未对财税机制进行明确划分，本书主要对区域经济协调发展中财税利益分配机制进行研究，基本依据是“中央—地方—市场主体”三维框架。

第四节 区域财税政策创新的理论基础

一、新发展理念

（一）新发展理念的基本内容

2015 年 10 月习近平总书记在党的十八届五中全会上就“十三五”规划建议起草的有关情况说明时提出了“创新、协调、绿色、开放、共享”的五大发展理念，这是“十三五”期间乃至更长时期内中国社会经济发展思路、发展方向和发展着力点的集中表现，也是中国改革开放至今发展经验的重要体现，并在《中共中央关于制定国民经济和社会发展第十三个五年规划的建议》中，新发展理念被完整提出。可以说，新发展理念既是对马克思主义发展思想的丰富，也是对中国历次重大发展理念更迭的承续。

马克思主义发展思想的核心逻辑，是基于生产力与生产关系、经济基础与上层建筑的对立统一推动了经济社会整体系统的发展，其发展是在遵循人类社会和自然规律的基础上，最终目的是促进作为发展主体的人民群众的解放，最终实现人的全面自由发展。以习近平同志为核心的党中央集体精准研判中国新时代发展中存在的不可持续、不协调、不平衡和不充分的问题与成因，紧紧把握生产力和生产关系发展特点，及时总结现有发展成果和深刻反思发展经验与教训，提出了新时代的新发展理念。遵循实践唯物主义辩证法，作为对什么发展、怎样发展和为什么发展的最新理论的概括和升华，新发展理念主要包括以下五个方面。

（1）针对新时代生产力的特点明确创新发展。在目前中国发展动力转换形势下，只有把发展动力源头置于创新之上，形成制度和科技等创新体系，才能顺利应对日益激烈的国际竞争，保障全国范围内经济社会顺利实现转型换挡。

（2）结合不全面、不均衡的格局强调协调发展。协调发展是新时代经济持续健康发展的核心要求，只有妥善处理好城乡一体、区域协调、物质与精神文明并重、经济与国防建设融合等关系，才能统筹兼顾，进一步拓宽发展空间。

（3）面对生态、能源和资源问题突出绿色发展。绿色是正确处理人与自然的和谐关系和确保永续发展的前提。只有坚持绿色惠民、绿色富国和美丽中国等理念，才能让良好生态成为经济的新增长点和人民群众美好生活的支撑点。

（4）准确研判世界经济发展大势坚定开放发展。开放是现代国家繁荣的必经之路，只有提升开放水平、拓展开放内涵、构建深度融合和互利共荣的全方位开放格局，才能促进资本、智力和技术等有效沟通，解决内外发展矛盾。

（5）坚持社会主义本质要求实施共享发展。共享是解决社会主义公平正义问题的着力点，只有让改革发展成果真正惠及广大人民群众，才能体现社会主义制度优越性，通过保障基本民生、注重机会公平，最终实现共同富裕。

因此，新发展理念是一个结构严密、内涵丰富的理论体系。其中，创新是引领发展的第一动力，其核心是实现中国社会经济发展的动力转换，主旨是通过由传统要素驱动向创新驱动的轨道转换，激发新动能和新增长极；协调是经济发展行稳致远的内在要求，其核心是增进经济发展的整体性和平衡性，主旨是通过补齐短板、化解突出矛盾，稳妥处理好发展过程中整体与部分、部分与部分之间的关系，在攻坚克难中增进发展的协调性、平衡性和持续性，保障全面建成小康社会；绿色是指文明发展模式，其核心是人口、环境与资源之间的和谐共生关系，主旨是通过资源集约、主体功能区建设、环境综合治理和发展绿色环保产业，协同推进美丽中国、人民幸福和国家富强；开放是发展空间，其核心是融入世界经济大格局，主旨是通过提升话语权和培育新优势充分利用国内国外两个市场和两种资源；共享是发展的目的，其核心是明确发展的主体价值，旨在通过优化公共服务供给、改革劳动收入分配等全面实现社会公平正义。

（二）新发展理念的应用分析

新发展理念是发展行动之先导，是对中国特色社会主义道路和模式的根本性、全局性和长远性指示，体现于中国经济发展新常态的新思路、新方向和新着力点。研究区域经济协调发展财税政策更应以新发展理念为引领，以此加深认识、明晰目标任务和创新政策措施。

第一，在区域经济协调发展研究中树立创新理念。在优化土地、资本和劳动力等传统要素配置的基础上，以财税政策创新带动制度体制、市场环境、人才培育的创新，在区域间推进新产业、新模式和新技术的有序流转。

第二，在区域经济协调发展研究中扩大协调视域。区域间不但要以经济协调作为基准，而且应将环境协调、城乡协调和经济与国防建设纳入其中，明晰要素交换模式，形成多领域、全要素和高效益的区域经济协调发展新格局。

第三，在区域经济协调发展研究中以绿色优化空间结构。突出主体功能区建设的重要地位，提升跨区域投资项目的环境准入标准，加强区域间环境综合治理与生态保护、修复和补偿的协调机制，扩大和优化生态产品供给等。

第四，在区域经济协调发展研究中以开放扩展发展空间。着力推进“一带一路”建设，完善区域开放格局，有效利用外国发展资源，增强内生动能，推动贸易产业链向高端拓展，积极对接中西部产业转移，发展内陆开放型经济。

第五，在区域经济协调发展研究中以共享为最终落脚点。通过财税政策和机制创新，保障各域人民平等发展、公平参与权利，协调跨区域公共服务机制，促进人口和人力资源均衡发展，加大再分配调节力度来优化分配格局。

二、区域经济发展理论

（一）区域经济发展理论的基本内容

区域经济发展理论勃兴于 20 世纪 50~70 年代，目前围绕经济发展关系逐渐衍生出多个分支，并积攒出卷帙浩繁的思想成果。基于对区域经济增长的不同认识，可将其大致分为区域经济均衡增长理论和区域经济非均衡增长理论两类。其中前者主要包括美国经济学家莱宾斯坦的临界最小努力命题理论、英国经济学家罗森斯坦-罗丹的大推动理论、纳尔森的低水平陷阱理论和纳克斯的平衡增长理论。由于均衡既是新古典经济学的基本分析方法，也是其基本观点，故学界一般认为区域经济均衡增长理论即是新古典增长理论。

依据其基本假设，该学派经济学家认为在劳动、资本（投资）和技术三要素的作用下，尽管各区域之间在发展程度和要素禀赋等方面存在差异，但市场机制会导致要素从低收益区域向高收益区域流动，最后使得要素收益呈现平均化，因而区域经济增长会导致不同区域之间差距的缩小。区域经济增长在地域上呈趋同和收敛之势，而不均衡总是短期现象。

与此相反，在“凯恩斯革命”后，为了针对区域经济差异日渐扩大这一经济问题寻求较为合理的理论解释，一些经济学家提出了区域经济非均衡增长的理论，包括增长极理论、二元空间结构理论和梯度渐进理论等。其基本出发点即从现有资源的稀缺性角度对均衡发展进行批判，同时突出对重点区域和部门，以及宏观经济发展的提升作用。

例如，佩鲁的增长极理论认为作为多功能经济中心的增长极具有吸引和扩散作用，经济增长的本质即是由不同区域、行业和部门间的不平衡性增长能力推动的（Perroux，1955）；二元空间结构理论则是将区域空间系统划分为中心（核心、先发区域）和外围（边缘、后发区域）两个子系统，由此，核心—边缘区理论（Friedmann，1966）、循环累积因果理论（Kaldor，1970）和依附理论都可以归入二元空间结构理论。此外，非均衡发展理论还包括威廉姆森的倒“U”形发展理论、区域分工与贸易理论和发展辐射理论等。

（二）区域经济发展理论的应用分析

区域经济非均衡增长理论与区域经济均衡增长理论实际上蕴含着干预主义和自由主义的基本纷争，前者强调以政策干预的方式将区域经济差异维持在一个可控范围内，如希尔曼和缪尔达尔主张政府积极干预；后者则强调发挥市场作用和经济内在规律对区域均衡增长的促进作用。以上理论对本书的研究启示主要包括以下两个方面。

第一，区域差异的变动受到政府干预、经济发展规律、区域要素禀赋和市场机制的多重作用，是四者综合作用的结果，片面地强调或忽视哪一方面，只会形成理论上的抽象和简化，减弱对现实和理论的解释能力。亦即是说，在制定财税政策的过程中，应以区域差异为出发点，综合考虑要素禀赋、市场机制和区域经济发展的内在规律，方能提升政策质效。

第二，均衡发展和非均衡发展只能作为辩证意义上的区分。非均衡发展理论一般强调经济增长是以均衡状态的破除为动力，但正如梯度渐进理论是对均衡发展和非均衡发展的结合，暗含了梯度间多元互动的过程，非均衡和均衡都无绝对性，这一点威廉姆森的倒“U”形理论也有所揭示，即通过引入时间变量，阐明了均衡与增长之间的替代关系而并非线性关系，反而强调了经济高速发展阶段对均衡的依赖，这是科学研判中国区域经济发展趋势的依据之一。

三、财政分权理论

（一）财政分权理论的基本内容

财政分权理论的发展大致经历了三个发展阶段，即第一代财政分权理论、以公共选择理论为基础的第二代财政分权理论、以公共服务多元化供给为基础的第三代财政分权理论（刘立和朱云杰，2012），依照财政分权理论三阶段划分法阐释其内容。

第一代财政分权理论（the first generation fiscal federalism）源于20世纪50年代发展起来的公共财政理念。它以新古典经济学研究范式为遵循，将市场失灵作为研究切入点，应用个人主义和理性选择假设作为其方法论指导，以社会公正和帕累托效率为准则，重点探讨各级政府应承担何种职能及履行职能的财政政策工具何以选择等问题。Tiebout（1956）将地方公共产品的供求分析置于全国层面分析为主的公共产品理论框架之中：在完全市场竞争条件下，区域内的居民作为政府竞争的对象可以以“以脚投票”的方式自由流动，从而实现同商品市场自由竞争机制一样的最优配置状态，最终使地方政府在税收价格与公共产品边际成本相同的最优点时提供公共产品，即地方政府公共产品的配置效率等于生产效率。Musgrave（1969）在此基础上阐明了多级政府框架下，追求辖区福利最大化是地方政府的主要目标，并提出财政三职能论；Oates（1972）则是总结了公共财政职能在不同等级政府间的分配密室，并明确提出了基于地方政府信息比较优势，国家的财政资源应向地方政府倾斜，由其承担更多的财政支出责任，以促进经济效率的提升。

第二代财政分权理论（the second generation fiscal federalism）以公共选择理论作为灵感源泉，以官僚预算最大化为基本假设，将研究视角由公共品供给和配置效率转向地方政府及其官员的政治经济激励机制和制度性因素，即财政分权体制下政府帕累托效率实现机制和路径等。例如，Qian 和 Roland（1998）将预算约束引入财政联邦主义政府行为分析框架之中，提出了政府内部层级结构、权力划分和义务规范等概念体系，其思想基本脉络如下：自由竞争市场能够促进要素跨区域流动和提升信息透明度，以此形成的政治经济机制能够降低地方政府寻租和政治保护行为发生的可能性，加之中央货币集权和财政分权对地方政府施加的预算硬约束，为构建良性财政运行环境提供了激励。第二代财政分权理论的另一项主要内容是解释转轨国家不同经济绩效和公共产品配置效率出现的原因，如 21 世纪以来在转轨国家理论界逐步产生的地方政府双重激励理论或曰政府职能异化（Zhuravskaya，2000）。第二代财政分权理论的实证研究也阐释了地方政府政治性和经济性激励等动力机制能够显著促进经济增长，且善治型政府结构可以保障市场的高效运行，亦即法治和民主等政治因素成为市场机制建构的基础。在第二代财政分权理论中，对中央政府和地方政府到底何者该秉承社会公正和机会主义的价值原则仍存在广泛的争议。

第三代财政分权理论（the third generation fiscal federalism）发展面临的理论困境是第一代和第二代财政分权理论所遗留的“市场机制与政府机制对立”（王守义，2017）问题。20 世纪 60 年代新公共管理运动为解决该理论困境提供了基础。第三代财政分权理论综合了公共选择学派、博弈理论和制度经济学的成果，以公共产品和服务的经济属性和环境因素为依据，采用交易成本和信息经济分析等方法，重点关注公共产品多元化供给议题。例如，Ostrom（1987）通过对制度自主转化的本质和内部变量如何影响规则制定的研究，阐释了在外部力量缺位的状态下集体行动规则的演化路径，这是对政府集权与产权界定内部化的外部性缺陷的回应。发展至今，第三代财政分权理论贡献主要包括：突出了公共物品供应环节集体选择特征，强调通过决策多重权力配置实现有效的社群控制，同时供应评价标准是由罗尔斯主义公平正义和配置效率构成的公共性价值；明确了行政区域内和跨区域利益共同体等主体对公共产品的联结供应与生产；拓宽了政府职能和财政政策的研究视域，破除了传统方式内含的全过程供给限制。

（二）财政分权理论的应用分析

财政分权理论中的若干公理可为公共产品供给和财政政策规则的制定提供了坚实的理论支撑。例如，地方政府对本地居民公共产品和服务的偏好信息具有比较优势，而偏好误识理论对中央集权体制的批判和行政性分权过程中财政政策工具的设计和选择的研究，更是成为基于“俱乐部”理论①的最优地方政府规模的基础。总而言之，财政分权理论对区域协调发展的财政转移支付政策研究具有如下启示。

第一，区域政府是公共产品和服务供给的基本主体，同时存在多种可供选择

① “俱乐部”理论是由布坎南提出的，即将社区（或区域）比作俱乐部，即将为分享某利益而联合起来的人员自愿协会，该理论核心包括：俱乐部成员的增加意味着成本分担者的增加，同时俱乐部新进入者会产生新的外部不经济，即是说俱乐部变得更加拥挤，从而社会也更加短缺。因此一个俱乐部的最优规模就是新成员分担运行成本所带来的边际节约等于外部不经济所产生的边际成本这一点上（Buchanan，1965；McGuire，1974）。

的模式。区域内、区域间和其他需要做出集体决策的利益共同体等主体具有表达自身偏好的能力，以区域协调发展战略维度为导向的公共产品需求的表达渠道需要加以畅通，以构建公共产品供给的多元化组织结构。同时，社会群体成员根据其所需要的公共产品特征，选择或改变乃至组建其供应和生产的单位，以提高其财政支出对资源的配置效率。依此理想路径来看，在现代国家治理体系下各级政府政策创新虽然主导权增大，但财政分权化改革也为区域协调发展带来了潜在风险（杜尔劳夫和布卢姆，2016），即因区域经济与行政区经济矛盾固然存在导致政府"自利动机"诱发的"以邻为壑"和发展过程中"囚徒困境"博弈模式藩篱难以消除，如何通过建构我国横向转移支付制度框架推动地方在财政有序竞争中的协调与合作是全书第八章需要解决的问题。

第二，明确公平与效率的政府经济行为评价视角。在经济社会发展进程中评价政府行为的长期性基本问题（即公平与效率问题），在市场经济体制下区域协调发展战略财政转移支付中作为行为主体的区域政府的机会主义行为是被抑制的，而突显社会公平正义的"协调"与内含经济效率的"发展"则要求区域政府以更优的选择进行政策协调、行政命令和财力支持。根据社会主义的义利思想，效率由经济效益向道德意蕴拓展，公平则由道德公平向社会公平延伸，明晰效率与公平辩证关系的重新调整是本书第六章中需要解决的主要问题。

第三，"以脚投票"模型的发展为存在空间交易成本的地方财政模型的建构提供了基本分析思路。"以脚投票"模型重点关注的是居民迁移的动因，即寻求公共品价格与税收之间的最佳组合，而迁移的成本问题尤其是文化和制度等差异所形成的隐性空间交易成本却受到一定程度的忽视，当然 20 世纪 70 年代以后被逐步得以纠正[①]。结合空间经济学范畴的"冰山运输成本"这一概念（即要素流动的全部费用，通常用来衡量市场贸易自由度），探讨产业聚集和聚集收租与政府支出效率的关系。

四、政策网络理论

（一）政策网络理论的基本内容

政策网络理论是经济学、政策学和社会学融合研究的产物，是当前社会科学界公共政策分析中最为常见的工具性理论之一。政策网络理论兴起于20世纪 80 年代，而其思想源流可以追溯至 20 世纪 50 年代学界对次系统和亚

---

① 例如，麦奎尔动态模型（McGuire，1973）。

政府等理念的讨论（Jordan，1990）。Katzenstein 在其著作《权力与财富之间》中首次使用了“政策网络”一词，发展至今，学界关于政策网络的定义尚未形成一定之规，有的从微观政策行动者关系角度出发，认为政策网络是由于资源依赖性而连接在一起的一群或多群组织联合体（Howlett and Newman，2010）；有的从中观组织层面出发，认为社会行动者与官僚机构共同在部门层面成为政策网络核心（Atkinson and Coleman，1989）；也有的从宏观治理角度出发，认为政策网络基于非正式协调，能够通过凝聚公共与私营部门分散的政治资源，以有效弥补市场和政府双重失灵等问题（Kickert，1997）。与其概念分野相类似，政策网络理论的研究内容和观点也随着其研究视角、对象发生变化。

第一，政策网络理论纵向治理学派。目前大多数美英两国学者为政策网络理论的纵向治理学派，其基本研究视角即将政策网络作为分析政策利益相关者之间的多元关系和互动形态的工具，其关注的重点是在网络中实现有效的资源交换（Börzel，1998）。该派学者主要关注政府与政府、政府与市场等政策利益集团之间的网络结构关系及其对政策效果的影响。

第二，政策网络理论横向协调学派。该学派以德国和荷兰学者为代表，其主张是将政策网络视作协调工具，以分析不同利益诉求行动者之间的横向政策过程，侧重点是政策过程中横向组织间关系的研究，其基本观点是政策过程主要取决于市场中非正式形式下的互动关系，因此决策过程也受到这种横向互动关系的主导，也可以直接导致政策结果的变化。基于此，产生了政策网络理论中的管理学派，即侧重分析产业组织互动过程及其结构对政策效能的影响（Klijn and Koppenjan，2006）。

基于以上讨论，从基于微观利益主体视角到宏观治理的视角，可以将政策网络理论划分为以下几大类型，包括政府部门间的网络、服务流间的网络、工具选择网络和主题网络等，具体见表 2.2。

表2.2　政策网络理论的分析工具

网络类型	适用范围	行动者之间依赖性	资源分配原则
系统动力学网络	经济社会系统因果关系	无固定依赖性	向系统薄弱环节分配
生产服务流网络	服务流系统的契约关系	较高的依赖性	由契约关系决定分配
政府部门间网络	政策过程中的控制机制	较高的依赖性	基于部门间权力博弈
政策意图与绩效	政策意图与工具匹配性	一定的依赖性	政策战略高度和质效

资料来源：整理总结

总体来看，政策网络理论的出发点是使公共政策制定更科学，公共政策程序更规范，公共政策目标更精确，公共政策手段更完善、灵敏度更高，内容更具体和效果更明显（林玉华，2002；侯云，2012）。同时，与政策绩效[①]理论相关联，受新公共管理运动的影响，基于政策网络理论对“伙伴关系”、“公共治理”、“网络治理”和“合作治理”等模式的合法性及正当性的实证研究成为目前学界关注的重点（Considine，2013；Johnston，2015）。

政策绩效（policy performance）是在 20 世纪 50 年代政治学家利用微观经济学效率的一般分析框架对政策进行分析时衍生而来的，其早期研究者主要包括 Weiss、Wholey 和 Suchman，他们各自在其著作《评估研究：项目有效性的评估方法》《联邦政策评估》《政策评估研究》当中主张从政策学的角度将管理学控制论视角下的绩效管理理念和方法融入进来；美国公共政策学家 Dye 在其著作《自上而下的政策制定》《理解公共政策》中从工具论的角度对政策绩效进行了系统的分析，在其理论框架内政策绩效即是政策执行结果的一种评价。

此后，财政政策绩效理论经过 20 世纪 90 年代 Neely 和 Gregory 等的推动下，由 2E 维度拓展至 3E 维度，并逐渐形成 4E 维度的理论范式[②]。进入 21 世纪以来，政策学和理论学界逐渐发现对政策经济效率的过度重视容易导致政策受体满意度与实现程度之间发生背离，在融合公共选择理论学派的基础上，政策绩效理论开始由技术理性向价值理性转变，即聚焦公共价值，如邓恩（2002）在其著作《公共政策分析导论》中将其明确界定为政策对目标群体的需要、公共价值和社会机会的满足度。可以看出，源于公共政策学范畴的政策绩效理论已脱离对政策结果的评价，逐渐走向价值、技术、政治和法律理论之融合（龙凤钊，2017），尤其是与产出引导和价值创造产生了更为紧密的联系，如透明度、公平性、合法性和公正性（包国宪，2015）。财政官僚主义行为理论则是围绕“私人利益分析”，核心观点是公共经济中的个人行为也是受到狭隘个人利益和利己主义的驱使，由此出发，政治决策同经济市场这两个人类行为的基本方面一道被纳入单一的私人利益分析框架之中，从而推动了传统

① 彼得·格鲁克在《管理的实践》中将“绩效”定义如下：成绩和效率，而斯蒂芬·P. 罗宾斯在《管理学》中将其定义如下：一项活动的最终结果，其中前者兼顾了行为过程和结果，而后者则只注重结果。就其字面意思而言，“绩效”在《韦氏词典》中的解释如下：是完成、执行的行为，通常是有功能性的；在《辞海（修订版）》中的解释是工作的成绩、效果。在管理学主流研究领域，对绩效的理解主要可以划分为四种方式：结果论、行为论、控制论和融合论。

② 2E 指的是 efficiency 和 economic，即指效率性和经济性；3E 指的是 efficiency、economic 和 effectiveness，即指效率性、经济性和效果性；4E 指的是 efficiency、economic、effectiveness 和 equitability，即指效率性、经济性、效果性和公平性。

理论对公共部门“无所不知、无所不能、仁慈超凡”的假设走向破灭，这在公共选择学派诸多代表人物中早已获得了广泛的共识（McKean，1965；唐斯，2005；塔洛克，2010）。

以上是政策绩效理论的发展及演变的纵向梳理，当然从公共政策的横向内容建构来看，由于产业政策、财政政策和货币政策等经济政策的职能和特点不尽相同，这客观上促进了政策绩效理论的横向分化，本节主要介绍财政政策绩效理论发展的基本内容，财政政策绩效的理论前提是 20 世纪 60 年代在 Richard Abel Musgrave 等的推动下，财政学从制度性和描述性的研究，转化为使用凯恩斯宏观经济学和微观经济学的研究，Ugo Mazzola 更是提出相较于效用最大化的经济均衡而言，政治均衡更为重要（马斯格雷夫和皮考克，2015），这为财政政策绩效的发展进一步提供了思想源流。此后，基于财政管理或曰财政资金管理实践，财政政策绩效理论大体经历三大阶段：一是财务资金合法合规审查阶段；二是投资项目经济效率评价阶段；三是关注政策目标群体满意度阶段。基本逻辑可以归纳为由财政资金规管向公共财政政策社会福利最大化的演变，基本对比可见表 2.3。

表2.3　财政政策绩效与财政资金绩效基本比较

对比指标	财政政策绩效	财政资金绩效
基本属性	价值理性、技术理性和政治理性融合	工具理性
主体层次	财政政策及其动力与过程机制	财政资金及项目
评价对象	政策过程及结果	资金划拨及使用程序
评价维度	效率性、经济性、效果性和公平性	成本–收效的效率性分析

资料来源：整理总结

（二）政策网络理论的应用分析

政策网络理论对财税政策研究具有重要的指导意义，其核心在于将政策网络应用于财政政策的制定和实施过程中，在社会转型和体制转轨时期，进行政策网络分析是对财税政策思维变迁的有益补充，并促进后者在不断的政策创新中发现新的机会。基于此，财政政策绩效不仅关注资金投入，更是涵盖政策从制定到实施的全过程，以此就不难理解全面实施预算绩效管理的核心要义，即全方位、全覆盖和全过程。在区域财税政策绩效研究问题上，亦可遵此思路。

第一，有助于将财税政策研究视角跳脱出单一的政府中心主义，转变为重构国家—区域—社会关系的有效工具。传统意义而言，财税政策的变迁主要是在利益异质性的框架中研究的，这在一定程度上忽视了国家的能动作用和行政管理能力，将财政政策网络理论引入对财税政策的变迁分析之中是弥补其理论解释力的重要手段，相对合理的共同决定只能来自一个公共权力[①]。具言之，在一国之内区域发展进程中，虽然利益具有异质性，但政治约束是刚性的，这一事实难以适用于利益异质—政治约束—财税政策结构变迁的分析范式[②]，对“经济人”假说的批判思潮及其形成的相关理论逐渐发展成为一门显学[③]，本书将财政政策绩效偏差作为阐述其演化历程的基本工具，充分体现了国家在财政治理中的能动性和综合性作用。

第二，政策实施效果与政策网络结构具有重要的紧密关联。政策网络结构性特征对财税政策效果会产生重要的影响，财税政策绩效并不是对单纯的财政资金绩效评价，其还涵盖了政策价值和效应的分析。尤其是区域协调发展的财政和税收的道德意蕴、再分配效应、协调效应和福利效应的分析都应作为其绩效管理的重要方面，这部分内容是本书在进行政策现状分析和问题归纳部分的重点工作。本书也将在第四章第五节部分财税政策问题成因分析中采用政策网络视角。

第三，政策变迁的动力分析可以从政策网络理论中寻找证据。通过对财税政策的价值理念、政策主体的态度、内外部政策环境的变化、公众参与方式等方面的比较，探寻区域经济协调发展财税政策的变迁动力。不遑多论，政府治理体系现代化是财政政策绩效管理的出发点，但以公众满意度为导向的社会本位式的政策绩效模式却是其趋势所向（负杰，2018），正如 Hans Ritschl 所言，社会动机、集体欲求和政治利益之间的差别不再是逻辑上的，而应是价值判断和社会哲

① 在阿罗研究时期，公共权力凸显了“公权力论”中公权力与个人不是平等关系，两者的融合机制即是通过公众服从权力以保证公益的实现。正如法国社会学家莫里斯·奥里乌在其著作《法源：权力、秩序和自由》中所言及的“行政权力通过从私人那里索取和征收财富，而为私人创造出了更大的财富。这种财富的最主要体现便是秩序、和平和公共设计”。

② 在新政治经济学的分析框架中，放弃了公共部门“经济理性人”假说，取而代之以“有限理性”，因而将政策的解释归结为“众所周知的规则，借助于它不断重复的互动行为得以结构化，它带有实施机制，在违反规则的情况下可以实施制裁或威胁制裁”（详见沃依格特著的《制度经济学》第一章和汪丁丁著的《新政治经济学讲义》），更进一步地，目前中国的财政学学者在解释财政转移支付政策的演进路径的时候往往采用的是“政府利益异质性—政治约束—转移支付政策变迁及结构性问题—政策绩效偏差的分析”这一传导机制。

③ 无论是奥地利学派的路德维希·冯·米塞斯的《经济科学的最终基础：一篇关于方法的论文》（当然其最为著名且阐述最详致的著作是《人的行为》，不过《经济科学的最终基础：一篇关于方法的论文》作为米塞斯所创的人类行动学研究的集大成之作，对经济理性人假说进行了最为鲜明的批判，他在“对动机的研究”一节中提到“事实上，经济学探究的不是实实在在的人，而是一个幽灵”，即“经济人”，一个在本质上不同于真人的认为创造出来的东西），还是新剑桥学派的琼·罗宾逊夫人的《经济哲学》，抑或是制度主义学派的阿玛蒂亚·森的《伦理学与经济学》，都体现出以上经济学家对“自利理性观意味着对伦理相关动机的断然拒绝”的惋惜或厌恶之感。

学方面的[①]。因此，探讨区域心理和集体欲求与财税政策绩效的相互影响应该是其绩效标准的重要内容之一，这是本书实证分析部分所要完成的任务。

五、机制设计理论

（一）机制设计理论的基本内容

机制是指一个系统中各个组成之间相互联系、制约和作用的关系。从广义上看，经济机制一般被认为是一个经济机体的组织和制度结构，以及操作规则、管理方式职能与作用相互联系和作用的系统（何盛明，1990）。经济机制设计的思想争鸣源自20世纪30年代西方学界关于社会主义计划经济体制的大辩论，其中以哈耶克（Hayek）和米塞斯（Mises）为代表的奥地利自由主义学派反对政府计划而支持私人计划，他们认为经济信息内在的即时性、复杂性及私有性，计划体制所依赖的对信息的收集和传递会导致其扭曲、损失和信息成本的产生；以兰格（Lange）和勒纳（Lerner）为代表的统制学派则根据社会主义经济模型，认为在信息分散化情况下，中央可通过价格控制以整合分散的信息，从而有效配置经济资源。

机制设计理论（mechanism design theory）的系统性研究始于20世纪70年代，美国经济学家利奥·赫尔维茨[②]运用激励相容原理解决信息不对称和信息分散情况下的资源配置问题，这一思路奠定了机制设计理论的基本研究框架和研究核心议题（Hurwicz，1973）。具体而言，Hurwicz（1972）认为大辩论核心议题的解决方案是委托人应实施某种形式的激励措施并促使代理人说真话，从而解决信息不对称的问题；马斯金和迈尔森在此基础上，认为应将关注点放在激励相容机制的设计上，如Myerson（1981）通过将显示原理引入拍卖模型中的贝叶斯博弈解决了卖方所面临的信息不对称所引发的道德风险问题，他又通过多阶段博弈分析，将显示原理推广到一般情形；Maskin（1983）通过在纳什均衡中引入执行原理探讨了纳什均衡与社会福利最优的问题，而激励相容原

---

① Hans Ritschl（汉斯·里切尔）在其1931年所著的 *Gemeinwirtschaft and Kapitalistische zur Erkenntnis der Dualistschen Wirtschaft Sordnung* 一书中对基于公共精神和有机的社会团结的公共经济和基于获利动机和机械的社会团结的市场经济的二元分化进行了探讨，他用公共精神来解释国家经济所具有的强制性，而强制性又可以确保公共精神完全生效。里切尔以此基本框架解释财政收支所具有的特别性质，如财政支出不完全按照市场原则等。里切尔的这种整体主义视角，为我们研究财政转移支付政策绩效的基本启示如下：国家只是共同的司法组织，而其中的集合体和共同体是国家经济的基础和主体，公共精神都是维持共同体的力量，如果将财政转移支付政策绩效的落脚点归结到经济结果，而忽略动机和需要的性质，无疑是对财政本质的忤逆。

② 2007年诺贝尔经济学奖授予美国明尼苏达大学经济学教授利奥·赫尔维茨（Leonid Hurwicz）、新泽西普林斯顿高等研究院教授埃瑞克·马斯金（Eric Maskin）以及芝加哥大学经济学教授罗格·迈尔森（Roger Myerson），以表彰他们为“机制设计理论奠定了基础”。

理、显示性偏好原理和执行原理构成了机制设计原理的主框架。其具体内容主要包括以下三个方面。

第一，激励相容（incentive compatibility）是机制设计的核心思想。激励相容指的是这样一种状态：在某一机制下每个市场参与者都真实报告他的私人信息作为占优均衡策略，且没有人因参与这个机制而导致自身境况变坏，个人与集体目标函数趋于一致。其基本运行理念是在信息不完全、自愿交换、自由选择和决策分散的条件下，通过在私人偏好表达和控制、社会选择函数和事后效率等问题的解决中形成对每个参与人的激励，以谋定资源配置机制或规则优化方案，最终促进个人理性和集体理性相容。

第二，显示原理（the revelation principle）为降低机制设计复杂性提供支撑。显示原理可以将机制设计所涉及的社会选择问题转化为可处理的博弈模型，从而使机制转向到范围更小的直接机制之上，不仅适用于存在道德风险的情况，且适用于多阶段动态博弈、最优合同制定和各种信息不对称的情况。显示原理存在的一个弊端是，虽然某种直接机制能促使个体真实披露其私人信息，但其结果却可能导致机制的多重均衡性，由此也会产生目标之外的甚至不想要的新均衡（马斯-克莱尔等，2014）。

第三，执行原理是确定既定目标激励相容机制的标准。执行原理又称马斯金定理，该定理提出了能够在纳什均衡意义上实施最优机制的条件，主要包括：存在单调性，即指在一种特定情形中是可取的社会选择，而在另一情形中是全体参与人的偏好选择；无否决权，即指最多只有一个人不选择某种最优机制；最少三个人参与。应该注意：在以后的发展中，主流经济学家分别确定了机制的强执行和弱执行等情况（如吉巴德-萨特斯维特定理和迈尔森-萨特斯维特定理等），形成对马斯金定理的重要补充。

（二）机制设计理论的应用分析

得益于主流经济学界的完善，机制设计理论得以扩展研究，进而产生了新规制经济学等新议题，如区域之间比较竞争模型（Shleifer，1985）、税收规制模型（Hettich and Winer，1988）、多委托人模型（Mezzetti，1997）和规制俘获模型（Laffont and Martimort，1999）。机制设计理论作为社会选择理论和博弈论的一种综合运用，对本书的应用意义主要在于以下三个方面。

第一，明确区域经济协调发展是民众设计财税机制的重要前提。机制设计理论的重要启示是如果社会经济目标是多元的，机制之间可能会存在冲突，因此在本书第二章、第三章和第八章分别就区域经济协调发展的本质、内涵、现状和机制进行分析，以人民利益为中心，统合财税政策机制的目标。

第二，从激励视角构建促进后发区域经济发展的财税激励政策。根据激励机制的非对称性，在区域之间和时际之间对资源进行配置，以破除后发区域发展的路径依赖，推进后发区域经济实现对先发区域的追赶，在此种激励的作用下，从而最终实现社会经济利益的对称性。

第三，在财税政策分析过程中应以最大化辖区居民偏好为视角。在第八章中通过对政策网络的分析，对民众偏好的表达途径进行了研究，由于财税政策基础模型中往往规避了对政策执行的分析，故从政策设计、决策、监督和反馈的去中心化官民沟通机制等方面对其进行补充。

第三章 区域经济差异及协调发展状况的总体分析

区域经济发展差异严重制约着区域经济协调发展目标的实现。本章以中国区域经济发展差异现状为基础，通过区域经济发展差异的静态和动态分析、区域经济发展协调性的静态和动态评价分析，以及区域经济地理格局分析，阐述了区域经济发展差异的影响因素，为后续研究区域经济协调发展财税政策与机制的问题及成因分析奠定了重要基础。

第一节 区域经济发展差异的静态分析

一、经济发展差异静态截面聚类分析

区域经济发展差异是随中国区域发展战略演进所产生的特有经济现象，表现为特定范围内某些地区较其他地区发展更好，空间上呈现出地区经济发展水平不同的格局。在此通过聚类分析法，分析中国区域经济发展的差异性。

（一）聚类分析指标的选取

本节选取 2018 年中国 31 个省级区域（港澳台除外）的 9 项相关指标，利用聚类分析法比较中国区域经济发展差异，具体指标如下。

（1）地区经济发展水平和规模指标（地区生产总值）：选取地方的人均地区生产总值，反映各省级区域经济社会发展的总体状况和一般水平，单位：亿元。

（2）人力资本指标（human capital，HC）：选取普通本专科学校预计毕业生数，反映各省级区域人力资本的状况和一般水平，单位：万人。

（3）公共支出指标（public expenditure，PE）：选取地方财政一般公共服务

支出，反映各省级区域财政支出情况和基本公共服务水平，单位：亿元。

（4）外商直接投资水平（foreign direct investment，FDI）：选取外商直接投资企业总额，反映各省外资基本利用状况，单位：百万元。

（5）固定资产投资水平（investment in fixed assets，IFA）：计算方式为固定资产投资/地区生产总值，反映各省固定资产资金的基本投入情况，单位：%。

（6）城市土地面积扩张程度（urban land expansion，ULE）：用房屋竣工面积占各省级区域土地总面积比重表示，单位：%。

（7）交通密度（density traffic，DT）：用各省级区域公路里程与各省级区域国土面积的比值表示，单位：%。

（8）农副产业水平（agricultural and sideline industry level，ASIL）：用地区农林牧副渔总产值占地区生产总值的比重表示，单位：%。

（9）金融发展水平（financial development level，FDL）：作为衡量区域金融集聚与发展水平指标，单位：%。其公式为

$$\text{fin}_{it}=\frac{E_{ij}/P_i}{E/P}$$

其中，E_{ij}代表区域i的金融业增加值；P_i代表区域i的地区生产总值；E和P分别代表全国金融业增加值和全国GDP。

上述9项指标基本能够反映出31个省级区域的经济发展水平，指标具体情况见表3.1。

表3.1　2018年中国31个省级区域相关指标情况表

编号	地区	地区生产总值	HC	PE	FDI	IFA	ULE	DT	ASIL	FDL
1	北京	114 690	16.27	367.20	427 371	30.95	0.184 8	134.39	1.95	199.27
2	天津	115 612	14.53	192.20	222 594	71.45	0.455 6	144.75	3.86	120.10
3	河北	42 866	33.39	551.81	84 821	99.00	0.066 7	100.72	30.01	64.65
4	山西	19 049	21.26	266.28	42 163	108.79	0.041 5	90.87	18.01	110.80
5	内蒙古	74 204	12.27	324.69	41 080	83.19	0.003 8	17.12	24.36	65.55
6	辽宁	50 292	28.05	370.92	213 278	30.08	0.022 8	78.18	31.39	98.48
7	吉林	54 073	17.45	260.91	35 606	94.22	0.023 8	53.79	29.98	53.46
8	黑龙江	40 362	20.12	266.70	28 280	69.21	0.009 1	36.55	50.54	70.12
9	上海	113 731	14.63	302.09	734 246	23.62	0.446 3	210.91	1.48	202.56
10	江苏	95 394	51.02	920.93	879 868	64.17	0.244 3	155.82	14.67	93.03
11	浙江	83 923	28.72	660.26	319 870	64.07	0.173 0	116.71	10.44	77.32

续表

编号	地区	地区生产总值	HC	PE	FDI	IFA	ULE	DT	ASIL	FDL
12	安徽	39 254	32.85	404.09	67 256	110.76	0.075 5	140.74	29.02	71.00
13	福建	74 288	21.54	338.21	226 315	80.66	0.083 9	87.62	21.39	77.58
14	江西	40 220	29.98	416.59	77 738	106.46	0.029 2	96.77	26.06	68.39
15	山东	68 049	58.43	783.56	251 874	78.39	0.122 2	173.18	21.64	59.24
16	河南	42 363	51.50	750.94	82 249	99.86	0.076 1	161.47	29.85	66.78
17	湖北	55 191	40.61	639.60	99 316	91.88	0.047 7	139.77	29.11	85.02
18	湖南	46 063	34.02	675.95	58 000	89.86	0.034 6	112.18	29.66	48.31
19	广东	73 290	53.39	1 147.35	781 571	41.19	0.079 0	123.16	11.50	90.76
20	广西	18 305	22.27	450.78	43 720	99.56	0.016 3	50.88	38.60	74.33
21	海南	44 396	5.19	129.48	76 039	95.98	0.053 6	82.99	56.78	83.30
22	重庆	58 199	20.38	285.54	88 065	90.46	0.081 0	173.13	17.26	110.89
23	四川	39 835	40.41	682.78	94 193	87.48	0.026 7	66.92	31.53	99.26
24	贵州	33 242	15.27	446.11	23 719	112.12	0.039 6	108.71	39.76	70.11
25	云南	31 358	17.95	476.98	33 005	109.00	0.025 5	62.01	38.04	88.49
26	西藏	43 398	1.01	283.04	260	99.32	0.002 7	32.53	35.04	89.73
27	陕西	50 528	31.18	364.86	56 081	107.35	0.020 4	83.78	23.66	72.94
28	甘肃	14 670	12.80	290.79	7 529	134.22	0.007 1	35.31	38.19	84.33
29	青海	43 750	1.53	121.42	7 527	117.71	0.001 3	10.98	21.15	114.44
30	宁夏	47 157	3.25	75.79	8 707	119.74	0.032 0	65.38	23.33	107.39
31	新疆	40 466	8.35	388.53	9 666	106.61	0.002 7	11.15	46.59	71.20

资料来源：根据《中国统计年鉴 2019》整理得出

（二）聚类分析计算及结果

利用最短距离法，即一个群中的所有个体与另一群中的所有个体间距离的最小值，对上述 9 个指标 2018 年统计数据进行聚类分析。

最短距离计算公式为

$$D_{pq}=\min\sum_{i=1}^{9}d_{ij}=\min\sum_{i=1}^{9}\left|x_i-y_j\right|,x_i\in G_p,y_i\in G_p$$

其中，x_i 为群 G_p 中任一个体；y_j 为群 G_q 中任一个体；d_{ij} 为个体间距离；D_{pq} 为群之间的距离。经过上述聚类计算，得出聚类分析的结果见图 3.1。

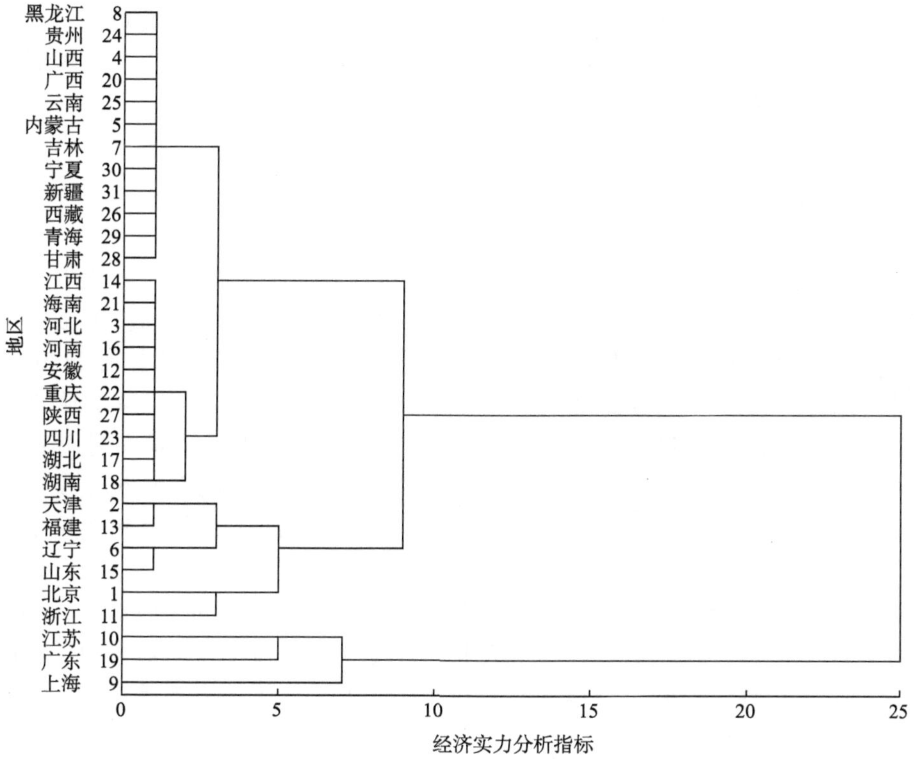

图 3.1　31 个省级区域的树状聚类图

由图 3.1 可知：以样本 1 为起点，大致可将 31 个省级区域划分为 4 类：一是沪粤苏 3 个一类省级区域，其经济实力分析指标最强；二是浙京鲁辽闽津 6 个二类省级区域，其经济实力分析指标次之；三是湘鄂川陕渝皖豫冀琼赣 10 个三类省级区域，其经济实力分析指标有待提高；四是甘青藏新宁蒙吉滇桂晋黔黑 12 个四类省级区域，其经济实力分析指标较差。

（三）聚类分析的基本结论

从聚类分析结果可以看出：中国东部、中部、西部和东北地区（以下简称东中西北或四大区域）经济发展水平仍有一定差距，且同一区域内各省级区域经济发展水平高低不同。从整体角度而言，苏沪粤地区经济最为发达。

从二类省级区域看，集中于环渤海地区，这些省级区域经济较为发达且人均经济总量较高，沿海的独特地理优势及国家政策的大力扶持促进了当地轻、重工业的发展；较大的地方财政支出完善了基础设施建设，带动了人民生活水平的提高。

从三四类省级区域看，鄂豫等省级区域虽为三类省级区域，但其人均地区生产总值等指标明显高于同类省级区域，但因其人口众多，导致聚类较低，此类省级区域仍面临生产效率低下的问题；四类省级区域经济增长点匮乏，发展后劲不足，主要集中于东北和西北地区。

二、财政收支差异静态空间计量分析

分税制财政体制下分析区域财政发展差异，规制地方财政标尺竞争，实现区域财力协调是政府和学界一直致力于研究的财税制度改革难题。区域经济发展差异与协调可通过区域经济资源竞争方式优劣得以体现。以中国 31 个省级区域相关数据为样本，利用空间计量模型研究地方财政收支的空间关联性，基于区域财力协调视角和政府策略互动机理，从财政收支两个方面具体分析地方财政收支的空间溢出效应及地方财政竞争因素的关系，对地方财政过度竞争而带来的资源浪费、重复建设或因地区禀赋差异而导致的贫富差距和发展不均衡问题进行分析。

假定地区决策会受到其他地区的影响，因而存在地区间的反应函数，利用空间计量模型来测度反应函数。在考虑公共品外溢、资源流动及政府竞争的影响下引入空间权重矩阵进行修正，运用空间自相关的方法揭示地方政策效率的空间分布特征及区域策略模仿。

邻接空间权重矩阵 $\boldsymbol{W}$ 为

$$\boldsymbol{W}_{ij}=\begin{cases}1, & \text{区域}i\text{和区域}j\text{相邻}\\0, & \text{区域}i\text{和区域}j\text{不相邻}\end{cases}$$

其中，$i=1,2,\cdots,n$；$j=1,2,\cdots,m$；$\boldsymbol{W}$ 的所有对角线元素都为 0。

为了检验各变量的空间相关性，利用 Moran's I 指数进行测度，将其设定为

$$\text{Moran's I}=\frac{n\sum_{i=1}^{n}\sum_{j=1}^{n}\boldsymbol{W}_{ij}\left(x_i-\bar{x}\right)}{\sum_{i=1}^{n}\sum_{j=1}^{n}\boldsymbol{W}_{ij}\left(x_i-\bar{x}\right)^2}$$

其中，n 为地区总数；$\boldsymbol{W}_{ij}$ 为来自非标准化的对称空间权重矩阵，其矩阵元素：

$$\boldsymbol{W}_{ij}=\boldsymbol{W}_{ij}/\sum_{j=1}^{n}\boldsymbol{W}_{ij}$$

由于邻接空间权重矩阵为对称阵，无法区分邻接地区空间作用的强弱，而地区模仿效应的存在与作用常为单向或非对称的双向情形，故邻接空间权重矩阵仅用于测量空间自相关。为减少外在影响，通过地区相邻及其共有边界长度反映空间联系，对相邻矩阵变换得出标准化邻接空间权重矩阵：

$$\boldsymbol{W}_{ij}^{*}=\frac{\boldsymbol{W}_{ij}}{\sum_{j=1}^{n}\boldsymbol{W}_{ij}}$$

随着空间计量经济学的发展，地理距离权重逐渐被应用于反映地区间相互影响的程度，故根据省域球面距离构建地理距离倒数的空间权重，以进一步检验模型回归效果，具体设定如下：

$$\boldsymbol{W}_{ij}^{**}=\begin{cases}\dfrac{1}{d_{ij}}=\dfrac{1}{z_i-z_j} & , \quad z_i\neq z_j\\ 0 & , \quad z_i=z_j\end{cases}$$

其中，z_i 和 z_j 为根据空间地理位置坐标计算的地理距离。

地方财政竞争作为政府经济活动中的一种运行机制，受经济因素影响，因此通过构建经济权重以验证财政竞争活动的空间联系及其强度，将时限内两个地区生产总值累计总量的差值取倒数，设定如下：

$$\boldsymbol{W}_{ij}^{***}=\begin{cases}\mathrm{GDP}_{ij}=\dfrac{1}{\left|\mathrm{GDP}_i-\mathrm{GDP}_j\right|} & , \quad \mathrm{GDP}_i\neq\mathrm{GDP}_j\\ 0 & , \quad \mathrm{GDP}_i=\mathrm{GDP}_j\end{cases}$$

其中，GDP_i 和 GDP_j 分别为两大区域的地区生产总值。

地区间的空间交互作用具体表现为空间依赖和空间异质。为研究地方财政标尺竞争度的空间外溢效应是否会通过空间传导机制作用于其他地区，我们根据模型设定引入静态和动态空间面板模型进行实证性分析。

空间自回归模型（spatial autoregressive models，SAR）用来衡量被解释变量的空间相关性和观测值之间的相互作用，考察被解释变量的影响因素如何通过空间传导机制作用于其他地区，将 SAR 设定为

$$y_{it}=\rho\boldsymbol{W}_i y_t+\beta\boldsymbol{X}_{it}+\mu_i+v_{it}$$

其中，ρ 为空间回归系数，体现相邻地区财政收入或支出的加权累积，是相邻地区观测值对本区域观测值的影响方向和程度的体现；$\boldsymbol{W}_i$ 为空间权重矩阵 $\boldsymbol{W}$ 的第 i 行；β 为回归系数向量，反映自变量对因变量的影响；μ_i 为区域 i 的个体效应；ε_{it} 为随机误差项；i、t 分别为截面单元和时间趋势。

考虑到财政收入与财政支出是衡量区域财政发展差异的重要指标，本书以全国财政收入均值为标尺，将地方财政收入对全国财政收入均值的偏离程度、地方财政收支差额对全国财政收支均值差额的偏离程度作为财政发展差异的观测指标和被解释变量，以衡量地方财政发展差异，同时检验地方政府财政是否存在合作、竞争或不相关关系。

财政收入竞争度（financial revenue competitivenss，FRC）表示地方财政收入与全国财政收入均值之比。地方财政收入竞争度越大，说明地方财政收入越偏离全国财政收入均值，地方参与财政收入竞争的程度越激烈。具体公式为

$$\mathrm{FRC}=\frac{\text{地方财政收入}}{\text{全国财政收入均值}}\times 100\%$$

财政支出竞争度（financial expenditure competitivenss，FEC）表示地方财政收支差额偏离全国均值差额的程度。地方财政支出竞争度越大，说明财政支出脱离既定收入约束的程度越大，地方财政收支越不平衡。具体公式为

$$\mathrm{FEC}=\frac{\text{地方财政支出}-\text{地方财政收入}}{\text{全国财政支出均值}-\text{全国财政收入均值}}\times 100\%$$

为分析影响财政收支的相关因素，设定模型解释变量如下：

地区经济发展水平和规模指标（lnGDP），选取地方的人均地区生产总值，为避免产生异方差而以对数形式引入。

（1）lnHC，普通本专科学校预计毕业生数，取对数。

（2）lnPE，选取地方财政一般公共服务支出，取对数。

（3）lnFDI，选取外商投资企业投资总额，反映地方针对外商直接投资的政府竞争程度。

（4）IFA，用固定资产投资占地区生产总值的比重表示，用以标记影响地方财政收入的经济增量，为避免直接引入变量而带来的相关性问题，以比值形式引入。

（5）ULE，用房屋竣工面积占各省级区域土地总面积的比重表示，用以间接标记土地财政标尺竞争的影响因素。

（6）DT，用各省级区域公路里程与各省级区域国土面积的比值表示，所得到的单位平方公里的公路里程作为财政收支竞争的影响因素。

（7）ASIL，用地区农林牧副渔总产值占地区生产总值的比重表示，以农副产业的低财政收入特点考察政府财政支出政策的倾向性。

（8）FDL，用区位熵值法进行金融集聚与发展水平的衡量，以考察金融集聚对地方财政竞争的影响。计算公式为

$$\mathrm{FDL}_{it}=\frac{E_{ij}/P_i}{E/P}$$

其中，E_{ij}代表区域i的金融业增加值；P_i代表区域i的地区生产总值；E和P分别代表全国金融业增加值和全国 GDP。

同时，引入财政分权指标以考察层级政府的财政收支竞争，设定如下：财政收入分权程度（Fd_1），由省级财政收入与全国财政收入之比表示；财政支出分权程度（Fd_2），由省级财政支出与全国财政支出之比表示。

设定影响财政收支的控制变量如下：城市化水平（urbanization level，UL），用城镇人口占总人口的比重表示，以作为财政收入的控制变量；人口密度（density population，DP），用各省级区域年度常住总人口与各省级区域国土面积的比重表示，以作为影响财政支出的控制变量。采用2007~2018年中国31个省级区域（港澳台除外）的面板数据进行研究，资料来源于《中国统计年鉴》《中国财政年鉴》和国家统计局官网等数据库。利用标准化空间权重矩阵，对各变量的Moran's I、Geary's C和Getis&Ord's G指数进行检验，得出各变量均呈现出不同程度的空间相关结论。其中，计算得出的各变量Moran's I指数双边检验值见表3.2和表3.3。

表3.2　各变量Moran's I 指数值（一）

年份	FRC	FEC	地区生产总值	HC	PE	FDI	IFA	ULE
2007	0.200**	0.186**	0.312***	0.275***	0.053	0.265***	0.108	0.204***
2008	0.193**	0.071	0.313***	0.278***	0.042	0.267***	0.077	0.290***
2009	0.198**	0.062	0.310***	0.274***	0.048	0.263***	0.119	0.367***
2010	0.191**	0.086	0.315***	0.285***	0.074	0.260***	0.098	0.415***
2011	0.173*	0.143	0.308***	0.280***	0.074	0.262***	0.194**	0.401***
2012	0.184**	0.173*	0.294***	0.284***	0.087	0.263***	0.210**	0.441***
2013	0.188**	0.155*	0.286***	0.268***	0.095	0.272***	0.244**	0.446***
2014	0.188**	0.171*	0.270***	0.239**	0.111	0.277***	0.261***	0.445***
2015	0.205**	0.095	0.267***	0.262***	0.112	0.287***	0.203**	0.446***
2016	0.212**	0.111	0.248***	0.272***	0.094	0.263***	0.188**	0.330***
2017	0.193**	0.125	0.292***	0.273***	0.079	0.268***	0.170**	0.379***
2018	0.201**	0.126	0.269***	0.261***	0.099	0.273***	0.206**	0.400***

*、**、***代表0.05、0.01、0.001的显著性水平

表3.3　各变量Moran's I 指数值（二）

年份	DT	ASIL	FDL	Fd_1	Fd_2	UL	DP
2007	0.514***	0.109	0.093	0.182**	0.141*	0.275***	0.180***
2008	0.518***	0.120	0.109	0.185**	0.157*	0.275***	0.175***
2009	0.520***	0.118	0.135*	0.193**	0.171**	0.281***	0.171***
2010	0.518***	0.118	0.149*	0.201**	0.170*	0.269***	0.168***
2011	0.518***	0.120	0.151*	0.187**	0.143	0.267***	0.167***
2012	0.529***	0.125	0.145*	0.194**	0.136	0.257***	0.166***
2013	0.538***	0.129	0.132	0.198**	0.145	0.258***	0.165***
2014	0.528***	0.135	0.123	0.192**	0.132	0.257***	0.166***

续表

年份	DT	ASIL	FDL	Fd_1	Fd_2	UL	DP
2015	0.523***	0.145	0.070	0.189**	0.122	0.267***	0.168***
2016	0.528***	0.160*	0.047	0.186**	0.130	0.328***	0.168***
2017	0.523***	0.128*	0.115	0.191**	0.145	0.271***	0.169***
2018	0.526***	0.142*	0.089	0.189**	0.132	0.281***	0.174***

*、**、***代表 0.05、0.01、0.001 的显著性水平

由表 3.2 和表 3.3 可以看出：各变量均呈现出空间正相关性，大部分变量检验结果较为显著，虽然公共支出及农副产业水平等部分指标的 Moran's I 指数值显著性不高，但亦呈现出空间正相关的特征。

为进一步分析各变量的空间分布特点，我们通过 Moran's I 散点图对 2018 年各变量的空间分布进行列示，如图 3.2 所示。

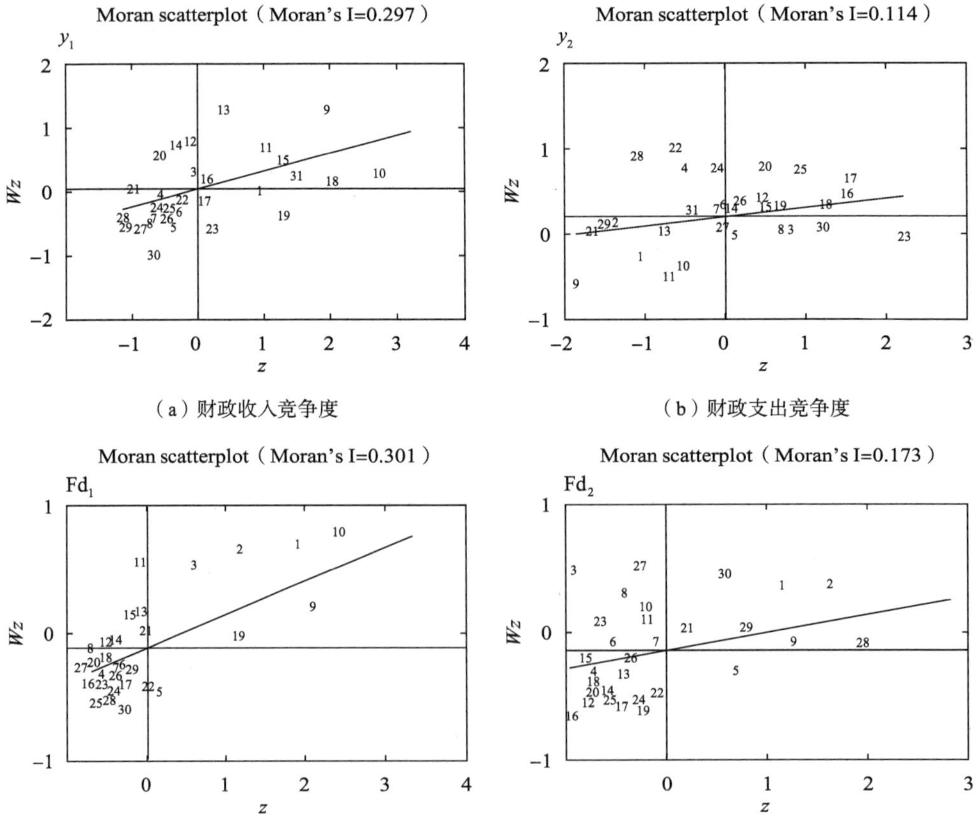

（a）财政收入竞争度

（b）财政支出竞争度

（c）财政收入分权程度

（d）财政支出分权程度

图 3.2 区域财政相关变量 Moran's I 散点图

上述 Moran's I 指数表及散点图表明：各指标的空间分布都有相当程度的空间集聚，且大部分指标集聚特征明显，指标分布多集中于一、三象限，呈现出高值或低值相关特征；从竞争角度看，部分地方政府的财政收支存在较大的区域性壁垒，个别地区影响财政收支的指标分布于二、三象限，优势地区与劣势地区存在对比差距；地区财政收支竞争的空间效应明显，分地区各变量的集聚特征从全国范围而言既有区别也有联系；地方财政收支竞争的地理空间分布在财政分权的影响下存在相互依赖和空间异质，体现出相互影响、相互制约的空间竞争格局与分布格局。

邻近地区的空间相关可能来自一些被遗漏的具有空间相关性的变量，进而表现出经济变量的空间依赖和空间异质。因此，结合经典计量模型的回归结果与空间自相关检验的结论进一步构建空间面板模型进行空间计量分析。

分别应用标准化邻接权重、地理距离空间权重和经济距离空间权重，将变量引入静态和动态空间计量模型并分别进行随机效应、时间固定效应、个体固定效应和双固定效应回归。对模型回归结果分别进行对数似然比、赤池信息量和贝叶斯信息量检验，静态面板空间计量模型接受标准化邻接权重的广义空间回归（spatial autocorrelation，SAC）模型双固定效应回归结果。相关部分的回归结果见表3.4。

表3.4　财政收入差异的模型回归结果

项目	SAC-FE（$\boldsymbol{W}^{*}$）	SAC-FE（$\boldsymbol{W}^{**}$）	SAC-FE（$\boldsymbol{W}^{***}$）
lnGDP	−0.020 1	−0.015 1	−0.011 1
lnHC	−0.095 5***	−0.097 7***	−0.105 6***
lnFDI	0.021 3**	0.030 7***	0.030 5***
IFA	−0.018 9	−0.016 3	−0.020 3
ULE	1.237 0	−7.327 6	−8.493 0
DT	0.192 3***	0.161 7***	0.151 4***
FDL	−0.046 8**	−0.071 7***	−0.065 8***
Fd_1	0.500 6***	0.529 4***	0.536 7***
UL	0.087 2	0.040 3	0.056 6
rho	0.304 9***	0.001 1	−40.379 9
lambda	−0.468 2***	0.007 4	7.828 0

、*代表 0.01、0.001 的显著性水平

对比模型拟合程度检验结果，支持标准化邻接权重的 SAC 固定效应模型解释财政收入竞争度等相关变量的关系，通过空间计量模型回归结果可知：地方财政收入存在标尺竞争，具体表现为地方财政竞争度的正向空间溢出与负向的误差

相关；外商直接投资水平、城市土地面积扩张程度、交通密度、财政收入分权程度、城市化水平与地方财政收入竞争度呈正相关；地区经济水平和规模、人力资本、固定资产投资水平、金融发展水平与财政收入竞争度呈负相关。

同理，财政收入标尺竞争的模型分析，对财政支出竞争度的计量模型回归结果支持以地区为聚类变量的稳健标准误混合回归模型。考虑空间策略互动中可能存在时间效应，静态面板空间计量模型的检验接受标准化邻接权重的 SAC 双固定效应回归结果，部分结果见表 3.5。

表3.5　财政支出差异的模型回归结果

项目	SAC-FE（W^{*}）	SAC-FE（W^{**}）	SAC-FE（W^{***}）
lnHC	−3.876 525	−7.848 339***	−3.345 399
lnPE	0.456 873 8	−0.049 748 9	0.167 864 3
ULE	205.080 2	190.312 6	296.335
DT	0.075 106 5	−4.390 325	−0.087 456 2
ASIL	4.485 473	31.067 52***	3.949 797
FDL	−3.013 673	−7.277 53***	−3.008 745
Fd_2	4.463 967*	6.259 691**	4.397 721*
DP	−4.003 091	6.081 727	−2.022 754
rho	0.236 078 1	0.1***	86.472 73***
lambda	−0.018 868 2	0.1***	−10.432 16

*、**、***代表 0.05、0.01、0.001 的显著性水平

对比模型拟合程度检验结果，支持标准化邻接权重的 SAC 固定效应模型解释财政收入竞争度相关变量的关系。通过空间计量模型回归结果可知，地方财政支出存在标尺竞争，具体表现为地方财政支出竞争度的正向空间溢出与负向误差相关；公共支出、城市土地面积扩张程度、交通密度、农副产业水平、财政支出分权程度与地方财政支出竞争度正相关；人力资本、金融发展水平、人口密度与地方财政收入竞争度负相关。

三、税收水平差异静态空间计量分析

我国地区间税收策略互动关系是影响区域协调的关键因素，所引发的税收竞争是我国区域经济发展差异分析中不可忽略的因素。我国分税制不存在类似于西方联邦体制中的纵向税收竞争问题，而共享税制下中央政府有动机集中税收征管权来压缩地方政府税收竞争空间，故税收竞争多从横向标尺竞争的角度影响区域发展差异与协调，因此我们利用 SAC 分析税收收入与地区经济发展水平等变量的关系。将 SAC 模型设定为

$$y_{it} = \rho \boldsymbol{W}_i y_t + \beta \boldsymbol{X}_{it} + \mu_i + v_{it}$$

其中，扰动项 ut 生成过程为 $v\_it = \lambda \boldsymbol{M}\_i\, v\_t + E\_it$，$E\_it \sim \mathrm{N}(0, \sigma 2\mathrm{In})$；$\boldsymbol{W}$ 与 $\boldsymbol{M}$ 分别为被解释变量 y_{it} 与扰动项 v_{it} 的空间权重矩阵。

具体观测指标如下。

（1）地方财政税收收入：以亿元为单位的地方税收收入，为避免产生异方差而以对数形式引入。

（2）地区经济的发展水平和规模指标（lnGDP），地方的人均地区生产总值，为避免产生异方差而以对数形式引入。

（3）人力资本指标（lnHC），选取本专科学校预计毕业生数，取对数。

（4）外商直接投资水平（lnFDI），选取外商投资企业投资总额，反映地方针对外商直接投资的政府竞争。

（5）城市化水平（ULE），采取城镇人口占总人口的比重进行计算；以比值形式引入。

观测指标的空间分布特点通过 Moran's I 散点图列支，其中 2018 年各变量的空间分布如图 3.3 所示。

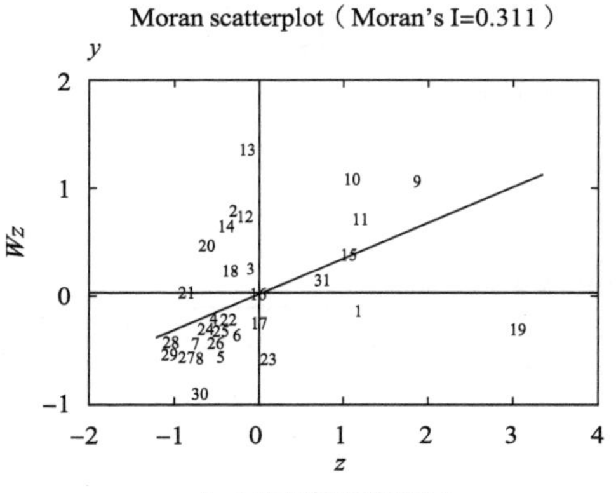

（a）地方财政税收收入·

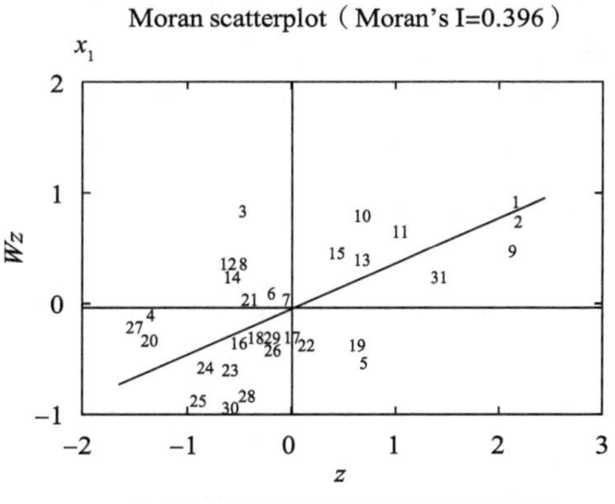

（b）地区经济的发展水平和规模指标

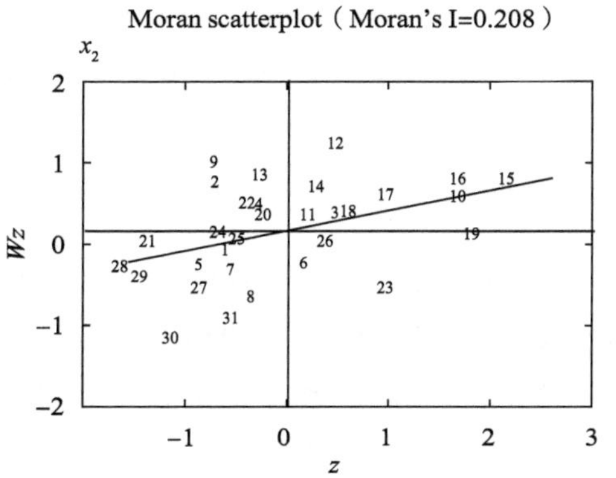

（c）人力资本指标

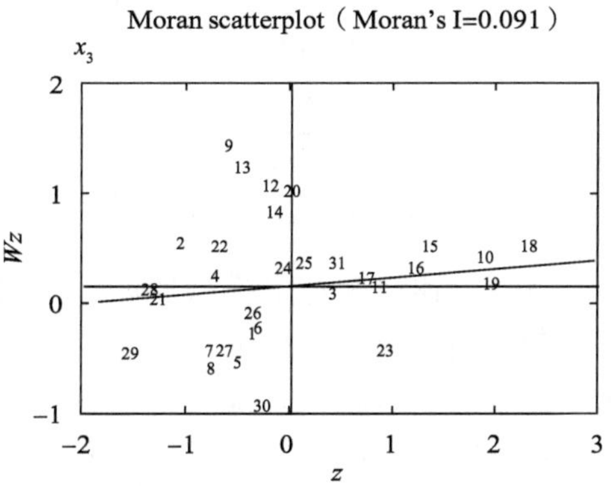

（d）外商直接投资水平

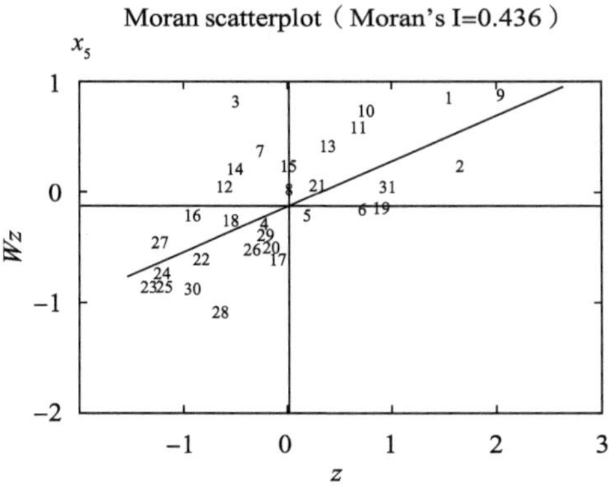

（e）城市化水平

图 3.3　区域财政相关变量 Moran's I 散点图

由 Moran's I 散点图表明，各变量的区域差异较大，其中，地方财政税收收入、地区经济的发展水平、固定资产投资水平规模和城市化水平指标在空间分布上多呈现较为密集的低值集聚特征，大部分地区集中在第三象限，小部分地区分布于第二象限，呈现出低值与高值集聚的分布特征；人力资本、外商投资水平和城市化水平分布较为分散，一、三象限呈现较为明显的高值集聚与低值集聚特征，第二象限也体现出较为明显的低值与高值集聚特征。

同理于财政收支竞争的模型分析，我们分别对地方税收进行空间自回归模型的计量回归，回归结果见表 3.6。

表3.6　地方税收竞争的模型回归结果

项目	SAC-FE（ W^{*} ）	SAC-FE（ W^{**} ）	SAC-FE（ W^{***} ）
lnGDP	0.581 4***	0.807 8***	0.811 7***
lnHC	0.060 1	0.115 8	0.140 3**
lnFDI	0.318 3***	0.502 9***	0.471 0***
UL	0.456 8*	1.122 9***	0.979 2***
rho	0.366 3***	0.002 0***	22.461 5***
lambda	−0.203 8**	0.010 5	−98.292 7***

*、**、***代表 0.05、0.01、0.001 的显著性水平

通过上述空间计量模型回归结果可知：地方财政税收收入在区域之间呈现出正向空间溢出，在标准化邻接空间权重与经济距离空间权重的模型回归下呈现出负向的误差相关，地方财政税收收入呈现出明显的差异与竞争态势，且地方财政税收收入的空间正向外溢效应明显；三个权重的回归结果较为一致，地区经济的发展水平和规模、人力资本、外商直接投资水平和城市化水平在三个

权重的模型回归中均与地方财政税收收入呈正相关关系，且大部分变量的回归结果较为显著。

第二节　区域经济发展差异的动态分析

一、经济发展差异动态空间计量分析

相对静态面板空间计量模型，动态空间面板计量模型将一阶或多阶滞后的被解释变量作为解释变量引入模型中以反映动态滞后效应，实现了对解释变量之外因素的考察并过滤了信息扰动，进而分析其他因素对被解释变量的影响，因而用动态面板的空间自回归模型（dynamic spatial autoregressive model，DSAR）分别分析区域经济发展的空间差异与动态效应。将DSAR设定为

$$\boldsymbol{y}_{it} = \tau y_{i,t-1} + \rho \boldsymbol{W}_i y_t + \beta \boldsymbol{X}_{it} + \varepsilon_{it}$$

其中，$\boldsymbol{y}_{it}$ 为由每个空间单元的被解释变量在第 t 时期观测值组成的 $n\times 1$ 阶向量；$\boldsymbol{X}_{it}$ 为 $n\times k$ 阶矩阵；$y_{i,t-1}$ 为时间滞后项；τ 和 β 为模型响应参数；ρ 为空间回归系数；i、t 分别为截面单元和时间趋势。

通过应用区域经济发展差异静态聚类分析的9项指标，并对其做对数化处理以避免异方差对地区经济的发展水平和规模产生的影响，计量结果见表3.7。

表3.7　区域经济发展的动态模型回归结果

项目	DSAR（$\boldsymbol{W}^{*}$）	DSAR（$\boldsymbol{W}^{**}$）	DSAR（$\boldsymbol{W}^{***}$）
lnHC	−0.072 7	−0.095 9	−0.100 9
lnPE	0.313 6***	0.333 9***	0.341 7***
lnFDI	0.071 3**	0.079 5***	0.075 5**
IFA	−0.074 4	−0.069 9	−0.074 0
ULE	30.979 5	36.140 8	35.042 6
DT	0.085 9	0.114 8	0.160 1
ASIL	−1.577 9***	−1.758 1***	−1.734 3***
FDL	0.129 0	0.156 6*	0.159 3*
rho	0.099 9***	−0.000 2	3.981 9

*、**、***代表0.05、0.01、0.001的显著性水平

地理权重下空间自相关模型测算结果未能表现出区域间的经济发展溢出效

应，说明区域经济发展在地理权重测量下未能表现出区域间的带动效应，且尚未检测到明显的区域协同，然而这种区域经济协同发展的溢出效应在经济权重的测量下显现了出来。标准化邻接空间权重与经济距离空间权重的空间相关系数为正，说明临近地区间的经济增长存在策略互动与正向的外溢效应。同时可认为，在考虑区域空间相关性滞后、给定空间外溢程度、经济发展水平较高的地区，对经济发展水平落后的地区存在一定的空间外溢效果，但其外溢效果尚未达到区域协同的要求，部分地区仍面临经济发展差异与不协调等问题。

除空间自回归系数外的其他指标，通过不同空间权重所测算出的结果均显现出一致的相关趋势，其中人力资本、固定资产投资水平和农副产业水平的发展尚存不足，未能正向推动区域经济发展水平的提高与规模的扩大；而公共支出、外商直接投资水平、城市土地扩张、交通密度和金融发展水平的提高，优化了区域经济发展水平与规模，但部分变量测算结果尚不明显，部分地区的经济发展仍存在较大的提升空间。

二、财政收支差异动态空间计量分析

在我国区域财政发展过程中，部分地区受区域经济发展水平的差异和地理位置等因素影响，在空间策略互动中出现了财政发展差异与竞争的现象，且区域财政发展差异呈扩大态势，这种以临近地区为标尺的竞争逐渐通过空间策略互动体现出来。为进一步分析区域财政发展差异，以静态财政发展差异的测算变量为基础，引入动态空间自相关模型进行财政收入和支出两个方面的分析，其中区域财政收入差异的动态空间计量回归结果见表 3.8。

表3.8 财政收入差异的模型回归结果

项目	DSAR（W^{*}）	DSAR（W^{**}）	DSAR（W^{***}）
lnGDP	0.004 2	0.009 8	0.010 6
lnHC	0.034 8*	0.010 3	0.009 4
lnFDI	0.032 6***	0.028 7***	0.030 0***
IFA	−0.048 3**	−0.044 2**	−0.045 9**
ULE	8.454 3	6.901 2	6.982 0
DT	0.124 2***	0.129 1***	0.130 8***
FDL	−0.003 5	−0.002 8	−0.000 4
Fd_1	0.400 4***	0.408 9***	0.409 3***
UL	0.061 5	0.132 5	0.129 5

续表

项目	DSAR（ W^{*} ）	DSAR（ W^{**} ）	DSAR（ W^{***} ）
cons	0.335 7***	0.304 7***	0.323 3***
rho	0.060 7	0.003 3	3.694 7

*、**、***代表 0.05、0.01、0.001 的显著性水平

资料来源：通过计算整理得到

通过对比模型回归结果可知：各权重下动态空间自相关回归结果相差不大，三个权重下的财政收入竞争度与地区经济发展水平等相关变量均呈一致性相关关系，其中地区经济发展水平和规模、人力资本、外商直接投资水平、城市土地扩张、财政收入分权和城市化水平与地方财政收入竞争度呈正相关；固定资产投资水平和金融发展水平与财政收入竞争度呈负相关。

通过空间自回归系数可知：地方财政收入有区域性差异与标尺竞争，表现为地方财政竞争度的正向空间溢出，即邻近地区财政收入存在相互争夺，进而导致财政收入竞争度的增加及财政收入差异的扩大。财政收入竞争度的空间外溢效应在标准化邻接空间权重与地理距离空间权重的测算中并不明显，仅为 0.060 7 与 0.003 3，但在经济距离空间权重的模型测算中为 3.694 7，可见经济距离空间权重下的财政收入竞争已通过区域空间外溢效应得以体现。

同理财政支出竞争的动态空间计量分析，我们以静态财政支出的相关指标为基础，进行动态空间自相关模型回归，回归结果见表 3.9。

表3.9　财政支出差异的模型回归结果

项目	DSAR（ W^{*} ）	DSAR（ W^{**} ）	DSAR（ W^{***} ）
lnHC	3.224 9***	1.679 3	0.478 3
lnPE	0.040 7	−1.194 3	0.245 3
ULE	−260.089 1	−462.474 3	−446.843 3
DT	−3.607 1***	−3.120 5*	−0.944 5
ASIL	6.220 8	−0.873 2	−1.827 7
FDL	−2.996 2**	−4.048 6**	−4.073 7**
Fd_2	2.272 0	−2.558 6	−1.370 2
DP	17.287 2*	26.853 6*	16.532 8
cons	−6.323 4*	12.929 0**	5.925 6
rho	0.923 0***	0.005 4*	187.241 2***

*、**、***代表 0.05、0.01、0.001 的显著性水平

资料来源：通过计算整理得到

通过对比模型回归结果可知，各权重下的动态空间自相关回归结果存在部分差异，三个权重下的财政支出竞争度空间自相关系数均呈一致性相关关系，且三个权重下的地方财政支出的竞争关系较为明显，表现为正向的空间溢出效应，即邻近地区财政支出的相互争夺导致财政收入竞争度的增加及财政收入差异的扩大。

三个权重下的人力资本、城市土地扩张、交通密度、金融发展水平和人口密度与财政支出竞争度均呈一致性相关关系，其中人力资本和人口密度与财政支出竞争呈负相关，城市土地扩张、交通密度和金融发展水平与财政支出竞争度呈正相关。标准化邻接权重与经济距离权重的公共支出指标与财政支出竞争呈正相关，而在地理距离权重下却呈负相关。公共支出对财政支出竞争效果符合经验判断，故从地理距离权重的负相关关系可推断近年来公共支出相对财政支出竞争的改善趋势。农副产业水平与财政支出分权在地理距离空间权重与经济距离空间权重中均与财政支出竞争呈负相关关系，而在标准化邻接权重中呈正相关关系。农副产业水平与财政支出分权对减缓财政支出竞争的效应符合经验判断，故可从标准化邻接权重的负相关关系来预警近年来农副产业发展及财政分权体制对区域财政支出竞争趋势的加剧。

三、税收水平差异动态空间计量分析

1994 年实行分税制财政体制以来，中央政府将部分税权下放地方，使得地方政府可通过税收抵扣、减免等税收优惠手段增强其引进生产要素的竞争力，这种地方政府间的税收行为在推动区域经济快速增长的同时，也间接地导致了区域经济发展的差异性。为进一步分析区域税收差异及地方税收竞争所带来的影响，通过考察地方经济发展水平和规模、人力资本、外商直接投资水平及城市化水平与地方税收收入的关系，本节引入动态空间自回归模型考察在各项变量作用下的区域税收收入的互动机理，回归结果见表 3.10。

表3.10　地方税收竞争的模型回归结果

项目	DSAR（W^{*}）	DSAR（W^{**}）	DSAR（W^{***}）
lnGDP	0.620 3***	0.739 5***	0.744 0***
lnHC	0.366 3***	0.393 5***	0.398 0***
lnFDI	0.368 3***	0.439 6***	0.446 2***
UL	1.198 3***	1.223 7***	1.167 0***

续表

项目	DSAR（ $\boldsymbol{W}^{*}$ ）	DSAR（ $\boldsymbol{W}^{**}$ ）	DSAR（ $\boldsymbol{W}^{***}$ ）
rho	$0.174\,7^{***}$	0.000 4	−4.007 5

***代表 0.001 的显著性水平

通过动态空间计量模型回归结果可知：三个权重下的地方经济发展水平和规模、人力资本、外商直接投资和城市化水平与地方税收收入均呈正相关，且回归结果均显著，即说明地方经济发展水平等因素的提升在推动区域经济较快发展的同时，进一步造成税收竞争和地区间税赋差距扩大等问题，部分地区为提高经济资源获取的参与度，会基于区域间税收政策的差异进化出比税收优惠政策更高等的区域竞争形式，如提高金融杠杆和优化投资环境等。因此空间自相关系数作为反映地方税收竞争与差异敏感性的指标，在不同权重的回归模型下将区域间税收关系充分体现出来。

标准化邻接权重与地理距离权重下的空间自相关系数为正，说明地方税收在省级区域间存在空间溢出，且这种溢出效应会伴随着邻近地区税收收入的提高而对本地区税收收入存在竞争性激励，即本地区的税收收入与邻近地区税收收入呈正相关关系。经济权重的空间自相关系数为负，回归结果不显著，但却不可忽视已发现的省级税收竞争的证据，且相较于其他两个权重的回归结果，经济权重的回归模型尚未检验出税收竞争，原因可能是资本及相关经济资源在我国省级区域之间存在流动性壁垒，致使经济权重因素下的地方税收在财政分权等制度下并没有面临过大的压力。

第三节 区域经济发展协调性评价分析

一、区域经济发展协调性静态评价

按经济发展程度中国省级区域大体可分为四类：一类地区整体经济环境与投资环境较好且人们生活水平高；二类地区以国家政策扶持为基础，经济较为发达且人均经济总量较高；三类和四类地区暂时还面临生产效率低下的情况，特别是四类地区的经济综合实力尚无法形成强有力的经济增长点。主要表现为以下三个方面。

第一，从区位角度看，中国珠三角、长三角、环渤海和中西部地区的经济发展水平尚存差距，且同一区域中各省级区域经济发展水平也有一定差距。究其原因，经济增长差异是形成区域经济增长差异的主要原因，即地区间经济增速差异导致区域经济差异。

第二，从财政角度看，省级区域地方财政收支存在差异。这种发展差异体现在以邻近地区为标尺的财政收支竞争与税收标尺，随着邻近地区财政收支的扩大促使本地区提高财政收支，受社会等因素的负向外部冲击，地区间的财政收支在邻近地区的竞争情况下使两地差距扩大，表现为地方财政竞争度和税收收入的正向空间溢出与负向的误差相关。

第三，从综合角度看，地区经济增长在作用于财政竞争的过程中始终受到税率与税收结构的影响。经济增长影响财政收入，并通过税收杠杆效应反作用于经济增长，且配合财政支出调控经济运行。目前中国地方财政收入的增长并未与经济增长相协调，税收收入与非税收入的互补也尚未完全统筹安排，在地方财政收入与地区经济发展水平非均衡的结构背景下，拉动地区经济增长的固定资产投资周期长、结构难以优化、投资效益不高，且偏向以房地产为主的第三产业，加之政府财政资金引导作用不足、风险控制不严格，导致其对地区生产总值的拉动存在滞后效应。因此，促进落后地区经济发展，减少经济发展差异需结合地方情况而切实寻找新的经济增长点。

二、区域经济发展协调性动态评价

实施区域经济协调发展战略以来，中国整体经济实力大幅提升，但东中西北四大区域间经济发展差距并未缩小，且呈扩大态势。因此，通过指标差异测度法对 2007~2017 年中国各区域人均地区生产总值的差异演变进行了测算与分析，测算指标包括绝对差异的平均值、极大值、极小值和极值，以及相对差异的极值比率和变异系数。其中极值为样本中极大值与极小值之间的差额，计算公式为极值=极大值−极小值；极值比率为样本中极大值与极小值的比值，计算公式为极值比率=极大值/极小值；变异系数利用样本的标准差与样本均值的比值而克服了极值比率的缺点，用以全面反映各地区经济发展水平之间的相对差异。由于样本空间中数据的重要性，采用加权平均处理，其计算公式为

$$V = \frac{1}{\bar{x}}\sqrt{\frac{1}{n}\sum_{i=1}^{n}\left(x_i - \bar{x}\right)^2}$$

其中，V 为变异系数；n 为区间地域总数。通过计算人均地区生产总值极值比率与变异系数等指标而观测 2007~2018 年区域差异的变化，测算结果见表 3.11。

表3.11 2007~2018年中国四大区域人均地区生产总值差异演变

年份	平均值	极小值	极大值	极值	极值比率	变异系数
2007	20 581	13 629	31 983	18 354	2.35	0.35
2008	25 766	17 547	40 527	22 980	2.31	0.36
2009	26 879	18 286	40 800	22 514	2.23	0.33
2010	31 844	22 476	46 354	23 878	2.06	0.29
2011	37 846	27 672	53 141	25 469	1.92	0.27
2012	41 777	31 245	57 498	26 253	1.84	0.26
2013	45 366	34 392	62 191	27 799	1.81	0.25
2014	48 800	37 487	67 109	29 622	1.79	0.25
2015	50 790	39 054	71 019	31 965	1.82	0.25
2016	52 796	41 917	77 465	35 548	1.85	0.27
2017	60 696	28 408	129 042	100 634	4.54	0.29
2018	60 583	48 557	89 488	40 931	1.84	0.28

资料来源：经计算整理得出

由表 3.11 可知：中国不同地区人均地区生产总值的相对差异在 2007~2014 年逐渐缩小但 2014 年后又呈扩大趋势，且不同地区人均地区生产总值绝对差异一直处于扩大态势。2007~2018 年人均地区生产总值平均值从 20 581 元增长至 60 583 元，增长了 1.94 倍；各区域人均地区生产总值极小值由 2007 年的 13 629 元增至 2018 年的 48 557 元，增长了 2.56 倍；各区域人均地区生产总值的极大值由 2007 年的 31 983 元增至 2018 年的 89 448 元，增长了 1.80 倍；各区域人均地区生产总值的极值由 2007 年的 18 354 元增至 2018 年的 40 931 元，增长了 1.23 倍；各区域人均地区生产总值的极值比率从 2007~2014 年由 2.35 逐年降至 1.79，而又从 2015 年的 1.82 扩至 2018 年的 1.84；各区域人均地区生产总值的变异系数从 2007~2013 年由 0.35 逐年降至 0.25，2013~2015 年一致保持在 0.25 的水平，但 2018 年又扩至 0.28。由此可见，国家区域政策应充分吸取历史经验教训，在提升效率的同时兼顾公平，有效促进区域经济的协调发展。

上述分析可以得出以下结论：一是从整体水平看，动态模型中各变量所表现出的空间效应充分证实了地方财税标尺竞争的存在，且地方财政收支与税收收入同时具有空间外溢效应；二是从产业水平看，地方农副产业水平的外溢性特征，促进了农村公共产品的跨区供给；三是从外溢效应看，空间外溢效应使得邻近地区在区位上易采取“搭便车”与“标尺竞争”并存的互动策略；四从综合角度看，由于制度因素限制与地方保护主义阻碍，地方政府竞相提供高质量公共物品与高水平公共服务动能尚且不足，地区财力协调与经济发展协同尚存修复与进步空间。

第四节　新时代区域经济地理格局分析

根据中国区域经济发展的总体状况，对新时代区域发展差异和区域协调发展情况进行必要的相关性分析。

一、地区生产总值及其增长速度的差异分析

在中国经济发展过程中，出现了东西经济发展不平衡的现象，即东部沿海地区的经济发展远远领先于中西部和东北地区的经济发展。2015~2018 年东中西北区域的地区生产总值及其比重、人均地区生产总值和地区生产总值增长率，如表 3.12、表 3.13、图 3.4 和图 3.5 所示。

表3.12　2015~2018年四大区域地区生产总值及人均地区生产总值情况比较表

地区	2015 年		2016 年		2017 年		2018 年	
	地区生产总值/亿元	人均地区生产总值/元	地区生产总值/亿元	人均地区生产总值/元	地区生产总值/亿元	人均地区生产总值/元	地区生产总值/亿元	人均地区生产总值/元
东部	372 983	71 019	410 186	77 465	449 681	84 268	480 996	89 488
中部	146 950	40 273	160 646	43 762	179 412	48 620	192 658	51 914
西部	145 019	39 054	156 828	41 805	170 955	45 376	184 302	48 557
东北	57 816	52 814	52 410	48 038	55 431	50 971	56 752	52 373
全国	722 768	52 723	780 070	56 492	855 479	61 628	914 708	64 644

资料来源：《中国统计年鉴 2019》等，其中各年度全国 GDP 总值为四大区域的合计数

表3.13　2015~2018年四大区域地区生产总值比重及地区生产总值增长率比较表

地区	2015 年		2016 年		2017 年		2018 年	
	地区生产总值比重	地区生产总值增长率	地区生产总值比重	地区生产总值增长率	地区生产总值比重	地区生产总值增长率	地区生产总值比重	地区生产总值增长率
东部	51.60%	6.54%	52.58%	9.97%	52.56%	9.63%	52.58%	6.96%
中部	20.33%	5.96%	20.59%	9.31%	20.97%	11.68%	21.06%	7.38%
西部	20.06%	5.01%	20.10%	8.14%	19.98%	9.01%	20.15%	7.80%
东北	8.00%	0.60%	6.72%	−9.35%	6.48%	5.76%	6.20%	2.38%

注：表 3.13 相关数据是根据表 3.12 数据计算求得的

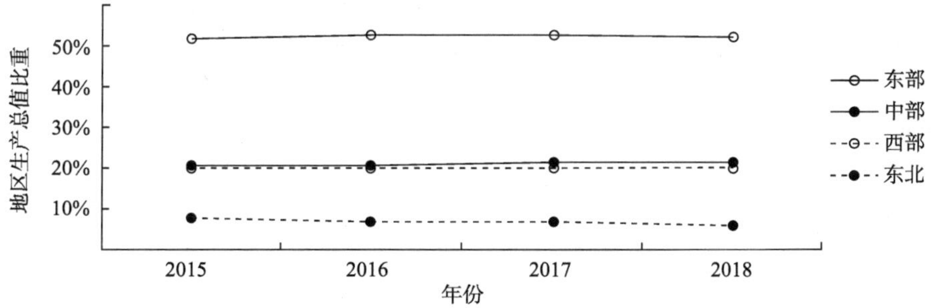

图 3.4　2015~2018 年四大区域地区生产总值占全国 GDP 比重的比较

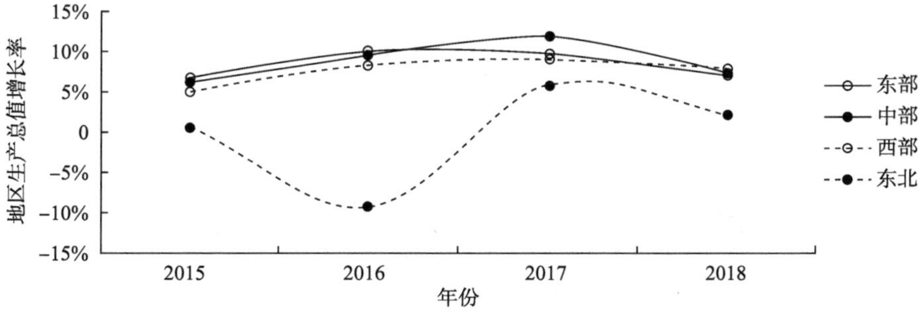

图 3.5　2015~2018 年四大区域地区生产总值增长率的比较

根据上述图表中的东中西北四大区域地区生产总值绝对额增长看，东部地区等前 3 个区域地区生产总值总量、人均地区生产总值逐年增加，特别是东部地区地区生产总值占比均在 50%以上，最低为 2018 年的 52.58%，而东北地区 2017 年和 2018 年分别有所上升；从人均地区生产总值看，东部地区远高于全国平均水平（1.3~1.4 倍），而东北地区明显低于全国水平，且两者差距有扩大的趋势。

从地区生产总值增长率看，2015~2017 年中西部地区经济增速持续加快，地区生产总值增速分别由 5.96%和 5.01%升至 11.68%和 9.01%；2018 年下滑至 7.38%和 7.80%；东部地区地区生产总值增长率整体呈上升态势，但 2018 年呈现一定下滑，同比由 9.63%降至 6.96%；东北地区地区生产总值增长率呈现波动形态，即由 2015 年的 0.60%降至 2016 年的−9.35%，2017 年则升为 5.76%，2018 年下降为 2.38%。可见，在国家区域协调发展政策的支持下，中西部地区实现了较快的经济增长，但东北经济增长依然乏力。

二、区域经济发展差异的定量分析

（1）产业结构比例关系的差异分析。产业部门发展总体表现如下：四大区域三大产业地区生产总值总量从高到低排序为东中西北，其发展速度恰好为相反排序。2016~2018 年三大产业有关数据如表 3.14~表 3.16 所示。

表3.14　2016年四大区域产业结构比较表

地区	第一产业			第二产业			第三产业			全国 GDP	
	地区生产总值/亿元	比重	增长	地区生产总值/亿元	比重	增长	地区生产总值/亿元	比重	增长	地区生产总值/亿元	增长
东部	21 930	34.44%	4.35%	173 446	51.97%	6.79%	214 811	56.14%	13.33%	410 187	9.97%
中部	16 781	26.36%	5.78%	72 951	21.86%	6.06%	70 913	18.53%	13.82%	160 645	9.31%
西部	18 614	29.24%	7.21%	67 356	20.18%	4.05%	70 860	18.52%	12.62%	156 830	8.14%
东北	6 342	9.96%	−4.11%	20 012	6.00%	−1.95%	26 056	6.81%	−1.14%	52 410	−9.35%
总计	63 667	8.16%	—	333 765	42.79%	—	382 640	49.05%	—	780 072	7.93%

注：表 3.14 中的“增长”指 2016 年的地区生产总值比 2015 年地区生产总值的增长比例；有关比重和增长的数据是根据有关数据计算求得的

表3.15　2017年四大区域产业结构比较表

地区	第一产业			第二产业			第三产业			全国 GDP	
	地区生产总值/亿元	比重	增长	地区生产总值/亿元	比重	增长	地区生产总值/亿元	比重	增长	地区生产总值/亿元	增长
东部	22 130	33.80%	0.91%	188 987	52.12%	8.96%	238 564	55.82%	11.06%	449 681	9.63%

续表

地区	第一产业			第二产业			第三产业			全国 GDP	
	地区生产总值/亿元	比重	增长	地区生产总值/亿元	比重	增长	地区生产总值/亿元	比重	增长	地区生产总值/亿元	增长
中部	17 133	26.17%	2.10%	81 496	22.47%	11.71%	80 784	18.90%	13.92%	179 413	11.68%
西部	19 625	29.98%	5.43%	71 450	19.70%	6.08%	79 881	18.69%	12.73%	170 956	9.01%
东北	6 580	10.05%	3.75%	20 700	5.71%	3.44%	28 150	6.59%	8.04%	55 430	5.76%
总计	65 468	7.65%	—	362 633	42.39%	—	427 379	49.96%	—	855 480	9.67%

注：表 3.15 中的“增长”指 2017 年的地区生产总值比 2016 年地区生产总值的增长比例；有关比重和增长的数据是根据有关数据计算求得的

表3.16　2018年四大区域产业结构比较表

地区	第一产业			第二产业			第三产业			全国 GDP	
	地区生产总值/亿元	比重	增长	地区生产总值/亿元	比重	增长	地区生产总值/亿元	比重	增长	地区生产总值/亿元	增长
东部	22 004	33.99%	−0.57%	196 449	52.20%	3.95%	262 542	55.43%	10.05%	480 995	6.96%
中部	16 176	24.99%	−5.59%	84 759	22.52%	4.00%	91 723	19.37%	13.54%	192 658	7.38%
西部	20 358	31.45%	3.74%	74 646	19.84%	4.47%	89 298	18.85%	11.79%	184 302	7.81%
东北	6 195	9.57%	−5.85%	20 467	5.44%	−1.13%	30 090	6.35%	6.89%	56 752	2.38%
总计	64 733	7.08%	—	376 321	41.14%	—	473 653	51.78%	—	914 707	6.92%

注：表 3.16 中的“增长”指 2018 年的地区生产总值比 2017 年地区生产总值的增长比例；有关比重和增长的数据是根据有关数据计算求得的

从表 3.14 可以看出：2016 年四大区域三大产业地区生产总值比重最高为东部，第一产业、第二产业和第三产业地区生产总值比重分别为 34.44%、51.97%和 56.14%；中部和西部居中，分别为 26.36%、21.86%、18.53%和 29.24%、20.18%、18.52%；最低为东北，其比重分别为 9.96%、6.00%和 6.81%。

从表 3.15 可以看出：2017 年四大区域三大产业地区生产总值比重最高为东部，第一产业、第二产业和第三产业地区生产总值比重分别为 33.80%、52.12%和 55.82%；中部和西部居中，分别为 26.17%、22.47%、18.90%和 29.98%、19.70%、18.69%；最低为东北，其比重分别为 10.05%、5.71%和 6.59%。

从表 3.16 可以看出：2018 年四大区域三大产业地区生产总值比重最高为东部，第一产业、第二产业和第三产业地区生产总值比重分别为 33.99%、52.20%和 55.43%；中部和西部居中，分别为 24.99%、22.52%、19.37%和 31.45%、19.84%、18.85%；最低为东北，其比重分别为 9.57%、5.44%和 6.35%。具言之，2015~2018 年东部和中西部三大产业比重较为稳定，东北地区第二产业和第三产业比重呈下降趋势。

由表 3.14~表 3.16 可知，2016~2018 年四大区域第一产业增幅缓慢；第二产业 2016 年增长速度较慢，特别是东北地区为负值，2017~2018 年增长率有所提高；第三产业总体增幅较大，2018 年西部地区增长率（11.79%）高于东部地区（10.05%）1.74 个百分点。2016~2018 年东部地区三大产业增长率最高，2016 年东北地区三大产业增长率均为负值（−4.11%、−1.95%和−1.14%），2017 年中部地区第二、三产业增长率最高，分别为 11.71%和 13.92%，2018 年分别为 4.00%和 13.54%，第三产业基本持平，第二产业有较大下滑。

（2）区域经济发展差异的塞尔指数分析。区域经济发展差异是划分经济区域的重要依据，也是研究区域经济发展收敛或发散性问题的基本思路。区域经济发展差异性的研究方法通常如下：一是对基尼系数进行分解；二是采用加权变异系数法，对地区差异的产业或部门构成进行分解；三是采用塞尔指标和广义熵指数法，对地区差异的地理构成进行分解等。

塞尔指标能将总体的不平等系数分解为区域之间和区域内部的不平等系数，用来分析不同地理尺度的不平等性，且不受区域规模和极端值的影响。因此，在对区域经济发展差异性问题的研究过程中，本书采用塞尔指标来考察 2015~2018年区域经济发展差异的特点，其操作步骤如下。

假设：E、C、W、D 分别代表东部地区、中部地区、西部地区和东北地区；P_i、$Y_i\left(i=1,2,3,\cdots,31\right)$ 分别表示 i 省的人口数和地区生产总值在全国的比重；而 Qr、$Gr\left(r=1,\ 2,\ 3,\ 4\right)$ 分别表示四大区域人口数和地区生产总值在全国的比重，则其不平等指数可分别表示为

$$\mathrm{IC}_E{}^{①}=\sum_i Y_i / G_1 \ln\left[\left(Y_i / G_1\right)\cdot\left(Q_1 / P_i\right)\right] \quad \left(i=1,2,3,\cdots,10\right)$$

$$\mathrm{IC}_C=\sum_i Y_i / G_2 \ln\left[\left(Y_i / G_2\right)\cdot\left(Q_2 / P_i\right)\right] \quad \left(i=1,2,3,\cdots,6\right)$$

$$\mathrm{IC}_W=\sum_i Y_i / G_3 \ln\left[\left(Y_i / G_3\right)\cdot\left(Q_3 / P_i\right)\right] \quad \left(i=1,2,3,\cdots,12\right)$$

$$\mathrm{IC}_D=\sum_i Y_i / G_4 \ln\left[\left(Y_i / G_4\right)\cdot\left(Q_4 / P_i\right)\right] \quad \left(i=1,2,3\right)$$

---

① IC，信息系数，是 information coefficient 的缩写。

东中西北四大区域内部经济发展的总体不平等指数为

$$\mathrm{IC}_T = G_1 \cdot \mathrm{IC}_E + G_2 \cdot \mathrm{IC}_C + G_3 \cdot \mathrm{IC}_W + G_4 \cdot \mathrm{IC}_D$$

东中西北四大区域之间经济发展的不平等指数为

$$\mathrm{IC}_b = \sum_r Gr \ln\left(Gr / Qr\right) \quad \left(r = 1,2,3,4\right)$$

东中西北四大区域经济发展总体的不平等指数为

$$\mathrm{IC} = \sum_i Y_i \ln\left(Y_i / P_i\right) = \mathrm{IC}_T + \mathrm{IC}_b$$

将东中西北各省的地区生产总值及年末人口数据代入上述公式，计算各项区域经济发展的塞尔指数，见表 3.17 和图 3.6。

表3.17　四大区域2015~2018年区域经济发展差异性的塞尔指标计算表

年份	IC_E	IC_C	IC_W	IC_D	IC_T	IC_b	IC
2015	0.035 5	0.007 8	0.038 2	0.022 7	0.029 4	0.038 9	0.068 2
2016	0.037 9	0.008 9	0.035 0	0.007 1	0.029 3	0.042 0	0.071 3
2017	0.036 7	0.008 4	0.024 7	−0.033 4	0.023 8	0.041 3	0.065 1
2018	0.040 7	0.007 9	0.025 5	0.008 3	0.028 8	0.044 2	0.073 0

资料来源：根据相关计算指标得出

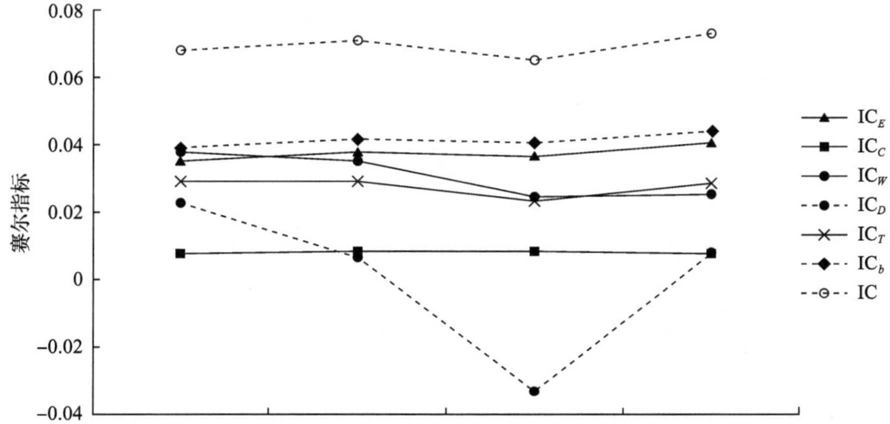

图 3.6　四大区域 2015~2018 年区域经济发展差异性的塞尔指标

从表 3.17 和图 3.6 可以得出以下结论。

第一，东中西北四大区域经济发展总体差距不断变化，发展总体差异的 IC 值由 2015 年的 0.068 2 上升至 2016 年的 0.071 3，2017 年又缩为 0.065 1，2018 年又上升至 0.073 0，说明东中西北四大区域的经济发展总体差距近些年呈波动状态，区域间经济发展差异总体较大。

第二，2015~2018 年东中西北区域间经济发展差距 IC_b 值有扩大的趋势。东中西北四大区域之间差异性的塞尔指标 IC_b 值由 2015 年的 0.038 9 扩至 2016 年的 0.042 0，2017 年略有下降，为 0.041 3，2018 年又扩大为 0.044 2。说明 2015 年以来东中西北区域经济发展差异出现扩大的趋势。

第三，2015~2018 年东中西北区域经济发展的内部总体差异和地区间经济发展差异，共同决定了四大区域经济发展的总体差异。从表 3.17 中可知，IC_C 的值更多来自 IC_b 的值，因此缩小区域间差异，对缩小区域经济发展的总体差异尤为重要。

第四，2015~2018 年东中西北区域内部经济发展差异，东北地区和西部呈明显的下降态势，东部和中部地区呈波动上升趋势。东北地区 IC_D 指标从 2015 年的 0.022 7 降为 2018 年的 0.008 3；西部地区 IC_W 指标从 2015 年的 0.038 2 降为 2018 年的 0.025 5。

三、区域经济发展差异的定性分析

（1）政府跨区治理机制。中国目前尚未建立跨区域的治理模式，地区间治理模式存在较大差异。例如，京津冀、珠三角、长三角和环渤海地区多体现出跨区域经济一体化的特征；长株潭和郑州经济圈、济南和南京经济圈主要是省内城市间的协作；东北老工业基地、关中—天水经济区和闽台区域则表现为省际合作。区域治理模式、府际关系和合作机制尚未建成，故跨区政府治理机制仍需探索。

（2）产业跨区调整模式。从实证分析结果看，东部地区对后发区域空间溢出效应不明显，但却存在着较强的“虹吸效应”，即东部对后发区域资源和要素的吸引能力较强，不利于后发区域的发展。例如，东北地区人口流失规模由 2017 年的 37.07 万人增至 2019 年的 42.73 万人，人口结构严重失衡；2019 年老龄化率 14.67%远高于全国 12.57%的水平等，固定资产投资占比由 2017 年的同比增长 2.8%降至 2019 年的同比下降 3.0%。

（3）社会福利分配格局。社会福利分配是“共享经济社会发展成果”的核心问题，目前中国福利支出具有强烈的“施惠—受惠”意识，缺乏明确的“权力—问责”机制，社会福利体现出临时性、脆弱性和不稳定性的特点。区域间民生财政支出占比不均，东部优势明显，其他三个区域相对稳定。居民收入差距较大，如 2019 年东中西北四大区域人均可支配收入分别为 39 438.9 元、26 025.3 元、23 986.1 元和 27 370.6 元，东部约是中西北地区的

1.53 倍[①]。

综上所述，区域地理空间格局的基本轮廓可概括如下：东部先发地区开始在转型中发展，以“速度变化、结构优化、动力转化”为核心的经济新常态的特征和轮廓逐渐明显；中西部地区在发展中转型，扶持政策红利尚未消退，旧动能依然驱动发展，新动能培育逐步增强；东北老工业地区仍处在转型与发展的“两难”境地，传统产业优势减弱和要素流失严重，新动能仍未成型而处于“三明治陷阱”之中。

第五节　区域经济发展差异的因素分析

从实证分析结果看，政府跨区域治理机制、产业跨区调整模式和社会福利分配格局是产生区域经济发展差异的重要原因，但其自然资源状况、区域经济政策和市场发育程度的不同才是区域经济发展差异的根本原因所在。

一、自然资源状况的影响

自然资源是人类赖以生存发展的前提和重要物质基础，对区域生产力布局和生产分工具有重要影响。学界有关研究表明，自然资源禀赋对经济发展的影响既表现为正面的直接效应又表现为负面的间接效应，通常情况下间接效应大于直接效应。中国东中西北四大区域自然资源分布不均，对各自区域经济发展产生了不同的影响。

东部地区光热丰富，雨热同季；土地平坦，河流众多，海洋资源丰富；但能源和矿产资源相对短缺。地形、气候和区位等优势使得东部地区精加工、深加工产业、高新技术产业及现代服务业较为发达，为东部地区积累了丰厚的财富。由于其第三产业发达，拥有先进的技术、优秀的人才、发达的科技，以致东部地区经济发展水平位于四大区域之首，引领其他地区发展。

中部地区自然资源储量和种类相比东部地区更为丰富，其中水资源极为丰富，流经我国 5 大水系，拥有中国三大淡水湖泊；耕地、湿地、森林和矿产资源较为丰富。诸如此类自然资源禀赋条件决定了中部经济发展呈现出三次产业并重的局面，是新时代实现“四化”改革的重点区域，必须继续巩固其“三基地一枢纽”的重要地位，促进中部地区全面崛起。

西部地区是全国自然资源最为丰富的地区，拥有 138 种矿产资源（45 种潜

① 资料来源：中国统计年鉴（2020）。

在价值占全国的 49.18%）；生态资源丰富，2020 年耕地、林地、草地、湿地和水资源分占全国的 37.66%、57.31%、9.67%、74.21%和 53.79%[①]。诸如此类自然资源禀赋条件决定了西部经济发展依赖以资源和能源为主的第二产业，但自然资源禀赋与经济发展呈间接的负相关关系，即资源储量阻碍了地区经济发展。

东北地区土地资源丰富，是全国重要的商品粮基地；矿产资源丰富，包括铁、锰和铜等金属矿产，以及煤、石油、石墨等非金属矿产；水资源丰富，沿海渔场面积约为 5.6 万平方海里[②]，但热量资源不足。诸如此类自然资源禀赋条件决定了东北地区以农业和制造业、能源产业为主的第一、二产业较为发达，但冬季室外经济及服务业发展较为落后，经济发展后劲不足。

二、区域经济政策的影响

区域经济政策是指国家制定协调和促进区域经济发展的有关规定及措施。主要包括区域财税政策、金融政策和产业政策等，其中，区域财税政策是国家从财权、税权和财政收支等方面给予区域经济发展的支持；区域金融政策是国家通过信贷和投融资等手段实现对区域经济发展的支持；区域产业政策是国家对产业的扶持及其政策的完善，以影响区域产业布局和产业调整。现行中国的区域经济政策以财税政策和金融政策为主体。

改革开放以来，中国实行差别化的区域优惠政策，优先支持和鼓励东部地区发展。1978 年改革开放初期提出了优先发展东部沿海地区的思路；1980 年首先在深圳、汕头、珠海和厦门设立经济特区。1984 年 4 月又开放了 14 个沿海城市；1985 年 2 月中共中央和国务院发布了《长江、珠江三角洲和闽南厦漳泉三角地区座谈会纪要》，先后在东部设置 5 个经济特区（1980 年 4 个、1988 年海南）、2 个开放省份、14 个沿海港口城市和 4 个经济开放区。2016 年国家“十三五”规划明确“以‘一带一路’建设、京津冀协同发展、长江经济带发展为引领”，形成沿海、沿江、沿线经济带为主的经济轴带等规划及政策的出台为东部地区经济发展创建了良好的政策环境。

国家针对中西北地区区域经济的政策出台较晚，政策优惠较少。相对西部政策出台时间较早，为 1997 年 9 月党的十五大提出的“实施西部大开发，促进地区协调发展”战略；2011 年国家“十二五”规划提出中西部地区培育新的区域经济增长极等要求，以加快区域发展由经济范畴向现代社会管理、环境规制和国家治理范畴的融合。在此期间内，2003 年 9 月和 2004 年 3 月党的十六届四中全会和五中全会分别针对东北和中部地区提出了“振兴东北老工业基地”和“促进

① 资料来源：根据中国统计年鉴（2021）测算所得。

② 1 海里=1.852 千米。

中部地区崛起”的政策要求，中西北地区的优惠政策一定程度上促进了其地区经济的发展，但四大区域间的经济发展差异并未因此而缩小。

2005 年党的十六届五中全会提出区域发展总体战略，健全区域互动协调机制；2006 年国家“十一五”规划将区域经济协调发展调整为区域协调发展，由调整地区经济布局向兼顾环境承载力和实现公共服务均等化扩展；2007 年党的十七大提出经济发展方式代替经济增长方式，以和谐社会和改善民生为核心；2010 年《全国主体功能区规划》中提出集中处理区域发展与空间资源环境承载能力的矛盾；2017 年党的十九大提出的“实施区域协调发展战略”等区域经济发展政策均为普惠型优惠政策，东部凭借其区位优势将取得较中西北地区更好的发展成果，但这并不利于缩小区域发展差距。综上可看出，差别化和普惠型区域经济政策，均未能发挥出促进区域经济协调发展的功效。

三、市场发育程度的影响

市场发育是指市场萌芽、形成、发展、壮大和逐步完善的过程，包括市场的成熟度、丰度、容量、广度、组织形式和物质技术设施。市场发育程度对区域经济发展的影响主要表现如下：一是区域内部易产生极化现象，即市场发育程度越高，区域内越容易出现某一地区发展优势明显，与其他地区形成一定发展差距的现象；二是区域内部易产生排他性，即市场发育程度较高，核心竞争优势越明显，容易对其他地区的生产要素流通、经济活动和产品流通产生一定的限制，从而加剧区域发展差距。

以 2018 年相关统计数据为例，中国东中西北四大区域进出口总额分别为 249 234.9 亿元、20 745.9 亿元、24 357 亿元和 10 670.3 亿元；人均可支配收入分别为 35 298.2 元、23 798.3 元、21 935.8 元和 25 543.2 元；社会消费品零售总额分别为 193 865.4 亿元、81 571.6 亿元、70 554 亿元和 30 980.6 亿元[①]，反映了当前中国东中西北四大区域市场发育程度存在较大的差异。现代流通包含各类生产要素、涵盖生产环节全过程，面向国际市场，对加速市场要素流通和推动市场发育具有积极的现实作用，必须摆在重要的战略地位。按照 2012 年《国务院关于深化流通体制改革加快流通产业发展的意见》要求，坚持保民生、促消费的原则，以全球性战略思维考虑流通的战略定位，加强现代流通体系建设，依托交通枢纽、生产基地、中心城市等建立全国骨干流通网络，建设全国性与区域性配送中心，努力促进区域一体化，从整体上提升区域经济发展能力、竞争力和经济实力。

① 资料来源：中国统计年鉴（2019）。

第四章　区域经济协调发展的财税政策与分析

导致中国区域经济发展差异的原因之一是对不同区域实施了不同的财税政策，例如对经济特区及沿海经济开放开发区等东部先发区域实施较多的税收优惠政策。在此整理和归纳有关区域经济发展的财税政策，探讨影响区域经济协调发展的因素，进一步分析区域经济发展财税政策的问题及其成因所在。

第一节　区域经济发展财税政策的演进

中国区域发展大体上可分为 4 个阶段，即基于“工业强国”下区域经济平衡发展阶段、“两个大局”下区域经济非均衡发展阶段、“科学发展观”下区域经济协调发展阶段和新发展理念下区域经济协调发展战略深化改革阶段。相应的财税政策演变也经历了向东部地区倾斜的非均衡性财税政策、区域协调性财税政策的初步形成、区域协调性财税政策的全面实施和区域协调性财税政策的深化改革的演变路径。

一、“工业强国”下区域经济平衡性发展阶段的财税政策

（一）区域经济平衡性发展财税政策的背景

中华人民共和国成立后，国家面临地区经济发展严重不平衡的历史遗留问题，如工业布局多集中于东北和东部的部分地区，其中 70%以上的工业、交通运输设施集中在面积不到 12%的东部沿海地区；占面积 78%的中西部地区工业

总产值仅占全国 9%，偏远地区基本没有现代工业[①]。因此，从 1950~1952 年国民经济三年恢复期开始，中央政府本着“全国一盘棋”的思路，以调整工业布局为抓手，积极推进区域经济平衡发展，通过集中统一财政经济工作、兴修交通水利和内迁工厂等措施调整地区生产力布局，如上海市有 270 多家轻工、纺织等企业迁往中西部地区（谷牧，2009）。

1953 年 12 月中共中央《关于发展农业生产合作社的决议》中，首次提出了“共同富裕”的概念。1956 年 4 月毛泽东主席在《论十大关系》中提出“沿海的工业基地必须充分利用”“内地工业必须大力发展”等要求，开启了工业布局改革[②]。“一五”时期 694 个工业建设单位有 472 个布局内地，1964 年开始中西部地区大批建立新工业企业；沿海地区工厂继续向内地转移，并至 20 世纪 80 年代初。东中西三个区域“一五”时期投资配比分别为 36.9%、28.8%和 18%，至“三五”时期调整为 26.9%、29.8%和 34.9%，此种区域经济平衡性发展战略拓展了生产力发展的空间范围，通过快速推进内地经济发展有力地缩小了中国整体区域经济发展的差距。

（二）区域经济平衡性发展财税政策的内容

在 1949~1977 年区域经济平衡性发展阶段，其财政体制改革大体经历了 1949~1950 年高度集中、1951~1952 年统收统支初步分权、1953~1956 年收入分类分成、1957 年总额控制分级管理、1958 年以收定支五年不变、1959 年总额分成一年一变、1960~1965 年集中分散统一管理、1966~1976 年的收支两条线、收支大包干、固定比例留成、收支挂钩总额分成的演变路径，财税政策的内容见表 4.1。

---

① 1949 年中华人民共和国成立之时，北部与西部地区工业总产值占全国 GDP 的 46%，东南沿海地区占比为 54%；而“一五”到“四五”时期，内地（18 个省、自治区）与沿海地区（含 11 个省、自治区、直辖市）的国民经济总投资的分配比例分别为 1∶0.87、1∶0.79、1∶0.46 和 1∶0.74（高新才，2008）。

② 1956 年党的八大基于综合平衡中稳步前进的基本方略提出重工业发展战略，“二五”时期仍将以重工业为中心加快工业建设；在东北、华中和内蒙古钢铁基地建设基础上，在三门峡周边、甘青新和西南地区建设新工业基地；加快西北和西南地区铁路干线建设，在沿海地区继续适当发展工业；充分利用东北和华东等地工业基地，并合理发挥冀、鲁和华南地区在发展工业方面的作用；实现工农联盟；拟在民族地区建立新的工业基地等；“三五”规划（1966~1970 年）和“四五”规划（1971~1976 年）以备战为中心，重点进行国防建设，在区域经济发展方面，则在工业和整体经济布局的基础上，注重进行“大三线”建设（大三线指的是长城以南、韶关以北、乌鞘岭以东和京广线以西的地区），“三五”期间全国基础设施建设投资总额中此部分地区占比达到 52.7%，“四五”期间该比例下降至 41.1%，其原因是此时期新油田的发现和新铁路网的兴修导致投资向西部内地进一步倾斜，到 1978 年西部地区的工业总产值占全国 GDP 的 15.7%，比 1952 年的 10.4% 高出 5.3 个百分点。

表4.1 经济均衡性发展时期的财税政策

阶段	财税政策的主要内容
1949~1950 年高度集中	建立政务院财政经济委员会及其下属机构，相应建立大区、省、大中城市财经委员会；各级财政支出全部纳入国家预算，中央统一财政收支审核、逐级拨付，这是中央对地方的一种全额财政转移支付；初步实现税政和税制的统一，1950 年发布实施《全国税政实施要则》《新解放区农业税暂行条例》《关于统一全国税政的决定》等税收政策法规
1951~1952 年统收统支初步分权	以统一领导、分级负责为财政管理体制指向，实行三级财政①；地方政府收不抵支的，通过央地间比例分成收入进行弥补，地方政府将比例分成部分或全部留用，如果在接受比例分成后仍无法满足支出需求，中央进行直接补助
1953~1957 年收入分类分成及分级管理	实行中央、省（市）和县（市）三级财政管理体制；修正工商税制，包括开征商品流通税、修订货物税和工商营业税等②；进一步下放财权，地方财政结余不再上缴，增加地方固定财源和机动财力；形成收入分享和专项拨款两种财政转移支付形式；公共投资继续向中西部地区倾斜，推动工业项目布局调整
1958 年以收定支五年不变	进行税制改革，如工商税制方面奖励协作性生产，农业税制方面税率由地方政府灵活规定，实行区域差别税率，鼓励农业合作化等③；实行收入分享（企业、调节和总额收入分成）的转移支付政策；明确地方财政平衡方式，调动地方理财积极性④；中央专项转移支付用于解决自然灾害和基本建设支出；地方具有发债权
1959 年总额分成一年一变	进一步下放收支项目，实行计划包干；注重区域调剂，即地方上缴资金除用于中央开支外，重点用于弥补后发、少数民族和收不抵支等区域的财政缺口；取消中央财政专项转移支付⑤；根据包干情况，在预算执行时超收部分按原定比例留给地方政府，中央补助按计划数进行拨付，结余部分则可以由地方自主使用
1960~1965 年集中分散统一管理	恢复大区财政；改进税收征管办法，中央集中税权⑥；财政转移支付包括专项转移支付，如基本建设、自然灾害和移民垦荒等支出，对地区间的横向不均衡进行协调和后发区域给予补助；民族自治区域增加 5%的机动补助资金；进一步压缩财政支出⑦
1966~1976 年收支包干财政体制	按简化税制原则先后进行综合税、行业税和工商税试点等，将减税和免税权限下放地方；综合实行全额补助、包干上缴、体制上解、差额包干补助和体制补助等转移支付政策；工业投资以西南和西北区域等区域的三线建设为重点⑧

注：根据黄天华编写的《中国财政制度史》、财政部综合计划司编的《中华人民共和国财政史料》（第一辑）、周春英主编的《中国财税史》和王曙光主编的《财政学》等资料整理

① 1951 年 3 月，颁布《政务院关于 1951 年度财政收支系统划分的决定》，将国家财政分为中央级、大行政区级和省（市）级三级财政。

② 虽然 1953 年税制修订后税种数量和税制结构基本没有变化，但是通过对简并税制的强调，税种重复和征纳环节烦琐等问题有所缓解，如工业企业原来缴纳的货物税、印花税和营业税及其附加等分别并入货物税和商品流通税等。

③ 1958 年税制改革之后，我国税制共有 14 种税，其中牲畜交易税、牧业税和盐税仍然由各地自行征收。

④ 一般认为，“以收定支、五年不变”的财政管理体制，有利于促进地方根据本区域的实际发展情况安排本地经济建设和文化事业等。

⑤ 具体指将地方财政总收入与总支出相挂钩，把基本建设支出由中央专案拨款改列入地方预算支出。

⑥ 具体指涉及工商统一税目增减、税率调整和盐税税额调整的须经中央批准。

⑦ 包括节约非生产性开支、压缩社会集团购买力、精简职工和减少工资开支等。

⑧ 20 世纪 60 年代中期由于中苏关系紧张及军事压力，“三五”（1966~1970 年）提出“三线建设”的思想：以国防工业建设为中心，重点是在西南和西北地区建设“三线工程”，并与长期工业发展相结合，在各地均建立一个相对独立且较为完整的工业体系。1964~1971 年沿海有 380 个项目迁移至三线地区，投资额占到全国的 65%。“四五”（1971~1975 年）时期，三线建设重心由西南转向豫西、湘西和鄂西等地。

（三）区域经济平衡性发展财税政策的评价

新中国成立至改革开放前，除了短暂的战时经济过渡期间（1949~1952 年）之外，中国区域经济平衡发展的财税政策整体上是在计划经济体制内制定和演进的，其主要逻辑是在中央高度集权的基调下，相对为集权与相对放权的往复循环。具言之，在国内经济社会运行平稳和政治环境有序时，中央政府更倾向赋予地方和部门较多的财税自主权，而在国民经济发展相对吃紧或政局不稳时，中央财政偏向集中财权，如国有企业部门的隶属关系在中央与地方间较为频繁的上收下划，基础设施项目缺乏稳定性和长久性等，其中 1953~1977 年中国中央和地方财政收入与支出对比情况如图 4.1 和图 4.2 所示。

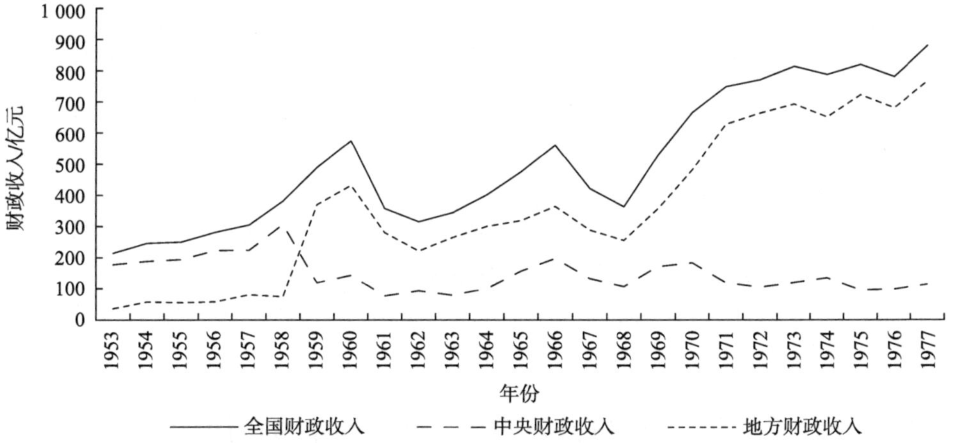

图 4.1　1953~1977 年中国中央和地方财政收入对比情况

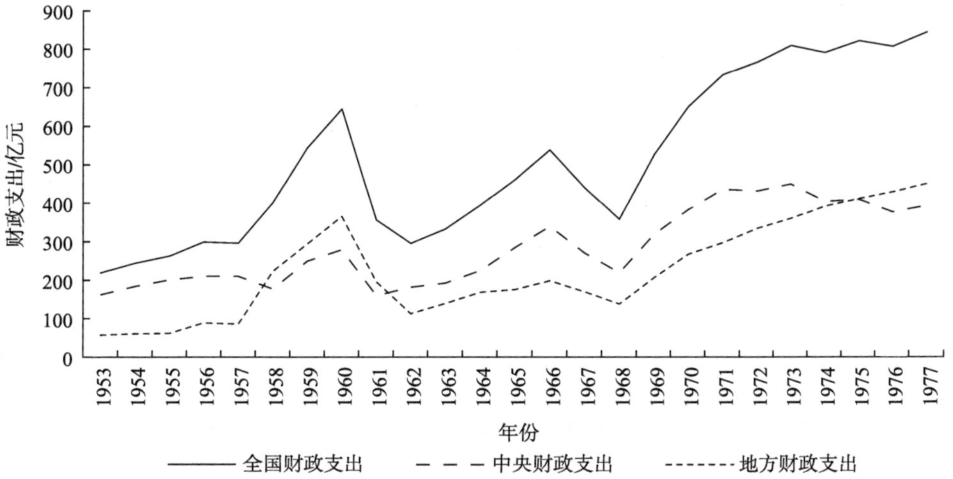

图 4.2　1953~1977 年中国中央和地方财政支出对比图情况

财税政策对区域经济平衡性发展的调整，是以重工业投资布局作为主要手段，其基本主线是在公有制制度下，国家通过重工业发展战略，基于统收统支和统销统购机制，满足区域资本密集型工业体系的建立（林光彬，2018）；围绕分利均衡，中央与地方进行多次分权和集权的调整，尤其是当时的税收征管属地化原则与财政统收统支制度的矛盾，导致各区域进行经济建设的积极性难以充分被调动，加之20世纪70年代中央财政吃紧[①]，这也增加了财税政策对区域经济格局调整的难度，如沿海先发区域的地区生产总值占比由1952年的50.7%仅增至1978年的52.5%，而内地地区生产总值占比则由1952年的49.3%降低至1978年的47.5%。

从区域平衡发展的目标实现效果来看，1952年全国29个省、自治区、直辖市的人均地区生产总值标准为104.7元，而1978年该数增至106.5元；东中西北区域的塞尔指数由1952年的0.052 8调整至1978年的0.067 9，反而总体呈现增大的态势。可以说，区域经济平衡发展的政策目标在当时并未实现，这一方面是由财税政策与政治局势的不稳定和缺乏长效性与可预期性导致的；另一方面，在计划经济体制下资源配置能力本身效率也有待反思，在工业布局调整的背景下，先发区域的不满情绪（沿海先发区域的工业总产值占比由1952年的61.7%降至1978年的60.1%）与后发区域对中央指令的路径依赖，成为制约中国整体经济发展的主要阻碍，但该阶段的工业布局为现在实施西部大开发、中部崛起和东北老工业基地振兴等战略奠定了坚实的历史条件。

二、“两个大局”下区域经济非均衡发展阶段的财税政策

（一）区域经济非均衡发展财税政策的背景

1978年改革开放初期，国家主要战略目标是提高经济增长率，以邓小平同志为核心的第二代领导集体强调克服生产关系上的平均主义发展理念，逐步确立以生产力的提升促进共同富裕的社会主义公正观的思路。1983年邓小平提出“要发挥比较优势……承认不平衡”，此后又提出“一部分人先富起来”“先富带动后富”的“两个大局”[②]战略构想。“国家六五计划”开始，设立专章阐述区域

---

① 20世纪70年代，我国财政收入入不敷出日益严重，甚至不得不依靠举借外债维持国民经济运转和经济建设，如1973年提出43亿美元外债的计划，1976年较1975年财政收入减少43亿元，财政支出同比减少14.6亿元，1977年10月将外债规模扩增到100亿美元，1978年4月扩大到500亿美元。

② 1988年邓小平同志在“中央要有权威”的著名谈话中，对“两大格局”的重要思想做了经典的阐述：“沿海地区要加快对外开放，使这个拥有两亿人口的广大地带较快地先发展起来，从而带动内地更好地发展，这是一个事关大局的问题。内地要顾全这个大局。反过来，发展到一定的时候，又要求沿海拿出更多的力量来帮助内地发展，这也是个大局。那时沿海也要服从这个大局。”（邓小平，1993）

经济发展部署，优先发展沿海地区是主要战略。

从实践来看，1979 年设立 4 个经济特区；1984 年开放上海等 14 个沿海港口城市，初步形成沿海开放带；1985 年相继在东部沿海地区成立 5 个经济特区（1980 年 4 个、1988 年海南）、2 个开放省份、14 个沿海港口城市和 4 个经济开放区，在闽南三角、长三角和珠三角的 61 个市初步形成沿海经济开放区。优先发展东部地区的非均衡发展战略效应显现，极大提高了中国的综合实力，如经济结构调整和深化改革逐见成效，如 1994 年 GDP 总量达到 48 824 亿元，居于世界第 8 位。特别是深圳经济特区带动了珠三角地区的发展，浦东新区带动了长三角及长江流域的发展，使长三角和珠三角成为经济发展最为活跃的地区。在实施非均衡发展战略创造经济奇迹的同时，也出现了中西、东北与东部经济发展的差距。其具体部署如表 4.2 所示。

表4.2　“两个大局”下区域经济非均衡发展思想嬗变

会议、讲话及文件	区域经济非均衡发展主要部署
中国共产党第十一届中央委员会第三次全体会议（1978 年）	党的工作重心转移到社会主义现代化建设方面；提出改革开放的大政方针；提出必须克服平均主义的思想；制定发展农林牧业区域规划
邓小平《解放思想，实事求是，团结一致向前看》重要讲话（1978 年）	在经济政策上允许一部分地区和群众先富起来再带动其他地区富裕，促进整个国民经济波浪式前进，最终使全国人民都能较快地富裕起来
《关于沿海和内地划分问题的通知》（1982 年）	为发挥沿海区域在对外经济贸易活动中的作用，加强地区间的经济联合和技术协作，将京津冀辽鲁沪苏浙闽粤桂等 11 省市划为沿海地区，其余为内陆地区
中共十二大报告（1982 年）	明确计划经济为主和市场调节为辅原则；保护农业资源和保持生态平衡；树立“全国一盘棋”思想；因地制宜，调整央地财政分配比例
“六五”计划（1982 年）	发挥沿海城市区位条件、技术水平和对外经济技术交流优势和作用；技术条件较好的沿海和内地城市，积极帮助和带动少数民族地区和边远地区发展；继续实施对部分沿海地区的特殊政策和扩大资产权
“七五”计划（1986 年）	根据国民经济发展水平，将中国划分为东部、中部和西部三大区域；将东部作为开发重点、西部为战略后方、中部为原材料开发重点
中共十三大报告（1987 年）	产业布局上形成区域分工和区域经济结构，强调经济协作；支持贫困地区发展；强调自然环境保护和生态平衡；实施城乡配套改革
“八五”计划（1991 年）	发展外向型经济，提升对外贸易、外资利用、技术与智力引进的水平；处理发达与不发达地区的关系，促进经济合理分工和协调发展
中共十四大报告（1992 年）	将社会主义市场经济体制确立为经济体制改革目标；加快环渤海湾等地开发，推动内陆对外开放；加强区域联合；加快高新区和开发区建设

资料来源：根据相关资料整理

（二）区域经济非均衡发展财税政策的内容

为配合改革开放大政方针的顺利实施，1979 年中央提出“调整、改革、整顿、提高”的国民经济发展八字方针，专门对财政工作进行部署，要求财政部门将工作重点转移到社会主义现代化建设上来，同时要求实现财政工作自身的现代化。改革开放后，中央政府下放的财权力度过大，这导致原先很多的财政资金净流出的后发区域变成了财政资金净流入地区。例如，1978~1993 年中央财政平抑全国各区域财力差距所使用的规模比以前阶段减弱了很多，在中央财政日渐掣肘的背景下，新一轮政治博弈的结果是先发区域作为既得利益者，其主动优势愈发明显，后发区域的财力状况也逐步得以改善，尤其是先发区域在宏观政策制定上拥有更大的话语权。总体而言，区域经济非均衡发展时期财税管理体制主要经历了改进探索阶段（1977~1979 年）、分级包干改革阶段（1980~1984 年）、划分税种分级包干阶段（1985~1987 年）和多种形式财政包干阶段（1988~1993 年），具体内容见表 4.3。

表4.3　区域经济非均衡发展时期的财税政策

阶段	财税政策主要内容
1977~1979 年财政体制改进探索阶段	1977 年江苏省实行固定比例包干的财政体制，中央对收支范围只做原则上的区别，财政收支自求平衡，中央与江苏省固定分成比例为 58：42，中央部门取消对地方各项事业支出的归口管理；1978 年在 10 个省市试行增收分成、收支挂钩政策，即中央政府按一年一定的比例提取区域机动财力增量；1979 年成立财政经济委员会，除民族地区实行特殊财政体制外，其他区域实行收支挂钩、超收分成，是对增收分成的改进；着手开展涉外税收法规研究；开始企业利润分配和工商税制改革试点
1980~1984 年分级包干改革阶段	1980 年在 23 个省、自治区实行“划分收支、分级包干”管理办法，形成税负从轻和优惠从宽的涉外所得税法；1980~1983 年实施“总额分成、比例包干”的办法；1984 年进一步深化“利改税”改革。其特点可概括如下：由过去全国“一灶吃饭”改为“分灶吃饭”；财力分配以“条条”为主改为以“块块”为主；包干比例和补助数额由 1 年一定改为一定 5 年不变；全国各区域的财政体制不做统一的硬性规定，允许几种体制同时并存；14 个开放城市及 4 个经济特区实行涉外税收优惠及其他超国民待遇。总体而言，这种财税体制虽有利于调动区域政府发展经济的积极性，但却面临着统收办法被逐渐打破而统支的局面顽存的矛盾，导致中央财力过少和支出负担过重
1985~1987 年划分税种分级包干阶段	1985 年实行“划分税种、核定收支、分级包干”的财政体制，其内容主要包括：在央地间进行税种划分，按第二步“利改税”中设置的税种将财政收入划分为中央和地方固定收入及共享收入；综合实施上解、补助和分成，地方固定收入大于支出的区域定额上解中央；粤闽两省继续实行财政大包干，但对定额上解或补助数额进行相应调整。党的十二届三中全会以来经济体制改革的变化因素较多，此时完全实行“划分税种”条件还不成熟，为更好地处理中央与地方的关系，此阶段实际实行的是“总额分成”过渡办法；制定实施《税收征收管理暂行条例》，促进税收征管规范化

续表

阶段	财税政策主要内容
1988~1993 年多种形式财政包干阶段	1988 年起中央对全国各区域因地制宜地实行包干体制改革，即对除广州和西安之外的发展情况不一的 39 个省、自治区、直辖市和计划单列市实行不同的包干办法：京冀苏浙辽豫和宁波、哈尔滨、沈阳、重庆 10 省市，实行收入递增包干；广东省（含广州市）和湖南省实行上解递增包干；上海、山东和黑龙江 3 地实行定额上解；天津、山西和安徽 3 地实行总额分成；青岛、大连和武汉实行总额分成与增长分成并存的办法；吉蒙等 16 个省、自治区实行定额补助；1992 年在天津、青岛和浙江等 9 省市试行分税制；颁布实施《税收征收管理法》《增值税暂行条例》等，促进税收征管法制化；形成内外有别、以所得税和流转税为主体、其他税种相互配合的复合税制体系

注：根据黄天华编写的《财政制度史》、叶振鹏主编的《中国财政通史》、财政部办公厅编的《中华人民共和国财政史料》（第二辑）和王曙光主编的《财政学》等资料整理

（三）区域经济非均衡发展财税政策的评价

从 1978~1994 年实行的财税政策看，其主要逻辑是面对经济发展方式转变、所有制结构调整、收入分配结构改革和“沿海—沿江—内陆—沿边”发展秩序规划的客观形势，在财税经济放权的基础上，围绕“大包干”财政体制，力求各项财税政策做到稳财源、保税源。主要体现如下：税制改革突破了改革开放前封闭型税制束缚转为开放型税制，破除原有的片面追求税制简化的思维，为应对社会主义商品经济[①]复杂化和主体多元化的趋势，初步形成多层次、多环节、重优惠和多方面的复合税制体系；逐步走出统收统支的财力分配关系，重新明确和规范企业与政府的边界，真正发挥了激发经济潜力、激励东部区域率先发展、扩大开放范围和加大技术资金引进力度等作用。

区域经济非均衡发展的本质是以效率为发展的主要目标，以各区域的比较优势与主导产业充分发挥作为主要抓手，在一定程度上摆脱了中国改革开放前发展的低效率陷阱，通过明确各区域的经济发展方向推动整个国民经济发展的增长极，人民群众的生活水平因而得以提升；通过对沿海区域各项财税优惠政策“先行先试”性地倾斜，促进先发区域的持续快速发展，成为经济动力源泉，其示范和扩散效应在一定程度上也带动了中国中部和西部区域的崛起；至 20 世纪 90 年代初，逐步了形成“特区—开放城市—开放城市区—内地中心城市—交通沿线和沿边地带”的多层次、全方位、立体化开放格局，为提升国际竞争力和对接国际市场奠定了良好的基础。

应注意的是，该阶段在分权让利和分灶吃饭等财政包干制度框架下，因属地化税收征管模式导致的地方政府财政隐匿行为、地方税收减免措施的任意

① 中共十二大（1982 年）先是提出“计划为主、市场为辅”的发展经济的原则，十二届三中全会（1984 年）改为“有计划的商品经济”。

性、企业“包盈不包亏”“利改税”后经济主体偷税漏税现象严重[①]等问题，这也使得该时期内中央财政收入流失严重，如中央财政收入占全国财政收入的比重由 1983 年的 35.8%持续降至 1993 年的 22.0%，而全国财政收入占国民生产总值的比值由 1983 年的 22.70%持续降至 1993 年的 12.19%，从而也导致中央财政支出调控的掣肘，如中央财政支出占全国财政支出的比重由 1983 年的 53.9%持续降至 1993 年的 28.3%。同时，20 世纪 80~90 年代地方政府的财政动机和行为，在一定程度上塑造了当代基层政府的行为模式（周飞舟和谭明智，2014）。总之，导致了该时期“弱干强枝”的局面[②]，其财力对比情况具体如图 4.3~图 4.5 所示。

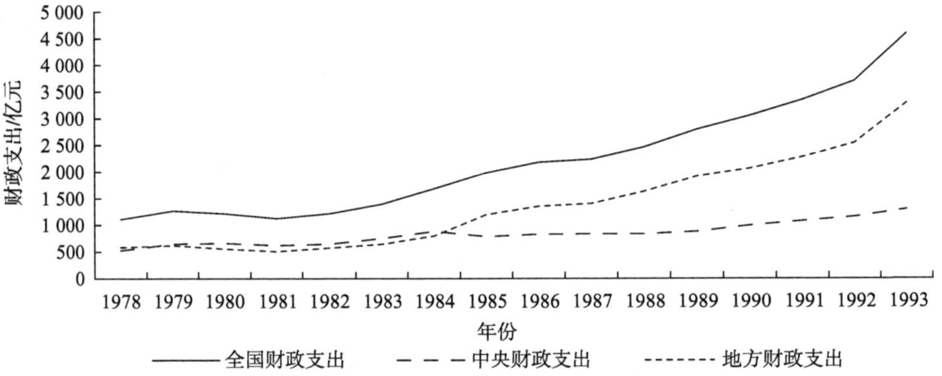

图 4.3 1978~1993 年中国中央和地方财政支出对比图

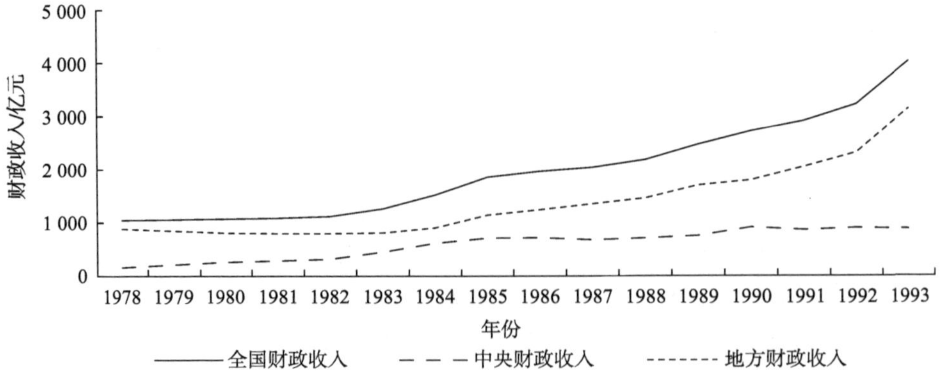

图 4.4 1978~1993 年中国中央和地方财政收入对比图

① 王绍光和胡鞍钢（1993）认为此阶段国有企业漏税率超过 50%，集体企业漏税率超过 60%，个体及私营三类企业漏税率超过 80%，个人收入调节税更是超过 90%。

② 在此情形下财政赤字依然是我国主要财政风险，且有愈演愈烈的趋势，如 1979~1992 年内累计赤字总额为 4 168 亿元，人均负担 356 元，而 1992 年城镇居民家庭人均可支配收入仅为 2 026 元，农村人均纯收入仅为 784 元，财政风险导致中央财政向中央银行大量透支。

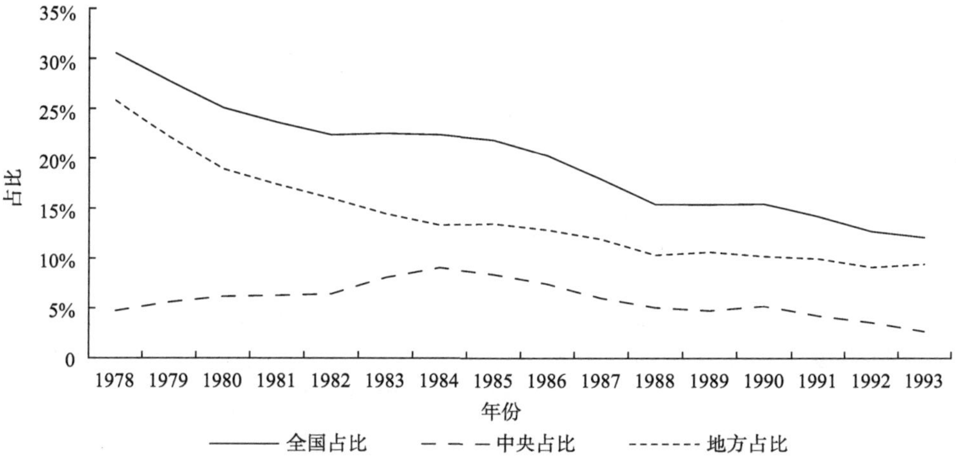

图 4.5　1978~1993 年中国财政收入占 GDP 比重趋势

三、"科学发展观"下区域经济协调发展阶段的财税政策

（一）区域经济协调发展财税政策的背景

转变经济增长方式、进一步解放和发展生产力、兼顾效率与公平成为 20 世纪 90 年代中叶的主要发展导向。1995 年 9 月党的十四届五中全会提出了"坚持区域经济协调发展，逐步缩小地区差异"的区域经济发展的重要任务[①]；1996年 3 月国家"九五"规划确立并用专门篇章阐明"促进区域经济协调发展"的思路，并提出在全国建立 7 个跨省、直辖市、自治区的经济区域[②]；1997 年 9 月党的十五大提出"实施西部大开发，促进地区协调发展"；2003 年 10 月党的十六届三中全会提出"科学发展观"，丰富了区域经济协调发展的内涵；2004 年 9 月党的十六届四中全会提出了"振兴东北老工业基地"的政策要求。

2005 年 10 月党的十六届五中全会提出区域发展总体战略，即东部率先、西部开发、东北振兴、中部崛起和健全区域互动协调机制；2006 年 3 月国家"十一五"规划提出，由调整地区经济布局向兼顾环境承载力和实现公共服务均等化

① 党的十四届五中全会提出：对东部与中西部地区经济发展中的差距扩大问题必须认真对待、正确处理，要用历史的、辩证的观点，认识和处理地区差异问题，一是要看到各个地区发展不平衡是一个长期的历史现象；二是要高度重视和采取有效措施正确解决地区差距问题；三是解决地区差距问题需要一个过程，坚持区域经济协调发展，是今后改革和发展的意向战略任务。以此，"东部与中西部地区的关系"成为社会主义现代化建设中应当正确处理的 12 个重要关系之一。

② 按照市场经济规律、经济内在联系和地理自然特点，在已有经济布局上，以中心城市和交通要道为依托，此 7 个跨省、市、自治区的经济区域包括东北地区、环渤海地区、中部五省、西北五省、长三角及沿江地区、东南沿海地区、西南和华南部分地区。

等方向扩展；2007 年 10 月党的十七大提出，经济发展方式代替经济增长方式，以和谐社会和改善民生为核心；2010 年 12 月《全国主体功能区规划》中提出集中处理区域发展与空间资源环境承载能力的矛盾[①]；2011 年 3 月国家“十二五”规划提出中西部地区培育新的经济增长极等政策要求。

（二）区域经济协调发展财税体制的完善

自 1994 年分税制改革以来，中央财政一方面面临逐年掣肘的局面，另一方面不得不在做出财权回收努力之余继续加大对西部和东北等后发区域的财政转移支付力度，具体体现财税资金分配使用逐步向科学化、规范化方向迈进，如为提高资金分配科学性，中央每年都出台一般性转移支付分配办法，2009 年一般性转移支付更名为均衡性转移支付，凸显均等化目标。

1994 年分税制改革的举措主要包括：按照《国务院关于实行分税制财政管理体制的决定》(国发〔1993〕85 号)，1994 年起中国以“正确处理中央与地方分配关系、合理调节地区之间财力分配、统一政策与分级管理相结合、整体设计与逐步推进相结合”为指导思想，正式开启具有里程碑意义的分税制改革，其核心内容主要包括：按照央地政府之间的事权划分，确定财政支出事权范围，中央财政主要承担国家安全和外交等 14 个方面的支出责任，地方财政承担本地区事业发展等 13 个方面的支出责任；根据事权与财权相结合原则，按税种划分各级政府收入，其中中央固定收入 8 大项、地方固定收入 18 大项，共享收入为增值税、资源税和证券交易税，并建立中央税收和地方税收体系。

随着经济社会发展与改革的不断深化，以分税制为基础，公共财政体制得以确立、完善与深化，1995~2014 年公共财政体制改革的思路主要包括以下三个方面。

（1）预算管理制度的调整与完善。例如，1995 年《中华人民共和国预算法》开始施行。1998 年全国财政工作会议明确提出了构建公共财政体系的目标。2000 年起逐步进行政府预算体系、政府部门预算、国库集中收付、政府采购和预算公开等预算管理制度改革，如逐步明晰政府预算体系，规范财政收入来源及支出总量和结构；逐步建立政府性基金预算、国有资本经营预算和社会保险基金预算制度；推进部门预算改革，实行“一个部门一个预算”并实行“收支两条线”；2011 年开始全面取消预算外资金。

---

① 进入“十一五”后，根据资源环境承载力、现有开发密度和发展潜力，统筹考虑我国未来人口分布、经济布局、国土利用和城镇化格局，从区域功能定位的角度进行区域划分成为我国区域经济发展过程中的重大创新。由此，我国国土空间被划分为优先开发区、重点开发区、限制开发区和禁止开发区 4 类主体功能区，并围绕其定位完善了区域政策和绩效评价，规范空间开发秩序，形成较为合理的空间开发结构。

此外，落实国库集中收付制度改革，逐步建立以单一账户为基础、以国库集中收付为主要形式的资金拨缴国库管理制度，其中财政资金由层层拨转改为直接支付；深化非税收入收缴管理模式改革，推进财税库银横向联网机制建设，健全预算动态监管机制；2003 年颁布实施《政府采购法》，自实行政府采购制度改革以来，政府采购规模由 1998 年 31 亿元持续增至 2014 年的 17 305.34 亿元，占全国财政支出和 GDP 的比重分别由 0.99%和 0.04%持续增至 11.4%和 2.7%，政府采购政策功能不断完善；2011 年开始实行财政预算公开等。

（2）深化税制改革。例如，1994~1997 年补充和调整税收政策，加快税收立法进程，建立了增值税、消费税和出口货物退（免）税制度；1998~2003 年为贯彻积极财政政策，对税制实施结构性调整措施，如调整营业税和所得税、稳步推进税费改革、严格税收管理权限和维护税收秩序等。

2004 年以来，按“简税制、宽税基、低税率、严征管”的原则，进行“营改增”转型、适时调整完善消费税制、统一内外资企业所得税、修订个人所得税法、完成成品油税费改革、完善出口退税制度、开启房产税改革、逐步取消农业税、统一内外资企业和外籍个人的城市维护建设税和教育费附加等。

（3）中央与地方关系的调整与优化。调整政府间收入划分，如调整证券交易印花税和所得税等共享税种的分享比例，推进成品油等税费改革，完善出口退税负担机制，调整政府间支出责任划分。中央财政逐步承担更多的支出责任，缓解了地方尤其是中西部财政困难和地区基层政府的支出压力。

2002 年发布《财政部关于 2002 年一般性转移支付办法》，并对少数民族区域实施转移支付政策，逐步建立转移支付资金稳定增长机制；2003 年提出加快财政转移支付制度建设，强调财力性转移支付；2005 年实行县乡财政解困转移支付政策；2006 年发布《革命老区专项转移支付资金管理办法》，实施农村义务教育经费保障机制改革转移支付；2007 年起推进专项转移支付项目整合，提高转移支付资金规模效益；2009 年开始推进“省直管县”“乡财县管”财政管理体制改革。

此外，2009 年国家将财政转移支付简化为一般性转移支付和专项转移支付；2011 年发布《革命老区转移支付资金管理办法》《国家重点生态功能区转移支付办法》等，中央财政在均衡性转移支付下设国家重点生态功能区转移支付；2013年实施《边境地区转移支付资金管理办法》；2014 年印发《国务院关于改革和完善中央对地方转移支付制度的意见》，提出完善转移支付制度指导思想、原则和措施。

（三）区域经济协调发展财税政策的特点

东部地区率先发展战略是在 2006 年发布的《“十一五”规划纲要》中提出的，而西部大开发、东北老工业基地振兴、中部崛起三个战略分别在 2000 年《关于实施西部大开发若干政策的通知》、2003 年《关于实施东北地区等老工业基地振兴战略的若干意见》和 2004 年中央经济工作会议中首次提出。因此，这里对东部、中部、西部和东北地区四大板块的财税政策予以梳理。

（1）东部地区率先发展财税政策的特点。2006 年国家“十一五”规划中确定了东部地区率先发展的战略部署①。2006~2014 年国家先后批准数十项鼓励东部地区率先发展的方案及规划，主要包括 4 种区域发展规划，如 3 项城市群发展规划②、5 项产业发展规划③、7 项陆海统筹发展规划④和 1 项生态发展规划⑤；5 类具有先试先行权的改革试验区，如区域性自由贸易园区（上海自由贸易试验区等）、金融综合改革试验区（浙江温州、珠海前海、广东三角洲和山东青岛等）、国家综合配套改革试验区（上海浦东、天津滨海和浙江舟山群岛等新区）、国际贸易综合试验区（浙江义乌等）、专题性配套改革试验区（如厦门和汕头等）；多个政策性扶贫区域，如山东沂蒙革命老区、福建革命老区和少数民族地区等。

上述的相关发展方案及规划中涉及的财税政策主要包括：一是完善财税管理体系，探索构建促进先发区域经济一体化进程的财税政策体系和奖惩激励措施；二是完善财力与事权相匹配的机制模式，规范现代化财政预算改革，促进预算编制、执行与监督相互制衡；三是重点加强各级政府对科技创新投入，适当增加经济发展专项资金投入，配套形成包括积水工资标准优惠在内的税收优惠措施；四是调整县乡财政管理模式，合理配置地方政府财力，强化基本公共服务职能；五是加大综合保税区建设的财税优惠力度，如区域内货物进入保税区视同出口，实行退税等；六是完善小额担保贷款的中央财政贴息政策，规范贴息资金专项使用等；七是对重点发展区域的重点行业（如高新技术企业等）实行企业所得税减免等。

（2）促进中部地区崛起财税政策的特点。2004 年中央经济工作会议中首次

---

① “十一五”规划提出：“东部地区要率先提高自主创新能力，率先实现经济结构优化和增长方式转变，率先完善社会主义市场经济体制，在率先发展、改革、转轨和转型中，带动中西部地区发展。”

② 即珠江三角洲地区、长江三角洲地区、京津冀协同发展地区。

③ 即上海建设国际金融中心和国际航运中心、海南国际旅游岛、曹妃甸循环经济示范区、横琴岛和中关村。

④ 即横辽宁沿海经济带、河北沿海地区、山东半岛蓝色经济区、江苏沿海地区、浙江海洋经济发展示范区、海峡西岸经济区和广东海洋经济示范区。

⑤ 即黄河三角洲高效生态经济区。

提出“促进中部崛起”，2005 年党的十六届五中全会明确将中部崛起纳入区域发展总体战略之中，2006 年颁布实施《关于促进中部崛起的若干意见》首次明确规定了促进中部崛起的措施，截至 2014 年国家发展和改革委员会发布《国家发展改革委关于印发晋陕豫黄河金三角区域合作规划的通知》，逐渐形成 5 项重点区域发展规划①、4 个改革试验区②、4 项脱贫攻坚规划③、1 个综合保税区④；主要财税政策见表 4.4。

表4.4　促进中部崛起的相关部署及其财税政策

文件及日期	财税政策主要内容
《中共中央关于制定“十一五”规划的建议》(2005 年)	中部地区要抓好粮食主产区建设，发展有比较优势的能源和制造业，加强基础设施建设，加快建立现代市场体系，在发挥承东启西和产业发展优势中崛起
《国务院关于促进中部地区崛起的若干建议》(2006 年)	建设全国重要的粮食生产基地、能源原材料基地、现代装备制造及高技术产业基地和综合交通运输枢纽，在发挥承东启西和产业发展优势中崛起
《国务院办公厅关于落实中共中央国务院关于促进中部地区崛起若干意见有关政策措施的通知》(2006 年)	完善对种粮农民直接补贴制度，继续安排资金支持良种补贴和农机具购置补贴；加大对农业综合开发、土地整理、中低产田改造、大型商品粮基地建设、旱作农业的投入；加大对农业产业化龙头企业和农民专业合作经济组织的支持力度，落实对内资重点龙头企业从事种植业、养殖业和农林产品初加工业所得暂免征收企业所得税政策；进一步完善扶贫贴息贷款运作模式；积极推行“省直管县”财政管理体制和“乡财县管乡用”财政管理方式的改革试点，加大对财政困难县乡的财政转移支付力度
《国务院办公厅关于中部六省比照实施振兴东北地区等老工业基地和西部大开发有关政策范围的通知》(2007 年)	加大对中部地区 26 个比照城市和 243 个比照县的支持力度，不断充实和调整“两个比照”政策，创新支持方式，拓展支持范围和领域，进一步完善促进中部地区崛起的政策体系；对中部地区经济技术开发区和高新技术开发区公共基础设施项目贷款实施贷款贴息等
《促进中部地区崛起规划》(2009 年)	科学配置各级政府财力，增强地方特别是基层政府提供公共服务的能力。改进专项转移支付资金分配办法，进一步增强资金分配的规范性与透明度
《促进中部地区原材料工业结构调整和优化升级方案》(2009 年)	充分利用财税、投资、信贷、法规等手段，统筹做好各项政策措施衔接落实，适时开展实施效果评估工作；探索企业兼并重组的有效途径和各种方式，妥善解决人员安置、资产划转、债务核定与处置、财税利益分配等关键问题，促进各种资源向优势企业配置
《国务院关于中西部地区承接产业转移的指导意见》(2010 年)	支持中西部地区改善民生和促进基本公共服务均等化，优化产业承接环境；对中西部地区符合条件的国家级经济技术开发区和高新技术开发区公共基础设施项目贷款实施财政贴息；对投资中西部地区国家鼓励类产业和外商投资优势产业的项目，在投资总额内进口的自用设备，按规定免征关税；完善和规范物流企业营业税差额纳税办法

① 主要包括鄱阳湖生态经济区、丹江口库区及上游地区、河南省中原经济区、皖江城市带和晋陕豫黄河金三角。

② 主要包括武汉城市圈和长株潭城市群全国资源节约型和环境友好型社会建设综合配套改革试验区、武汉东湖新技术产业开发区建设国家自主创新示范区、山西省建设国家资源型经济转型综合配套试验区。

③ 主要包括赣南等原中央苏区、吕梁山片区、大别山片区和罗霄山片区。

④ 即合肥综合保税区。

续表

文件及日期	财税政策主要内容
《国务院关于大力实施促进中部地区崛起战略的若干意见》(2012 年)	不断完善粮食直补和农资综合补贴政策，继续实施良种补贴，加大农机具购置补贴力度，建立农业关键技术补贴制度；加大中央预算内投资和专项建设资金投入，在重大项目规划布局、审批核准、资金安排等方面对中部地区给予适当倾斜；鼓励新安江、东江流域上下游生态保护与受益区之间开展横向生态环境补偿
《国家发展改革委关于印发2013 年促进中部地区崛起工作要点的通知》(2013 年)	继续实施湿地保护工程，开展湿地保护补偿工作；加快发展金融保险业，鼓励中外资金融公司到中部地区设立营业机构，加快发展民营金融机构和面向小微企业、“三农”的中小金融机构，引导金融机构支持中部地区新兴产业创业投资发展；继续落实好种粮直补、农资综合补贴、良种补贴、测土配方施肥和防灾减灾稳产增产关键技术补助等政策，加大对产粮（油）大县的奖励力度
《国家发展改革委关于印发晋陕豫黄河金三角区域合作规划的通知》(2014 年)	对跨省区的重要产业转移承接项目、产业合作项目给予引导和扶持；支持由三省和四市共同筹集专项资金，设立区域合作发展基金，并积极引入社会资本，重点用于跨区域基础设施建设、生态建设与环境治理、公共服务体系建设、产业协作等合作共建项目，协调解决合作中的区际利益关系，推动区域一体化发展

资料来源：根据国家各部委网站整理

根据以上对促进中部崛起的财税政策归纳，其特点主要包括：一是强调各级财力配置的科学性，强化对县级财政的转移支付，资金向“三农”(特别是粮食主产区)、资源转型产业、基础设施建设和科教文卫等领域倾斜，建立财力事权相匹配的县级财政稳定增长长效机制；二是突出中央财政预算内投资与项目贷款财政贴息政策的作用，尤其是对中部国家级高新技术和经济开发区内的投资项目；三是逐步形成流转税差额纳税办法，扩大对高新技术企业的所得税减免优惠力度与范围；四是加强跨省域的财税政策协调机制，如引入合作发展基金等保障合作共建项目顺利开展；五是调整和优化财政支出结构，完善生态补偿机制和绿色政府采购政策等。

(3) 促进西部大开发财税政策的特点。为推进实施西部大开发战略，国家先后制定了《国务院关于实施西部大开发若干政策措施的通知》(2000年)、《西部地区人才开发十年规划》(2002 年)、《“十五”西部开发总体规划》(2002年)、《关于促进西部地区特色优势产业发展的意见》(2006 年)和《西部大开发“十二五”规划》(2012 年)等规划措施，逐步形成了以点带面和以线串点的发展模式，主要包括 5 个开放型经济试验区或保税港区[①]、5

① 具体包括广西钦州保税港区、重庆两江新区保税港区、宁夏内陆开放型经济试验区、山西国家资源型经济转型综合配套区和重庆、成都城乡综合配套改革试验区。

个国家级新区[①]、5 个沿边特殊开放区[②]、6 个一体化重点发展区域[③]和 7 个扶贫特殊困难区域[④]。面对西部地区社会经济发展起点低、路径依赖较为严重、过度向中心城市集聚而扩散效应缺失等问题，促进西部大开发的财税政策的着力点是通过产业倾斜和投资引导进行路径创造[⑤]以缩小其与先发区域的经济差距、保障重大基础设施项目的建设[⑥]、维持生态可持续性和边疆稳定性等。

在诸多规划中，逐步形成了对西部地区给予特殊照顾的财税政策，其特点主要包括：一是在西部率先实施天然气和石油等资源税制改革，如 2011 年起对西部区域重点鼓励类产业减按 15%的税率征收企业所得税；二是注重援疆、援青和援藏对口帮扶政策，如推进落实先发区域对口支援西部地区人才培训、颁布实施《兴边富民行动规划（2011~2015）》《扶持人口较少民族发展规划（2011–2015）》；三是逐步完善矿产资源补偿费分配关系和生态补偿机制，加大对生态公益林的补偿力度并对试点市、县构建奖惩体系，优化转移支付系数计算方式和提高生态建设支出标准，加大对重要生态功能区均衡性转移支付规模，建立资源型企业可持续发展准备金制度；四是强化科研成果转化的财政金融扶持政策，创造区域创新环境；五是加大利用外资税收优惠政策力度；六是鼓励边贸产业健康发展，如 2009~2015 年对定点生产企业销售自产的边销茶免征增值税等；七是加大对边境区域经济发展的财税优惠力度，如对生产少数民族特需商品等的鼓励类牧区企业减按 15%缴纳企业所得税。

（4）促进东北振兴财税政策的特点。2003 年国家正式实行东北地区等老工业基地振兴战略，现已出台的相关政策多达 40 余项，如《关于实施东北地区等老工业基地振兴战略的若干意见》（2003 年）、关于印发《东北地区扩大增值税抵扣范围若干问题的规定》的通知（2004 年）《东北振兴“十

① 具体包括四川天府新区、甘肃兰州新区、重庆两江新区、陕西西咸新区和贵安新区。

② 具体包括新疆霍尔果斯口岸、喀什边贸口岸、广西东兴、云南瑞丽、内蒙古满洲里开放试验区，以对接中巴经济走廊、孟中印缅经济走廊和中哈毗邻合作经济区。

③ 具体包括广西北部湾经济区、关中—天水经济区、成渝经济区、包呼银榆经济区、天山北坡经济带和黔中经济区。

④ 具体包括武陵山区、乌蒙山区、六盘山区、滇桂黔石漠化区、秦巴山区、滇西边境山区及大兴安岭南麓山区。

⑤ 路径依赖（path dependence）与路径创造（path creation）主要区别如下：前者往往是自发产生，而后者受到经济主体策略性行动的掌控；前者产生的结果是在没有外生于系统的冲击情况下，可能“锁定”在特定的路径或结果上，而后者所产的结果是可能锁定，但这是在更大的结构化过程中的暂时稳定状态，而其内生性力量能够打破。

⑥ 如青藏铁路、南水北调、西气东输和西电东送等。

二五”规划》(2012年)、《国务院关于黑龙江省“两大平原”现代农业综合配套改革试验总体方案的批复》(2013 年)等。截至 2014 年，东北老工业地区初步形成了“两带三圈”[①]区域空间格局，具体包括：6 个重点发展区域[②]、3 个改革试验区[③]、2 个开放区[④]和 1 个攻坚扶贫区[⑤]。针对东北地区由于经济结构性和经济体制性双重衰退而陷入的发展困境，振兴东北老工业基地的着力点是破除资源枯竭和转型路径障碍、解决国有企业下岗职工再就业与创业难题、发展现代农业生产体系、减轻地方政府财政负担和提升产业竞争力等。

按照中央和地方实施的相关财税政策，其特点主要包括：一是加大企业所得税优惠力度，如对东北老工业基地企业投资的无形资产在现有规定折旧和摊销年限的基础上进一步缩短摊销和折旧年限，对符合规定的关闭或停产企业的历史欠税予以豁免；二是形成财政转移支付稳定增长机制，如逐年加大对农业主产区和重点生态功能区的财政转移支付规模，提高财政对农村公共事业的保障水平；三是通过推进资源税费改革，优化资源型产品的价格机制；四是提升对就业援助的保障能力，如重点突出对零就业家庭帮扶和救助，推进城乡基本公共服务均等化；五是强化生态资源补偿机制，如在大小兴安岭建立与行政体制相配套的特色型财政体制，优化财政支出结构。

四、新发展理念下区域协调发展战略阶段的财税政策

(一)区域协调发展战略财税政策的背景

2015 年 10 月习近平总书记在党的十八届五中全会提出“创新、协调、绿色、开放、共享”的新发展理念，将协调发展的重点定位于促进城乡区域协调发展，从“把创新摆在国家发展全局的核心位置”等论断来看，新发展理念是新时代区域协调发展的统领。2016 年 3 月国家“十三五”规划明确在坚持区域发展

---

① 具体包括沿边对外开放带和辽宁沿海经济带；沈阳都市圈、长吉都市圈和哈大齐—哈牡绥都市圈。通过“两带三圈”重点经济区发展，强化区域增长极的辐射带动作用，推进东北地区经济一体化进程，并把沿海沿边开放和境外资源开发、区域经济合作、承接国内外产业转移结合起来，形成东北三省全面推进东北亚区域经济合作的局面。

② 具体包括松花江、辽河和海河流域、黑瞎子岛保护与开放开发区域、辽宁沿海经济带、图们江合作开发区域、大小兴安岭生态林区、东北与俄罗斯远东联邦及东西伯利亚合作区域。

③ 具体包括沈阳经济区新型工业化综合配套改革试验区、黑龙江“两大平原”现代农业综合配套改革试验区和大连金普区。

④ 具体包括绥芬河综合保税区和图们江(珲春)国际合作示范区。

⑤ 即大兴安岭南麓片区。

总体战略基础上，“以‘一带一路’建设、京津冀协同发展、长江经济带发展为引领”，形成沿海沿江沿线经济带为主的横纵向经济轴带，促进区域协调协同共同发展，以统筹国际国内两个市场、先发地区引领转型升级。

2017 年 10 月党的十九大确立了中国特色社会主义进入新时代，提出了“实施区域协调发展战略”。支持老少边贫地区加快发展，西部强化举措、大开发形成新格局，东北深化改革、加快老工业基地振兴，中部发挥优势、推动崛起，东部创新引领、率先实现优化发展等。截至 2017 年 12 月国家批准了一批地方性区域发展战略或规划，如浦东新区等 19 个国家级战略新区（副省级）、长江三角洲等 288 个（至 2018 年 3 月）沿海经济开放区、219 个经济技术开发区和 159 个高新技术产业开发区，并赋予其较为开放、灵活的体制。

（二）区域协调发展战略财税政策的内容

其基本思路是在国家治理体系结构下，清除财税政策创新的障碍，开拓由利益共享走向共同富裕的新路径。财税政策的内容主要包括：根据地区间财力差异状况，调整完善中央对地方一般性转移支付办法，加大均衡性转移支付力度，在充分考虑地区间支出成本因素和切实增强中西部地区自我发展能力的基础上，将常住人口人均财政支出差异控制在合理区间；缩小地区间收入差距，促进基本公共服务均等化，保障区域居民公平发展权利；加强宏观经济政策统筹协调，兼顾资源优势互补和生态环境补偿、产业结构优化和产业转移，实现区域经济共同体间利益协调；更好地发挥政府作用，理顺跨区域经济建设项目管理的财权与事权关系，有效弥补市场失灵与不足；建立区域间分工网络，畅通生产要素流转机制，提高宏观经济效率，具体政策内容见表 4.5 和表 4.6。

表4.5　区域经济协调发展战略国家层面的财政转移支付政策

相关文件	区域协调发展财政转移支付政策的主要内容
2015 年相关文件如下：3 月《2015 年政府工作报告》；3 月《推动共建丝绸之路经济带和 21 世纪海上丝绸之路的愿景与行动》；4 月《京津冀协同发展规划纲要》；9 月《中央对地方专项转移支付绩效目标管理暂行办法》；12 月《中央对地方专项转移支付管理办法》等	（1）建立财政转移支付与市民化挂钩机制，合理分担农民工市民化成本 （2）明确区域绩效目标，设定绩效标准，完善财政专项转移支付保留、整合、调整和退出机制 （3）增加公共服务供给，从解决人民最关心最直接最现实的利益问题入手，提高公共服务供给能力和共享水平，加大对革命老区、民族地区、边疆地区、贫困地区的转移支付力度 （4）按事权和支出责任划分，财政专项转移支付分为委托类、共担类、引导类、救济类、应急类五类

续表

相关文件	区域协调发展财政转移支付政策的主要内容
2016年相关文件如下：3月《2016年政府工作报告》；3月《国民经济和社会发展第十三个五年规划纲要》；3月《长江经济带发展规划纲要》；4月《关于全面振兴东北地区等老工业基地的若干意见》；9月《普惠金融发展专项资金管理办法》；9月《关于推进山水林田湖生态保护修复工作的通知》；11月《东北振兴“十三五”规划》；12月《关于农业综合开发项目实行“先建后补”的意见》；12月《关于加快建立流域上下游横向生态保护补偿机制的指导意见》；12月《促进中部地区崛起规划（2016-2025年）》；12月《国务院关于印发“十三五”促进民族地区和人口较少民族发展规划的通知》等	（1）进一步压缩中央专项转移支付规模，2016 年一般性转移支付规模增长12.2% （2）优化财政支出结构，修正不可持续支出政策，建立库款管理与转移支付资金调度挂钩机制 （3）健全转移支付与农业转移人口市民化挂钩机制，建立城镇建设用地增加规模、财政资金对城市基础设施补贴数额与吸纳农业转移人口落户数量挂钩机制 （4）强化生态环境保护，提升生态安全屏障功能。健全资金长期稳定渠道，继续加大转移支付和政府投资力度 （5）加大对农产品主产区和重点生态功能区的转移支付力度，建立健全区域流域横向生态补偿机制 （6）地方各级财政部门应当逐步探索建立普惠金融指标体系，对辖区内普惠金融发展状况进行科学评价，为完善专项资金管理制度提供决策参考 （7）实行先建后补是农业综合开发资金和项目管理工作的创新，有利于优化资金和项目管理程序、确保财政资金安全 （8）中央财政将择机对生态重要性高、实施效果好、跨区域开展的山水林田湖生态保护修复试点工程进行奖补 （9）中央财政对跨省流域上下游横向生态保护补偿给予支持，对达成补偿协议的重点流域给予财政奖励等 （10）中央财政加大对东北地区一般性转移支付、社保、教育和保障性住房等支持力度；完善粮食主产区利益补偿机制等
2017年相关文件如下：1月《关于切实做好2017年基本民生支出保障工作的通知》；3月《2017年政府工作报告》；3月《中央财政专项扶贫资金管理办法》；4月《关于修订<农业资源及生态保护补助资金管理办法>的通知》；7月《中央财政县级基本财力保障机制奖补资金管理办法》；8月《中央对地方重点生态功能区转移支付办法》等	（1）一般性转移支付要优先保障基本民生支出，中央财政继续增加阶段性财力补助规模等 （2）财政预算安排要突出重点、有保有压，加大力度补短板、惠民生，地方一般性转移支付规模增长9.5%等 （3）坚持资金使用精准，将资金使用与建档立卡结果相衔接，与脱贫成效相挂钩，切实使资金惠及贫困人口 （4）农业资源及生态保护补助资金可采取直接补助、政府购买服务、贴息、先建后补、以奖代补、资产折股量化和设立基金等方式 （5）省级财政部门负责制定本地区县级基本财力保障机制奖补政策，加大对下转移支付力度。重点生态功能区应补助额=重点补助+禁止开发补助+引导性补助+生态护林员补助±奖惩资金
2018年相关文件如下：3月《2018年政府工作报告》和《国务院办公厅关于印发跨省域补充耕地国家统筹管理办法和城乡建设用地增减挂钩节余指标跨省域调剂管理办法的通知》；10月《财政部贯彻落实实施乡村振兴战略的意见》；11月《关于贯彻落实<中共中央国务院关于全面实施预算绩效管理的意见>的通知》；11月《关于建立更加有效的区域协调发展新机制的意见》等	（1）强化对深度贫困地区支持，中央财政新增扶贫投入及有关转移支付向深度贫困地区倾斜相关政策 （2）扶贫项目资金绩效目标应作为预算安排的重要依据，并细化量化为绩效指标，主要包括数量、质量、时效和成本 （3）跨省域补充耕地资金全部用于巩固脱贫攻坚成果和支持实施乡村振兴战略 （4）加快实现本级政策和项目、对下共同事权分类分档转移支付和专项转移支付绩效目标管理全覆盖，加快设立部门和单位整体绩效目标 （5）中央和省级财政加大对贫困地区的一般性转移支付力度，如中央财政专项扶贫资金、教育医疗保障等转移支付、重点生态功能区转移支付、农村危房改造补助资金和县级基本财力保障机制奖补资金等进一步向深度贫困地区倾斜

续表

相关文件	区域协调发展财政转移支付政策的主要内容
2019 年相关文件如下：3 月《2019 年政府工作报告》等	中央对地方均衡性转移支付增长 10.9%；改革完善县级基本财力保障机制，缓解困难地区财政运转压力

注：此部分政策内容并非该阶段所有转移支付政策变迁及其内容，如 2018 年中央对工业企业结构调整专项奖补资金管理政策等内容并未纳入本表

表4.6　国家层面主要的特殊性区域税收优惠政策

相关文件	特殊性区域税收优惠政策的主要内容
《财政部 国家税务总局关于推广中关村国家自主创新示范区税收试点政策有关问题的通知》（财税〔2015〕62 号）	注册在示范地区的有限合伙制创业投资企业采取股权投资方式投资于未上市的中小高新技术企业 2 年（24 个月）以上的，该有限合伙制创业投资企业的法人合伙人可按照其对未上市中小高新技术企业投资额的 70%抵扣该法人合伙人从该有限合伙制创业投资企业分得的应纳税所得额，当年不足抵扣的，可以在以后纳税年度结转抵扣；注册在示范地区的居民企业在一个纳税年度内，转让技术的所有权或 5 年以上（含 5 年）许可使用权取得的所得不超过 500 万元的部分，免征企业所得税；超过 500 万元的部分，减半征收企业所得税
《中华人民共和国企业所得税法》	民族自治地方的自治机关对本民族自治地方的企业应缴纳的企业所得税中属于地方分享的部分，可以决定减征或者免征。自治州、自治县决定减征或者免征的，须报省、自治区、直辖市人民政府批准
《财政部 税务总局关于粤港澳大湾区个人所得税优惠政策的通知》（财税〔2019〕31 号）	广东省、深圳市按内地与香港个人所得税税负差额，对在大湾区工作的境外（含港澳台，下同）高端人才和紧缺人才给予补贴，该补贴免征个人所得税
《海关总署关于支持综合保税区开展保税研发业务公告》（海关总署公告 2019 年第 27 号）	区内企业具备以下条件的，可开展保税研发业务： （一）经国家有关部门或综保区行政管理机构批准开展保税研发业务； （二）海关认定的企业信用状况为一般信用及以上； （三）具备开展保税研发业务所需的场所和设备，能够对研发料件和研发成品实行专门管理
《关于“十三五”期间中西部地区国际性展会留购展品免征进口关税的通知》（财关税〔2016〕21 号）	对中国—东盟博览会（简称东盟博览会）、中国—吉林·东北亚投资贸易博览会（简称吉林·东北亚博览会）、中国—俄罗斯博览会（简称中俄博览会）、中国—阿拉伯国家博览会（简称中阿博览会）、中国—南亚博览会暨中国昆明进出口商品交易会（简称南亚博览会）、中国（青海）藏毯国际展览会（简称藏毯展览会）、中国（湖南）国际矿物宝石博览会（简称矿物宝石博览会），在展期内销售的合理数量的进口展品（国家禁止进口商品、濒危动植物及其产品和国家规定不予减免税的 20 种商品及汽车除外）免征进口关税，进口环节增值税和消费税照章征收
《国家税务总局关于内蒙古自治区呼准鄂铁路防火隔离带适用耕地占用税优惠政策的批复》（税总函〔2017〕332 号）	按照国家保护铁路安全有关规定，内蒙古自治区呼准鄂铁路项目按照《铁路工程设计防火规范》要求，在通过林区和草原重点防火区时，于铁路主线两侧设置的防火隔离带依照《中华人民共和国耕地占用税暂行条例》第九条第一款执行，减按每平方米 2 元的税额征收耕地占用税

续表

相关文件	特殊性区域税收优惠政策的主要内容
《财政部 税务总局关于实施小微企业普惠性税收减免政策的通知》(财税〔2019〕13 号)	由省、自治区、直辖市人民政府根据本地区实际情况，以及宏观调控需要确定，对增值税小规模纳税人可以在 50%的税额幅度内减征资源税、城市维护建设税、房产税、城镇土地使用税、印花税（不含证券交易印花税）、耕地占用税和教育费附加、地方教育附加；增值税小规模纳税人已依法享受资源税、城市维护建设税、房产税、城镇土地使用税、印花税、耕地占用税、教育费附加、地方教育附加其他优惠政策的，可叠加享受本通知第三条规定的优惠政策
《财政部 税务总局关于继续实行农村饮水安全工程税收优惠政策的公告》（财政部税务总局公告 2019 年第 67 号）	对饮水工程运营管理单位自用的生产、办公用房产、土地，免征房产税、城镇土地使用税

注：根据资料整理

（三）区域协调发展战略财税政策的特点

根据上述国家层面的财税政策内容，可总结出新时代区域协调发展战略财税政策特征主要包括：一是财税政策融合性增强，区域间相互融通补充，如以京津冀城市群发展带动环渤海地区协同发展；二是政策的可持续性、差别化增强，如在统筹发达欠发达地区时，注重“输血”“造血”功能相结合，激发区域发展自身动力，建立健全长效普惠性的扶持机制和精准有效的差别化财税支持机制，而区域差别的政策也提高了其精确性和准确性；三是政策的全面性、科学性、协作性增强，现行政策的范围涉及了财政、产业、土地等多方面，建立事前、事中和事后评估与调整退出机制，注重与宏观政策的协调配合。

第二节　经济协调发展的区域财税政策

一、东部地区经济发展的财税政策

东部地区实施以专项转移支付为主，一般性转移支付为辅的财政转移支付政策，重点服务于中央的特定政策目标，如实施以财政补贴和财政补助为主要形式的专项转移支付和税收优惠政策支持雄安新区、北京城市副中心建设、天津市自贸区和海南省自贸区（港）等地区建设，并辅助实施促进基本公共服务均等化的一般性转移支付政策。其具体内容包括以下六个方面。

（一）扩大环境容量和生态空间的财税政策

2017 年中央财政安排 160 亿元专项资金治理京津冀等地大气污染；加大财政对高原生态防护区、京津保地区、燕山—太行山生态涵养区和湖泊湿地恢复的扶持力度；在推进长江经济带发展中，注重建设沿江绿色生态廊道，财政投资保障长江防护林体系建设等重大生态修复工程，加强长江流域灾害防治、重点生态功能区修复；设立长江湿地保护基金，构建生态保护和补偿机制，形成跨区域生态保护联动机制。

（二）支持天津自贸区建设的财税政策

2015 年天津自贸区增值税可享受最高比例的地方财政留成，企业所得税享受双重减免，个人独资、合伙企业享受个税核定征收；注册资本 1 亿（含）~5 亿元，给予 500 万元奖励，5 亿（含）~10 亿元，给予 1 000 万元奖励，10（含）亿元以上，1 500 万元一次性补贴；对新引进注册资本、增资规模 10 亿元（含）以上的融资租赁企业的高管，一次性住房（租房）补贴 20 万元/人；对融资租赁企业购入新区先进装备制造企业生产的设备和飞机船舶，分别按照合同金额的 0.5%、1%给予补贴，新购入船舶和飞机，给予登记费 100%补贴。

（三）支持雄安新区建设的财税政策

河北省雄安新区于 2017 年成立，政府将区级财政的 80%部分用于扶持企业发展。例如，对区内注册区外经营类企业年纳税 20 万元以上的，给予 5 万元资金扶持；租赁厂房类企业，年纳税 10 万元以上的，给予 5 万元资金扶持；购低类企业，取得国有土地使用证后，给予 10 万元资金扶持；每 100 万元税收最高节税金额：增值税为 50 万元，企业所得税和个人所得税分别为 40 万元。

（四）深圳科技创新中心建设的财税政策

自 2016 年 12 月 5 日起至 2019 年 12 月 4 日，内地个人投资者通过沪港通转让个人所得暂免征收个人所得税；内地居民企业持有 H 股满 12 个月免征企业所得税；2016 年对首次入选“世界 500 强”“中国 500 强”的企业分别给予 3 000 万元、1 000 万元奖励；市国资设立 1 500 亿元的混合型并购基金，推动国企并购重组；市政府设立 300 亿~500 亿元的重大产业发展基金，支持企业扩产增效；符合规定的工业企业，自技术改造项目完工下一年起连续 3 年内，财政预算安排事后奖补激励；企业融资租赁购入先进设备，按照不超过租赁利息的 5%给予财政补贴。

（五）支持海南自贸区（港）建设的财政补贴

2018 年《关于支持海南全面深化改革开放的指导意见》明确以现有自由贸易试验区试点内容为主，建设中国（海南）自由贸易试验区，中央财政给予海南省每年 100 亿元补助，补助期限为 5 年。此外，还规定了一系列人才、住房、租房等财政补贴办法。

（六）优化上海市产业结构的财税政策

2017 年 3 月《上海市产业结构调整专项补助办法》中规定：2016 年 1 月 1 日至 2020 年 12 月 31 日对符合规定的产业结构调整项目给予补助，单个重点调整项目所属企业累计获得补助额，最高不得超过 5 000 万元；2018 年为促进文化创意产业发展，通过贷款贴息、无偿资助等方式提供财政扶持资金等。

二、中部地区经济发展的财税政策

中部地区财税政策中，专项财政转移支付政策的比重明显高于一般性转移支付政策。地区以全面服务和落实中央的政策要求为目标，但因中央宏观政策导向性，中部 6 省财政和税收政策表现出明显的地区非均衡性，如以河南省为核心的淮河流域享受到了较多的专项财政转移支付，按照《长江三角洲城市群发展规划安徽实施方案》（2016 年）和《新十年中部崛起规划》（2016 年）等方案、规划及政策相关规定，中部地区经济发展财税政策具体可概括为以下六个方面。

（一）打造中部“一带一路”交通枢纽的财税政策

加大财政支持加快建设贯通南北、连接东西的现代立体交通和物流体系，培育壮大沿江沿线城市群和都市圈增长极，如建设长株潭城际铁路，组成了长株潭城市群，并成为湖南省经济发展的核心增长极。计划分别投资 585 亿元和 547 亿元建设长赣高铁和郑济高铁，以加速中部地区崛起。

（二）促进中部城市群发展的财税政策

2016 年《长江三角洲城市群发展规划》中明确建设合肥都市圈。通过对年度信息技术服务收入达到 200 万元、300 万元和 500 万元的企业，分别给予 10 万元、15 万元和 20 万元的一次性奖励；金融机构对符合条件的物联网、大数据和软件企业给予信贷支持；给予不超过项目固定资产投资总额 30%的 3 年贷款贴息等政策支持智慧城市、动漫基地、物联网基地和电子商务基地建设。

（三）推进航空港经济综合实验区建设的财税政策

2013 年郑州设立首个国家级航空港经济实验区，2016 年被国务院列为全国首批“大众创业、万众创新”示范基地。涉及的财税政策主要包括：对年主营业务收入首次超过 10 亿元和 50 亿元的战略性新兴产业企业，分别一次性给予 100 万元和 500 万元奖励；港区对新注册的创投机构，按实际租用办公场地给予最多 300 平方米、3 年内 100%的房租补贴，按引进金融机构的不同类别给予 200 万元至 1 000 万元奖补，对主板（含海外上市）、“新三板”、区域性股权交易市场上市或挂牌的企业分别给予 300 万元、50 万元和 10 万元奖励等。

（四）支持淮河生态经济带建设的财政转移支付政策

2018 年国务院批复了《淮河生态经济带发展规划》，提出加大建立流域生态文明建设示范带、特色产业创新发展带、新型城镇化示范带和中东部合作发展先行区的财政转移支付力度；出台支持发展城市圈（群）的财政转移支付政策，如根据国家发展和改革委员会 2016 年的合肥都市圈规划，提出在生态补偿财政补助的基础上，给予推进都市圈生态协调发展的企业以财政补贴和税收优惠等。

（五）支持自由贸易区建设的财税政策

2017 年《国务院关于印发中国（河南）自由贸易试验区总体方案的通知》中的财税政策主要包括：设立“支持自贸区和跨境电商发展专项资金”，加快建设“单一窗口”综合服务、综合园区、人才培养和企业孵化平台等三大平台和七大体系；发展总部经济，对新设于自贸区的金融机构总部给予不超过 800 万元的经费补助；对实行债务融资的企业，给予不超过实际发行金额 0.1%的发行费补贴；自贸区内每年境外发债额度稳定在 5 000 万美元以上的企业，在年度发债总额度内均可自发外债。

（六）支持河南省建设中原经济区的财税政策

2018 年河南省对 1 088 家企业 2017 年的研发费用投入共计约 7.01 亿元的补助，企业研发投入总额达 142.4 亿元，同比增长 19.7%，大大提高了企业研发创新投入的积极性；2019 年更是提前下达郑州市（县）企业研发财政补助专项资金 4 亿元。

三、西部地区经济发展的财税政策

西部地区财税政策呈现出“以税收优惠政策为主导、一般性转移支付和专项转移支付并重”的格局，其中一般性转移支付比重高于东部和中部地区，以弥补西部地区财力缺口，促进基本公共服务均等化的实现。中央实施积极的民族地区转移支付政策，促进西部少数民族地区和边疆地区的经济发展和社会建设，缩小与东中部的经济发展差距。其内容主要包括以下五个方面。

（一）振兴革命老区的财税政策

加大财政投入以支持革命老区交通、电信等基础设施建设，大幅提升基本公共服务水平，强化生态建设和环境保护；通过专款贴息引导信贷资金投入红色旅游，拓宽红色旅游融资渠道，向公益性的爱国主义教育基地、博物馆捐款享受公益性捐赠企业所得税优惠等。

（二）推动少数民族地区发展的财税政策

充分考虑民族地区低收入人口、交通状况等方面的公共支出成本差异，加大中央财政投入力度，完善一般性转移支付增长长效机制，一般性转移支付资金和相关专项转移支付资金进一步倾斜；深化对口支援，加强资金和项目预算管理，科学开展绩效综合考核评价。

（三）推进边疆地区发展的财税政策

加大财政转移支付力度，缩小沿边重点区域的财政收支缺口，加快落实区域间基本公共服务均等化的目标要求；强化中央专项资金的扶持能力，以沿边重点地区作为中央专项扶持资金的重点投入对象；完善差别性财政补助政策体系，取消连片特困区域和县及以下区域的市级财政资金配套要求；继续加大税收优惠力度，进口国内不能生产的自用设备继续免征关税。

（四）成渝、长江中游、中原、关中平原等城市群发展的财税政策

2018 年四川省实施了《支持军民融合科技创新和产业发展的财税政策措施》明确规定：支持省内军民融合企业研发应用“首台套”最高可获 500 万元奖励，其融资每年最高可获得 500 万元贴息；符合条件的军民融合企业和旅游业给予税收优惠；通过财政补贴、税收优惠推进重庆、四川自贸区建设等。

（五）“一带一路”促进新陕等地经济发展的财税政策

对“走出去”的企业在增值税免税及零税率、出口退税、所得税抵免及税收协定等方面实施优惠政策；财政投资促进基础设施建设，如中欧班列助推重庆成为开放前沿；通过财政补贴、奖励和税收优惠等促进陕西自贸区建设；预算保障“一带一路”陕西省特色商品博览会专项业务经费；为“走出去”企业及个人开

具《中国税收居民身份证明》，便于企业和个人在国外享受税收协定优惠等。

四、东北地区经济发展的财税政策

东北地区财税政策以财政补贴和税收优惠为主，致力于促进资源型城市转型、老旧城区改造和沉陷区治理，推进沿边重点开发开放试验区、黑龙江中俄自由贸易区、辽宁自贸区、跨境经济合作示范区等国家重点战略建设，其内容主要包括以下五个方面。

（一）振兴东北“十三五”规划中的财税政策

加大税收优惠力度，深化国企改革，如对符合条件的股权、资产收购等重组业务实行递延纳税、改制上市的评估增值，暂不缴纳企业所得税；通过税收优惠、财政补贴等政策优惠大力发展民营经济；强化创新创业财税政策，发挥财政资金引导作用，鼓励企业加大研发投入；广泛运用财政后补助、间接投入等方式，提高财政资金效益；给予农机农膜税收优惠和财政补贴等。

（二）大庆、双鸭山等资源枯竭城市转型的财税政策

相关中央预算内投资和中央财政专项转移支付继续倾斜；政府提供中小企业产业转型、矿区修复等基础设施建设工程融资贷款支持；通过财政补贴、税收优惠促进国家重点项目建设、自身优势产业发展；预算安排专项资金与中央下拨资源枯竭城市财力性转移相配套；加大财政支持老旧城区改造、沉陷区治理等重大民生工程建设。

（三）黑龙江对接“一带一路”的财税政策

财政支持黑龙江交通基础设施建设；预算安排支持办好“中俄博览会”“哈洽会”等大型展会，完善对外开放合作园区体系；通过税收优惠、财政补贴建设黑龙江中俄自由贸易区、沿边重点开发开放试验区、跨境经济合作示范区和面向欧亚物流枢纽区等。

（四）促进吉林省经济发展的财税政策

实行促进吉林省企业发展的财政贴息奖励政策，如对年销售收入首次超过10亿元、20亿元和50亿元的民营工业企业给予年度新增贷款利息不超过50%比例贴息支持，对首次入选“中国民营企业500强”的企业给予一次性奖励；对创新创业人才给予资金补贴等。

（五）支持辽宁沿海经济带发展的财税政策

2016 年设立辽宁自贸区，通过税收优惠、财政补贴等政策促进了辽宁经济发展；沈阳市通过 14 项奖励政策推动先进制造业发展，如设立 0.5%、1%和1.5%三档奖励机制，提高了融资租赁等行业快速发展的积极性。

第三节 区域发展财税政策的实证分析

一、财税政策效应的空间计量

财税政策作为产业结构调整的重要影响因素，其在产业结构升级的过程中主要通过财政收支等方面的政策发挥对产业结构的机制性调控作用。财税政策影响地方产业结构调整的效应，主要从财政分权制度、财政收支政策和倾斜性产业支持政策等方面以政府干预的方式，提升区域市场主体的技术性偏好。财政分权制度背景下的地方政府过度竞争行为也可能导致对市场主体的过度干预与资源浪费，从而导致财政支出“挤出”企业和个人投资，且过分强调地方财政收入会加重市场主体的交易成本，不利于产业结构升级进程的推进，因而需充分分析产业结构调整的财税政策效应。

（一）空间计量指标选取

为进一步分析产业结构调整的财税政策效应，我们在考虑空间维度的地理邻近性和时间维度的动态性基础上，通过度量三次产业等相关指标的 Moran’s I 指数来考察三次产业的空间相关特征。度量指标的具体设定如下。

（1）产业结构调整（IS）：$\sum_{i=1}^{n}\mathrm{IS}_{ij}=\mathrm{GDP}_i/\mathrm{GDP}_j$，代表 i 产业增加值占地区生产总值 j 的比重，其中 $n=3$。

（2）财政支出规模（FE）：财政支出占当年地区生产总值比重。

（3）财政收入规模（FR）：财政收入占当年地区生产总值比重。

（4）财政收入分权程度（Fd_1）：省级财政收入与全国财政收入之比表示。

（5）财政支出分权程度（Fd_2）：省级财政支出与全国财政支出之比表示。

（6）人力资本水平（HC）：普通本专科学校预计毕业生数，并取对数。

（7）外商直接投资水平（FDI）：选取外商投资企业投资总额，并取对数。

（8）固定资产投资水平（IFA）：采用固定资产投资占地区生产总值的比重。

（9）地区的城市化水平（UI）：采取城镇人口占总人口的比重。

通过建立标准化空间权重矩阵，对 2007~2018 年中国 31 个省、自治区和直辖市三个产业增加值等指标的 Moran's I 指数进行检验，可知各变量均在不同指数上呈现出不同程度的空间相关性。其中，计算得出各指标的 Moran's I 指数值见表 4.7。

表4.7　各指标的 Moran's I 指数值

年份	IS_1	IS_2	IS_3	FE	FR
2007	0.099	0.212^{**}	0.163^{*}	0.104	0.200^{**}
2008	0.126	0.206^{**}	0.165^{*}	0.029	0.193^{**}
2009	0.137	0.206^{**}	0.175^{**}	0.035	0.198^{**}
2010	0.131	0.204^{**}	0.188^{**}	0.038	0.191^{**}
2011	0.112	0.201^{**}	0.193^{**}	0.068	0.173^{*}
2012	0.097	0.200^{**}	0.191^{**}	0.078	0.184^{**}
2013	0.098	0.204^{**}	0.184^{**}	0.072	0.188^{**}
2014	0.104	0.206^{**}	0.184^{**}	0.082	0.188^{**}
2015	0.110	0.216^{**}	0.186^{**}	0.084	0.205^{**}
2016	0.115	0.236^{**}	0.198^{**}	0.091	0.212^{**}
2017	0.187^{**}	0.076	0.086	0.443^{***}	0.038
2018	0.129^{*}	0.148^{*}	0.177	0.087	0.194^{**}

*、**、***代表 0.05、0.01、0.001 的显著性水平

由表 4.7 可知：各变量在总体上呈现出较为明显的空间正相关特征，其中第一产业结构调整和财政支出规模的 Moran's I 指数值显著性不高，与其他变量一致呈现出空间正相关特征；第一、二产业的空间自相关性在时间趋势上呈现不同程度的倒“U”形特征，第三产业的空间自相关性在时间趋势上呈现不同程度的年度增长趋势。因此，进一步构建空间杜宾模型（spatial dubin model，SDM）考察三次产业结构调整过程中的财税政策效应。

将模型设定为

$$y_{it} = \rho \boldsymbol{W}_i y_t + \boldsymbol{\beta} X_{it} + \boldsymbol{W}_i X_t \theta + \mu_i + \varepsilon_{it}$$

其中，ρ 为空间回归系数，反映相邻地区观测值对本区域观测值的影响方向和程度，体现相邻地区产业结构调整的加权累积，刻画地区间产业结构调整的相互作用；$\boldsymbol{W}_i$ 为空间权重矩阵 $\boldsymbol{W}$ 的第 i 行；$\boldsymbol{\beta}$ 为回归系数向量，反映自变量对因变量的影响；$\boldsymbol{W}_i X_t \theta$ 为来自邻居自变量的影响，θ 为系数变量；ε_{it} 为随机误差项，

且 $\varepsilon_{it} \sim \mathrm{N}\left(0,\sigma^2 I_n\right)$，$i$ 、t 分别为截面单元和时间趋势。

（二）空间计量回归分析

为保证检验结果稳健可靠，采用标准化邻接权重、地理距离权重和经济距离权重矩阵进行回归，并对比分析不同权重设置下对估计结果的影响差异。

（1）第一产业的空间计量回归分析。第一产业的空间计量回归结果，如表 4.8 所示。

表4.8 第一产业结构调整模型回归结果

项目	SDM（标准化邻接权重）	SDM（地理距离权重）	SDM（经济距离权重）
FE	0.206 4	0.091 9	0.078 3
FR	−0.156 4	$-0.272\ 9^{**}$	$-0.276\ 3^{*}$
Fd_1	0.003 3	−0.000 4	−0.000 3
Fd_2	−0.038 6	−0.134 9	−0.012 0
lnHC	−0.002 7	$-0.021\ 5^{*}$	$-0.017\ 8^{*}$
lnFDI	$0.010\ 8^{***}$	0.007 0	0.006 2
IFA	0.009 4	0.003 6	0.003 8
UI	−0.034 2	$-0.171\ 5^{***}$	$-0.151\ 3^{***}$
cons	0.081 8	$0.203\ 2^{***}$	$0.175\ 1^{***}$
rho	0.125 4	−0.002 4	−54.247 3

*、**、***代表 0.05、0.01、0.001 的显著性水平

基于标准化邻接权重矩阵、地理距离权重矩阵和经济距离权重矩阵的空间计量结果可知，标准化邻接权重矩阵的空间自回归系数为正，而地理距离和经济距离的空间权重矩阵的空间自回归系数为负，表明第一产业结构调整与相邻地区产业结构升级之间存在空间依赖关系。综合三个权重的回归结果可知，由于地理邻近性和经济发展水平相似性，区域间第一产业合作的基础能力尚未得到加强，阻碍了第一产业结构调整在区域间的策略互动。

由表 4.8 可知：地方财政支出规模与第一产业结构调整正相关，说明财政支出政策效应会作用于地方第一产业结构的优化升级；而地方财政收入规模与第一产业结构调整负相关，说明过度强调财政收入会延缓第一产业发展。

（2）第二产业的空间计量回归分析。为全面分析产业结构调整的财税政策效应，对第二产业相关变量进行回归分析，得出的结果见表 4.9。

表4.9　第二产业结构调整模型回归结果

项目	SDM（标准化邻接权重）	SDM（地理距离权重）	SDM（经济距离权重）
FE	−1.367 8***	−1.152 6***	−0.108 6***
FR	1.241 6**	1.355 5***	1.083 9**
Fd_1	−0.364 5***	−0.396 3***	−0.353 0***
Fd_2	0.398 2***	0.405 4***	0.372 5***
lnHC	0.021 8	0.405 9***	0.044 2**
lnFDI	0.005 9	−0.003 3	−0.000 9
IFA	0.026 0	0.004 3	−0.000 4
UI	−0.331 6***	−0.226 1**	−0.253 6**
cons	0.549 8***	0.433 4***	0.486 4***
rho	0.188 6**	0.014 5*	20.290 6

*、**、***代表 0.05、0.01、0.001 的显著性水平

由表 4.9 可知：三个空间权重的自回归系数均为正，标准化邻接权重与地理距离权重矩阵的自回归系数回归结果显著，第二产业结构调整与相邻地区产业结构升级之间存在空间正相关，区域间第二产业结构调整存在着相互溢出的影响关系，第二产业相关要素产业间流动性较强，促进了产业结构调整与转型发展的区域模仿效应和策略性竞争效应；地方财政支出规模与第二产业结构调整表现为负相关，反映了财政支出对第二产业的过多投入造成了资源浪费；地方财政收入规模与第二产业结构调整表现为正相关，说明加大对第二产业财政收入规模会促进产业流动性并强化产业竞争，从而促进第二产业的市场化与产业结构调整。

（3）第三产业的空间计量回归分析。对第三产业相关变量回归分析，其结果见表 4.10。

表4.10　第三产业结构调整模型回归结果

项目	SDM（标准化邻接权重）	SDM（地理距离权重）	SDM（经济距离权重）
FE	1.182 5***	1.086 4***	1.078 5***
FR	−1.011 6**	−1.100 5***	−0.864 0**
Fd_1	0.375 1***	0.411 2***	0.383 9***
Fd_2	−0.363 8***	−0.394 9***	−0.375 4***
lnHC	0.015 3	−0.029 0***	−0.033 1***
lnFDI	−0.012 3	−0.005 3	−0.006 8
IFA	−0.055 4**	−0.016 2	−0.014 8

续表

项目	SDM（标准化邻接权重）	SDM（地理距离权重）	SDM（经济距离权重）
UI	0.464 7***	0.446 1***	0.455 0***
cons	0.311 5***	0.359 6***	0.348 0***
rho	0.263 0***	0.016 3	50.354 4*

*、**、***代表 0.05、0.01、0.001 的显著性水平

根据空间计量回归结果，可知三个空间权重的自回归系数均为正，且标准化邻接空间权重与经济距离空间权重的自回归系数回归结果显著，表明第三产业结构调整与相邻地区产业结构升级之间存在空间正相关关系，可知区域间第二产业的结构调整存在着相互溢出的影响关系，且第二产业信息技术的交流与沟通在产业间的互动作用较强，从而进一步强化了知识技术的创新与溢出效应，促进了第三产业结构的调整与优化升级。

由表 4.10 可知，地方财政支出规模与第三产业结构调整正相关，说明目前加大对第三产业的财政支出会促进第三产业结构调整，从而进一步强化第三产业在产业结构优化升级过程中的技术创新与信息溢出；而地方财政收入规模与第三产业结构调整负相关，说明加大对第三产业的财政收入规模会阻碍第三产业结构优化升级，进而在竞争性策略互动下产生负外部性。

（三）空间计量结论分析

综合而言，财税政策促进了第二、三产业的结构调整在区域策略互动过程中的相互溢出，从而强化了区域间的产业协作和信息沟通，而目前第一产业由于其地缘特殊性和区域竞争过程中形成的壁垒，以致第一产业结构调整的反向溢出。财税政策效应会通过财政收支规模的扩大与缩小而作用于产业结构的调整与优化升级，且财政支出的政策效应会促进第一和第三产业的结构调整与发展，而却不利于第二产业的优化升级，而财政收入的政策效应会促进第二产业的策略竞争与市场化互动，但却不利于第一和第三产业的结构调整。在产业结构调整过程中，应强化第一和第三产业的财政支出效用，调整第二产业的财政支出规模，适当放宽第一和第三产业的财政收入政策，调整第二产业的财政收入规模，以最大限度减少地方政府在投入过程中的资源浪费、优化产业结构、促进产业转型和提高地方政府治理能力。

二、财税政策效应的双重差分

财税激励是典型的政策变化与激励方法，目前学界对政策变化的评估一般采

用双重差分模型，该模型基本思路是构造由政策变化后的实验组与其他不受政策变化影响的对照组，在控制其他因素不变的前提下，通过比较对照组与政策变化之后的实验组之间的差异，从而来检验激励政策实施的效果。

（一）"营改增"政策效应的双重差分分析

（1）模型构建。2012 年初进行"营改增"政策试点，并于年末全面实施，但征税和收入统计发生于年末，其政策改革效果在当年就能体现，故将 2012 年实行新一轮财税改革的省域作为实验组，记为 T；将没有实行新一轮财税改革的省域作为对照组，记为 C。采用双重差分模型的基本设定为

$$Y_{it} = \beta_0 + a_1 \text{Treat}_{it} + a_2 \text{Time}_{it} + a_3 \text{Treat}_{it} \times \text{Time}_{it} + u_{it}$$

具体模型设定为

$$Y_{it} = \beta_0 + \sum_k \beta_k X_{kit} a_1 \text{Treat}_{it} + a_2 \text{Time}_{it} + a_3 \text{Treat}_{it} \times \text{Time}_{it} + u_{it}$$

（2）变量说明。采用 Y_{it} 为被解释变量，Treat_{it} 和 Time_{it} 为两个政策的虚拟变量，Treat_{it} 为用于区分实验组与对照组的政策虚拟变量，$\text{Treat}_{it}=1$ 为实验组，即在试点范围内的省级地区，否则为对照组；同理，Time_{it} 用于区分政策发生时间的先后，$\text{Time}_{it}=1$，表明该省处于政策改革当年和之后，否则该省处于政策实施之前；$\text{Treat}_{it} \times \text{Time}_{it}$ 为实验组与时间的交叉项，表示新一轮财税改革政策；u_{it} 为不可观测的个体特征。

交叉项系数 a_3 是本章研究最重要的变量，反映了"营改增"等新一轮财税改革对经济增长的效应，a_3 的系数为正，表明"营改增"政策实施对经济增长具有促进的作用，反之则有负作用。

（3）指标选取。主要包括：区域经济发展水平及规模（人均地区生产总值）、"营改增"等改革政策（Treat×Time），虚拟变量如下：实验组织（Treat_{it}）、改革时间（Time_{it}），人力资本（HC）；公共支出（PE）；外商直接投资水平（FDI）；固定资产投资水平（IFA）；城市土地面积扩张程度（ULE）；交通密度（DT）；农副产业水平（ASIL）；金融发展水平（FDL）；城市化水平（UL）；人口密度（DP）等指标。

（4）评估结果。选取的数据来自 2008~2018 年《中国统计年鉴》的 30 个省份（西藏因为相关数据不全可得或完全不可得而未能包括在本研究的样本中）。由于 2012 年 1 月 1 日开始实施"营改增"政策等新一轮财税改革，根据前文变量设置，以 2012 年实施"营改增"改革的省份作为实验组，其余省份作为对照组进行双重差分模拟评估。所得出的评估结果见表 4.11。

表4.11 财税激励效果双重差分回归结果

项目	系数	标准差	T值
Treated × Time	10 800.83***	2 416.40	4.47
Treat	−6 199.04***	1 802.15	−3.44
Time	8 669.26***	1 480.33	5.86
HC	−135.01*	79.57	−1.70
PE	12.32**	6.12	2.01
FDI	0.010 5	0.006 6	1.59
IFA	1 197.63	3 155.69	0.38
ULE	5 025 707***	1 931 926	2.60
DT	−1 615.84	2 314.15	−0.70
ASIL	2.07***	6 348.70	−3.64
FDL	−1 530.88	2 235.22	−0.68
UL	110 564***	7 112.84	15.54
DP	−46 159.78***	17 292.14	−2.67

*、**、***代表 0.05、0.01、0.001 的显著性水平

在对财税激励效果的双重差分模拟评估与回归的过程中，先行处理效应回归，得出互动项系数和 p 值在 5%水平上显著。引入其他解释变量回归后的回归结果由表 4.11 可知，交互项的回归结果为 10 800.83，p 值在 0.001 的水平上高度显著。通过检验实验组与对照组的均值，结果表明变量人均地区生产总值的均值在两组间有显著差异，可知财税激励效果对区域经济水平与规模的提升产生了显著影响。

（5）结果分析。通过双重差分模拟评估回归，可知在引入其他解释变量后交互项对区域经济增长与水平的贡献更为精确且更为显著，财税激励政策对人均地区生产总值的增长贡献达到 10 800.83，在 0.001 的水平高度显著为正，说明 2012 年实行“营改增”等财税激励政策的试点省份，其对代表区域经济发展水平与规模的人均地区生产总值增长具有积极贡献，即 2012 年以后实行的财税激励政策更加顺应了区域经济发展要求且相较 2012 年以前效果显著。

以“营改增”为代表的财税激励政策改革在后发区域不同省份的分层推进所引起的自然实验充分评估了财税激励政策实施对中国区域经济发展水平与规模的影响，在加入解释变量后，财税激励政策交互项的回归结果更为显著，说明在中国经济进入新常态后，面临经济下行压力较大和区域发展差异扩大等压力的背景下，实施“营改增”等一系列财税激励政策对人均地区生产总值的提高与区域

经济发展水平的提升具有显著的促进作用，实现了财税激励政策的初衷。

（二）财政转移支付政策效应的双重差分分析

（1）指标选取。主要包括：区域经济发展水平及规模（人均地区生产总值），财税改革政策（Treat×Time），虚拟变量：实验组（$Treat_{it}$）、改革时间（$Time_{it}$）；地区转移支付（TP）；地区一般财政转移支付（TP_1）；地区专项转移支付（TP_2）；地区经济发展水平和规模指标（地区生产总值）；人力资本指标（HC）；公共支出指标（PE）；外商直接投资水平（FDI）；固定资产投资水平（IFA）；固定资产投资水平（IFA）；农副产业水平（ASIL）。选取的数据来自 2008~2018 年《中国统计年鉴》。

（2）结果评估。所得出的评估结果见表 4.12。

表4.12 财政转移支付双重差分回归结果

项目	系数	标准差	T 值
Treated×Time	−3.721 6	3.442 1	−1.08
Treat	−4.977 7*	2.764 6	−1.80
Time	157.048 7***	15.817 9	9.93
地区生产总值	−0.008 5***	0.002 4	−3.50
HC	6.122 0*	3.216 2	1.90
PE	2.490 8***	0.295 4	8.43
FDI	−0.002 3***	0.000 3	−7.42
IFA	−105.111 7	160.608 6	−0.65
ASIL	925.012 9	392.062 8	2.36
cons	−314 979.5***	31 631.72	−9.96

*、***代表 0.05、0.001 的显著性水平

（3）互动项系数。先进行处理效应回归，得出互动项系数再引入其他解释变量回归后的回归结果由表 4.12 可知，交互项的回归结果为−3.721 6。财税改革及新一轮财税政策对转移支付的贡献为−3.721 6，其结果并不显著，说明新一轮财税改革的试点省份降低了财政转移支付的规模。2012 年以来，中国地方在配合中央政策的实施过程中一直处于探索和调整阶段，随着减税红利的不断释放，稳增长与区域效率公平的政策导向更加顺应了转移支付和区域经济的发展要求。财税激励政策改革在后发区域不同省份的分层推进所引起的自然实验因处于实践初期与探索阶段，尚不能充分评估财税激励政策实施对中国转移支付发展水平与规模的影响，在面临经济下行压力较大与区域发展差异扩大的趋势下，实施新一

轮财税改革抑制了转移支付规模的增长。

（4）政策效应评估。为进一步分析财政转移支付在财税改革背景下的特征，并评估一般财政转移支付政策的效果，现引入一般转移支付和专项转移支付进行政策效应评估，所得结果见表 4.13。

表4.13　一般转移支付双重差分回归结果

项目	系数	标准差	*T* 值
Treated×Time	−1.273 8	1.913 8	−0.67
Treat	−3.557 2**	1.556 7	−2.29
Time	106.675***	9.436 6	11.30
地区生产总值	−0.005 1***	0.001 4	−3.64
HC	2.974 6	1.883 8	1.58
PE	1.422 5***	0.172 9	8.22
FDI	−0.001 3***	0.000 2	−7.09
IFA	−90.900 7	93.346 7	−0.97
ASIL	516.869 2**	233.887 1	2.21
cons	−214 027.1***	18 875.29	−11.34

、*代表 0.01、0.001 的显著性水平

由表 4.13 可知，财税政策对一般转移支付的互动项系数为−1.273 8，即可知新一轮财税改革对区域一般财政转移支付规模的提升存在负面影响，且地方经济水平和外商投资水平的提高会降低一般转移支付的规模，而人力资本水平和公共支出水平的提高会增加一般转移支付的规模。其对专项财政转移支付的政策影响评估见表 4.14。

表4.14　专项转移支付双重差分回归结果

项目	系数	标准差	*T* 值
Treated×Time	−2.553 8	1.786 7	−1.43
Treat	−1.419 8	1.591 2	−0.89
Time	57.530 7***	7.194 3	8.00
地区生产总值	−0.003 3***	0.001 1	−3.02
HC	2.883 3*	1.615 8	1.78
PE	1.063 8***	0.134 4	7.92
FDI	−0.001 0***	0.000 1	−7.16

续表

项目	系数	标准差	T值
IFA	22.789 6	75.640 2	0.30
ASIL	299.193 1*	164.521 8	1.82
cons	−115 376.4***	14 389.05	−8.02

*、***代表 0.05、0.001 的显著性水平

由表 4.14 可知：财税政策对专项转移支付的互动项系数为−2.553 8，即新一轮财税改革对区域专项财政转移支付规模的提升同样存在负面影响，且地方经济水平和规模与地区外商投资水平的提高会降低一般财政转移支付的规模，而人力资本水平、公共支出水平和农副产业水平的提高会增加一般财政转移支付的规模。与一般财政转移支付不同的是，固定资产投资水平降低了一般财政转移支付的规模，而增加了专项财政转移支付的规模。

三、财税政策效应的聚类比较

（一）截面聚类指标的选取

不同指标的选取会对聚类分析结果产生不同的影响，以区域转移支付为例，分析财税政策的协调效应，基本思路如下：对比 31 个省级区域转移支付水平与受转移支付水平影响的区域经济发展指标聚类分析，此处为总结性结论，即根据地区本来转移支付水平在第几类地区、转移支付不在内的经济发展水平与转移支付在内的经济发展水平对比，分析出受转移支付影响下，区域经济发展水平掉到了第几类地区，从而分析转移支付对地方区域经济发展水平的影响。本书选定 7 项代表性指标进行模型分析，具体内容如下。

（1）地区转移支付（TP）：选取中央对地方税收返还和转移支付地区决算数据，反映各省级区域转移支付水平。

（2）地区经济发展水平和规模指标（地区生产总值）：选取地方的人均地区生产总值，反映各省级区域经济社会发展的总体状况和一般水平。

（3）人力资本指标（HC）：选取普通本专科学校预计毕业生数，反映各省级区域人力资本的状况和一般水平。

（4）公共支出指标（PE）：选取地方财政一般公共服务支出，反映各省级区域财政支出情况和基本公共服务水平。

（5）外商直接投资水平（FDI）：选取外商投资企业投资总额，反映各省级区域外商直接投资状况。

（6）固定资产投资水平（IFA），用固定资产投资占地区生产总值的比重表示，反映各省级区域固定资产资金投入情况。

（7）农副产业水平（ASIL），用地区农林牧副渔总产值占地区生产总值的比重表示，反映各省级区域农副产业发展状况。具体见表 4.15。

表4.15　2018年31个省级区域相关指标情况表

编号	地区	TP/亿元	地区生产总值/亿元	HC/万人	PE/亿元	FDI/亿美元	IFA	ASIL
1	北京	1 009.52	140 211	15.589 1	512.40	5 477	29.88%	0.98%
2	天津	603.75	120 711	14.355 0	231.06	2 906	60.86%	2.08%
3	河北	3 199.75	47 772	36.619 4	712.40	1 087	98.21%	15.85%
4	山西	1 804.30	45 328	21.499 6	362.60	630	38.90%	8.68%
5	内蒙古	2 627.37	68 302	13.100 3	355.98	449	87.06%	17.27%
6	辽宁	2 464.04	58 008	26.881 3	423.03	3 775	28.52%	16.05%
7	吉林	2 124.90	55 611	17.731 4	308.88	490	88.89%	14.49%
8	黑龙江	3 073.50	43 274	19.962 2	307.61	427	71.01%	34.37%
9	上海	851.40	134 982	14.389 7	367.16	8 849	23.66%	0.89%
10	江苏	1 778.14	115 168	51.385 0	1 124.06	10 560	62.04%	22.07%
11	浙江	1 185.95	98 643	29.701 1	875.33	4 458	61.23%	5.62%
12	安徽	3 082.80	47 712	32.790 3	506.13	1 130	108.35%	15.57%
13	福建	1 304.15	91 197	21.194 1	429.47	2 787	82.08%	11.81%
14	江西	2 460.80	47 434	30.667 8	525.27	877	110.39%	14.32%
15	山东	2 869.47	76 267	59.288 7	943.35	3 452	76.00%	12.29%
16	河南	4 298.76	50 152	60.684 6	972.55	1 054	99.87%	16.14%
17	湖北	3 170.76	66 616	39.536 8	739.21	1 423	90.99%	15.77%
18	湖南	3 493.43	52 949	37.265 5	797.30	1 832	94.27%	14.72%
19	广东	1 763.17	86 412	54.661 9	1 556.29	19 235	42.10%	6.49%
20	广西	2 860.52	41 489	24.905 1	527.25	627	110.67%	24.12%
21	海南	830.50	51 955	5.291 1	139.49	928	95.11%	31.78%
22	重庆	1 808.65	65 933	21.076 3	322.02	1 107	90.28%	10.08%
23	四川	4 816.21	48 883	42.464 6	897.00	1 256	86.27%	17.69%
24	贵州	2 968.17	41 244	17.890 6	496.47	453	114.50%	24.45%
25	云南	3 239.39	37 136	20.240 2	643.28	544	115.63%	22.98%
26	西藏	1 635.27	43 398	1.007 1	283.04	260	146.80%	13.23%
27	陕西	2 475.70	63 477	30.304 4	490.33	1 188	150.70%	13.26%
28	甘肃	2 502.94	31 336	12.716 5	339.05	236	108.77%	20.12%
29	青海	1 231.10	47 689	1.968 8	132.58	79	78.12%	14.17%

续表

编号	地区	TP/亿元	地区生产总值/亿元	HC/万人	PE/亿元	FDI/亿美元	IFA	ASIL
30	宁夏	861.50	54 094	3.347 0	91.31	185	147.96%	18.72%
31	新疆	1 009.52	49 475	9.157 7	459.11	212	108.27%	29.82%

资料来源：根据《中国统计年鉴 2019》整理得出

（二）聚类分析计算及结果

本书利用最短距离法，即一个群中所有个体与另一群中所有个体间距离的最小，对上述指标 2018 年统计数据进行聚类分析。最短距离计算公式为

$$D_{pq} = \min_{x_i \in G_p, y_i \in G_q} d_{ij}$$

其中，x_i 为群 G_p 中任一个体；y_i 为群 G_q 中任一个体；d_{ij} 为个体间距离；D_{pq} 为群之间的距离。

（1）转移支付聚类状况。经过上述聚类计算，得出的转移支付水平树状聚类情况和 31 个省级区域发展的树状聚类情况，分别如图 4.6 和图 4.7 所示。

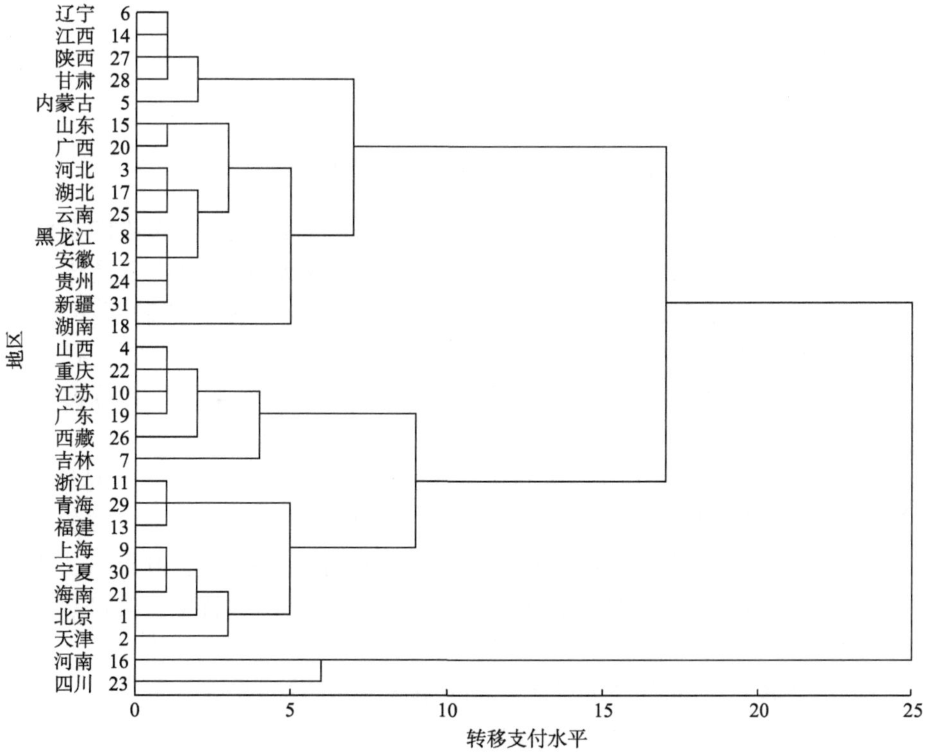

图 4.6　转移支付水平树状聚类情况

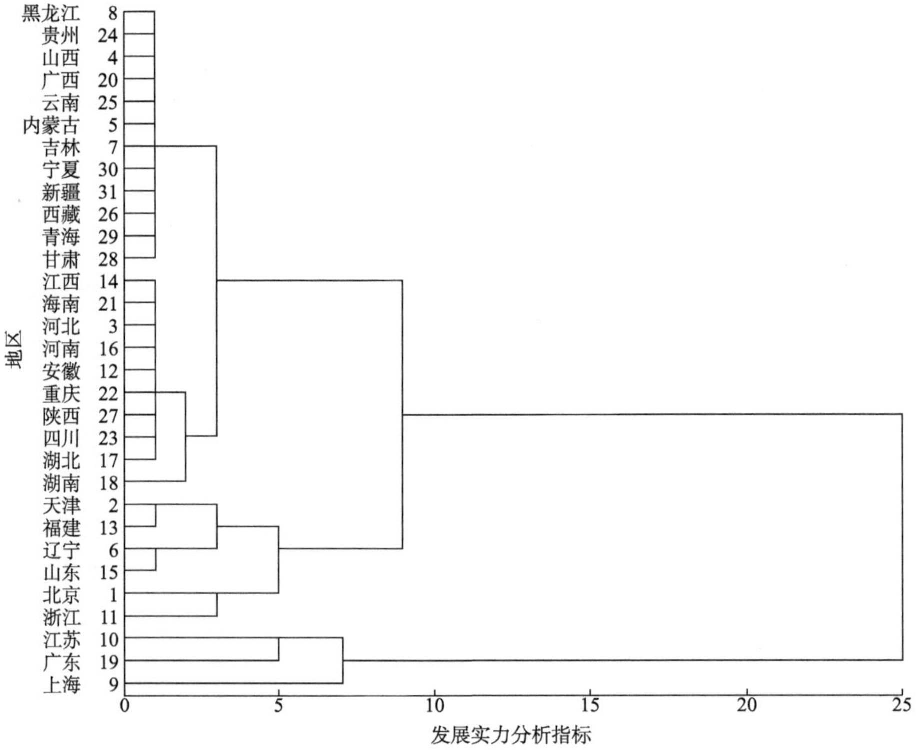

图 4.7　31 个省级区域发展的树状聚类图

由图 4.6 可知，以河南为起点，大体可将 31 个省级区域的转移支付水平划分为 5 类：一是川豫 2 个一类省域，其转移支付水平最强；二是津京琼宁沪闽青浙 8 个二类省域，其转移支付水平较高；三是吉藏粤苏渝晋 6 个三类省域，其转移支付水平居中；四是湘新黔皖黑滇鄂冀桂鲁 10 个四类省域，其转移支付水平处于中下水平；五是蒙甘陕赣辽 5 个五类省域，其转移支付水平最差。

由图 4.7 可知：以样本 1 为起点，将 31 个省域划分为 4 类：一是沪粤苏 3 个一类省域的发展实力分析指标最强；二是浙京鲁辽闽津 6 个二类省域的发展实力分析指标次之；三是湘鄂川陕渝皖豫冀琼赣 10 个三类省域，其经济实力分析指标有待提高；四是甘青藏新宁吉蒙滇桂晋黔黑 12 个四类省域，其经济实力分析指标较差。

（2）排除转移支付后聚类状况。剔除转移支付指标并进行聚类分析，得出的不受转移支付水平影响的省域发展水平聚类分析结果如图 4.8 所示。

由图 4.8 可知：31 个省级区域可划分为 6 类：一是苏津沪京 4 个一类省域经济实力分析指标最强；二是粤闽浙 3 个二类省域的经济实力分析指标次之；三

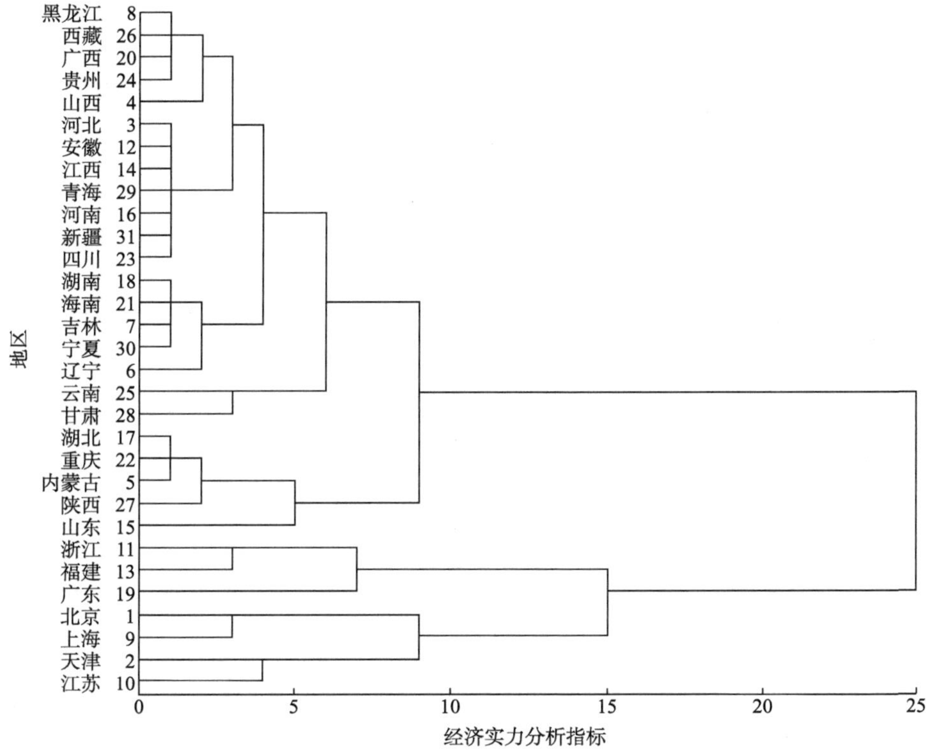

图 4.8　剔除转移支付政策影响的省级区域发展水平树状聚类情况

是鲁陕蒙渝鄂 5 个三类省域的经济实力分析指标有待提高；四是甘滇辽宁吉琼湘 7 个四类省域的经济实力分析指标较差；五是川新豫青赣皖冀 7 个五类省域的经济实力分析指标差；六是晋黔桂藏黑 5 个六类省域的经济实力分析指标很差。

为进一步分析受转移支付影响下的区域间经济发展相关指标的差异与协调程度，利用最短距离法，对上述包含转移支付在内的相关指标统计数据进行聚类分析。具体结果如图 4.9 所示。

由图 4.9 可知：大致可将 31 个省域划分为 6 类：一是苏津沪京 4 个一类省域；二是粤闽浙 3 个二类省域；三是鲁陕蒙渝鄂 5 个三类省域；四是甘辽琼湘宁吉 6 个四类省域；五是滇藏黑桂黔 5 个五类省域；六是新川豫晋青赣皖冀 8 个六类省域。

总体来看，在考虑有无财政转移支付政策影响的情况下，聚类结果的调整幅度不大，其中一类、二类和三类省域聚类结果未发生改变，原四级省域中滇跌至五级省域；原五级省域中冀皖赣青豫新川跌至六级省域；原六级省域中的黑藏桂黔回归五级省域。原由此可以看出：现行财政转移支付政策整体绩效不彰，但对后发省域尤其是黑藏桂黔等后发地区的发展激励效应相对比较明显。

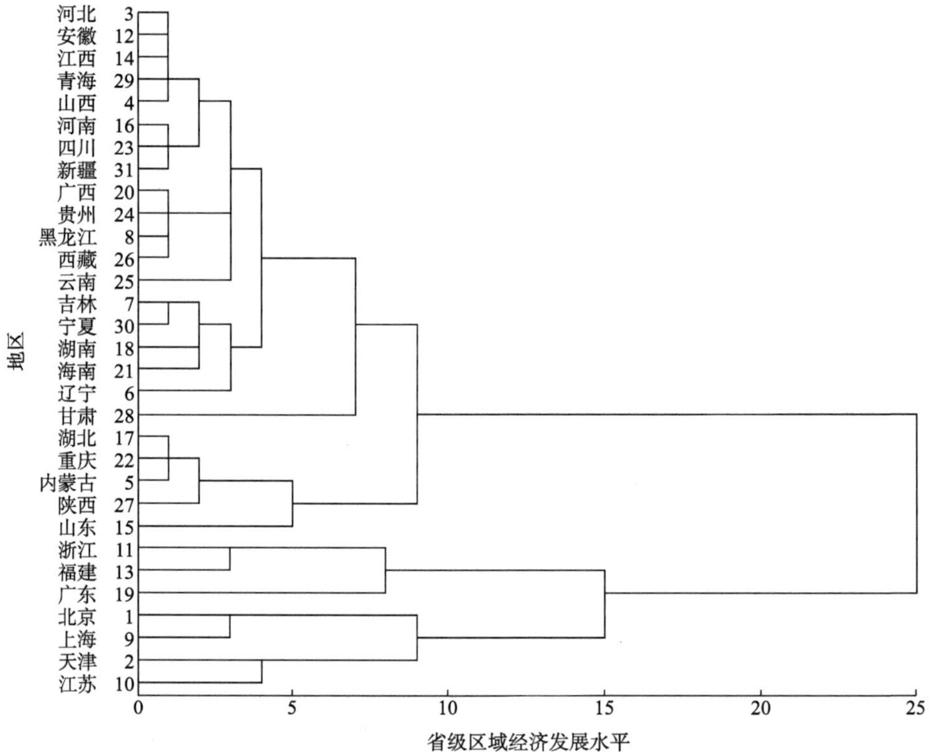

图 4.9 转移支付政策影响下的省级区域经济发展水平树状聚类图

第五章　创新区域经济协调发展财税政策的策略

本章运用空间计量模型测度的方法，揭示地方政策效率的空间分布特征及区域模仿策略，从介绍国外财税政策的情况、顺应新时代财税价值体系转向和厘清四大板块差别化财税逻辑等方面，提出了区域经济协调发展财税政策的总体策略。

第一节　国外财税政策

一、机构权责体系

成立专门机构或跨区域组织以统筹区域发展事项、增进区域利益共识和凝聚区域发展合力等，这是其制定或实施区域经济协调发展政策的重要出发点。

（一）美国的组织机构权责

作为世界上最早实施区域经济协调发展政策的国家之一，美国针对国内 7 个集中连片落后区域，设立了田纳西河流域管理局[①]和南部地区全国计划小组委员会。20 世纪 60 年代初，美国成立地区再开发管理局[②]，继而在其基础上建立经

---

① 田纳西河流域管理局的主要职能是领导、组织和管理田纳西和密西西比河中下游一带水利的综合开发与利用，以推进该片区工农业发展。

② 美国地区再开发管理局隶属商务部，其职责是进行全国发展困难区域经济发展规划的制定，对持续失业率过高（12 个月持续失业率至少为 6%）和人均收入水平过低的困难区域及再开发区提供公共项目贷款、投资补助和保障工商业发展机会平等。

济开发署[①]，并相继在地方组建阿巴拉契亚区域委员会[②]等州级开发委员会，此外在各地也专门成立旨在促进当地经济发展的管理机构，如加利福尼亚州经济战略小组等，在全国层面设立全国援助计划执行董事机构，主要负责援助项目的筛选和执行[③]。其中，阿巴拉契亚区域委员会等跨区域组织主要负责地方公路网等基本公共项目建设和公共服务的供给；经济开发署主要负责向地方公共机构进行援助，以促进地方基础设施和经济发展条件的不断完善。

（二）法国的组织机构权责

法国为有效落实缩小区域发展差距问题的国家计划[④]，组建国土整治与区域行动评议议会，负责协调地区整顿和治理；在国家计划署下成立国土整治全国委员会，作为智库性质的组织主要任务是对区域发展差异进行研究，并向政府提供远景规划建议，同时还设立城郊整治常设部际机构；地方政府则是积极构建地区计划委员会，并通过签署国家—地区经济发展合同等方式争取国家资金分配优先权和协调区域经济发展目标，需要强调的是，法国中央向地方的扶持资金由国家专员进行监督实施，并由国土政治部际委员会负责检查。

（三）加拿大的组织机构权责

加拿大基于其自身区域经济发展布局，构建了层级明晰的组织机构，专门负责区域发展规划的统筹与实施，如在国会建立西部大发展委员会和东部资源开发委员会；联邦政府在东、中和西部等地区设立 5 个区域经济发展署[⑤]，基于权力下放原则，各经济发展署执行联邦政府区域经济政策，协调联邦、地方政府、企业和社区关系，为进一步促进西部 4 省的发展，联邦工业部又下设大西洋沿岸省份商业机会署，此后该部门更名为联邦产业领导小组；在地方安大略省设北部地区发展与矿业厅，魁北克—联邦经济发展办公室更名为魁北克省经济发展署，并由联邦国库部长直接领导。

---

① 美国经济开发署的首要职责是刺激严重困难区域工商业发展，先后实施“最差优先”发展战略、“增长中心”发展战略和“贸易调整”等发展战略。

② 阿巴拉契亚区域委员会由阿巴拉契亚区域 13 个州的州长（或其代表）和联邦政府委任联合主席组成，经费由联邦政府和州政府共同承担。其主要职责是制定区域发展总体规划，确定其优先发展事项，并通过财政、金融和技术等援助，促进区域经济增长。

③ 援助项目包括：人力资源培训、居民住房改善、环境保护和公共安全等。

④ 法国自 1962 年第四个国家发展计划开始，即将缩小区域发展差距列入国家发展规划之中，并建立了一系列相应机构。

⑤ 分别为加拿大大西洋机会发展署（东部）、魁北克省经济发展署（中部）、安大略省北部经济发展署（中部）、安大略省南部经济发展署（中部）和西部多样化经济发展署（西部）。

（四）欧盟的组织机构权责

欧盟区域治理机构具有分层治理的特点，欧盟一级治理机构主要包括欧洲委员会和欧洲议会等；欧盟成员国也分别相应设立其组织机构。其中，欧洲委员会的职责是依据欧盟成员国合作伙伴协定制定政策框架与实施规划，如2014~2020年制定的欧盟凝聚力政策等；欧洲议会具有决策、立法和监督权，下设 20 余个常务委员会，如区域政策委员会和经济社会委员会等，分别具体负责文化、城市与乡村发展、气候变化与风险应对、行政管理效率和中小企业竞争力等 21 项有关区域经济协调发展的子议题[①]。

（五）他国的组织机构权责

英国拥有一套较为明晰的区域经济协调发展管理机构体系，包括由区域内地方政府代表组建的区域议会、由区域内相关利益集团和地方政府代表组建的区域发展机构，以及代表中央政府提供区域经济发展政策的政府区域办公室；巴西则较早探索跨政府治理层级的机构建设，如亚马逊区域开发委员会由联邦政府、州政府和市政府三级政府代表及企业代表共同组建，配备以管理局、开发公司、办事机构和委员会等横向和纵向利益共同体，有效减少了部门间上下左右讨价还价的沟通成本，增强了政策拟定和实施的合意性；印度在竞争性联邦主义治理理念下[②]，废除了负责制订自上而下统一经济计划的印度国家计划委员会，转而设立旨在赋予地方自治权和优先级自主规划预算自由的转型委员会，并指派多个区域理事会。

二、转移支付制度

（一）转移支付法

美国转移支付法的核心内容之一就是转移支付程序控制，早在 1972 年美国国会颁布的《联邦政府对州和地方的财政资助法》（*Federal Financial Aid Act for State and Local Governments*）主要对一般性转移支付的方式、标准和程序进行了严格规定，后续又通过附加款项的形式对地方政府设立了多达一千余项支出相关规定（Rosen and Gayer，2009）。美国几乎所有的转移支付都有其相应的立法予

① 资料来源：https://ec.europa.eu/info/eu-regional-and-urban-development。

② 2014 年以来，印度总理纳伦德拉·莫迪将“竞争性联邦主义”视为印度经济发展的重要战略，“竞争性联邦主义”指的是在联邦之内，鼓励作为经济发展议程设置的主体各邦互相竞争，以推动宏观经济的全面发展。

以保障（涂永珍，2014）。

在其转移支付程序法定规制中，对公民参与的重视是其突出特点，可以说这也贯穿于美国财政转移支付程序的全过程。

此外，《信息自由法案》对民众的财政信息获取权利和政府提供财政信息的义务进行规定。《联邦咨询委员会法》和《政府阳光法》将其确立为“开放条款”。在财政转移支付预算监督环节，美国公民可通过财政控制中心等机构对预算制定、执行等环节依法监督，同时对预算的渎职行为拥有处罚权（贺邦靖，2008）。

（二）转移支付体系

德国明显的一项横纵向相结合的财政平衡举措是政府间税种的划分，即财政收入的第一次分配。在财政收入的初次分配之后，为实现财力均等化，还会开展进一步的财政转移支付，并把州和市镇财力均等化作为财政转移支付的基本目标。从规模看，联邦政府纵向转移支付规模是州政府之间横向转移支付的 2 倍以上，前者在平衡各级政府财力方面发挥着主要作用，其主要方式包括：倾斜性分配，即通过增值税额的高比例返还、补充拨款和财政援助等手段对财力较弱的州进行扶持，如向西部财力较小的州每年提供 150 亿马克进行条件性资助；税收分享，尤其是差额的增值税调节性分享，将 75%的应分配增值税按照辖区人口等因素对各州核定不同的分享比例，这不但是对税收贡献的鼓励，而且也推进了公平的实现（Hepp and von Hagen，2009）。

德国横向转移支付的基本内容是先发区域通过均等化或平衡性基金输入财政资金，该办法最早于 1955 年载入德国《基本法》，1955~2005 年基本模式如下：先计算各州财力水平，主要是税收能力，继而计算各个州的财力平衡指数，最后根据平衡指数和税收能力分三档进行平衡基金补助。2005~2019 年德国横向转移支付按照“团结协议Ⅱ”对其基本做法进行调整，基于州政府之间的横向转移支付把财政收入能力指数（代表财力供给）和财政平衡指数（代表财力需求）进行比较，分档确定接受平衡基金的州及其应得数额、自求平衡的州和付出平衡基金的州及其支付数额的基本机制没有变动，只是对人口加权系数进行改动，显性的横向转移支付具体办法见表 5.1。

表5.1　德国州政府间横向转移支付表

横向财政平衡档次	财政收入能力指数/财政平衡指数	横向财政平衡数
1	＜92%	接受平衡基金：从平衡基金中得到补助，以达到 92%的水平
2	92%~100%	接受平衡基金：从平衡基金中得到其中不足 100%部分的 37.5%

续表

横向财政平衡档次	财政收入能力指数/财政平衡指数	横向财政平衡数
3	100%~102%	自求平衡
4	102%~110%	付出平衡基金：收入超过 102%部分，拿出 70%用于各州间横向平衡
5	110%	付出平衡基金：收入超过 110%的部分全部用于州际横向平衡

资料来源：根据德国财政部官网相关数据整理，见 https://www.bundesfinanzministerium.de/Web/DE/Home/home.html

此外，“团结协议Ⅱ”还对参与横向转移支付的州引入增收激励机制，即在对各州财政能力进行核算的同时，对税收超过全国平均水平的部分联邦让予12%，以让先发区域政府自留使用，同时降低平衡基金中先发区域的财政资金贡献标准和对后发区域的补贴标准，将原来的分档超额累进模式改为线性模式，这使得后发区域的最好边际补偿率和先发区域的最高边际贡献率都有所下降，从而进一步提升了横向转移支付政策对区域财力的平衡作用。

（三）转移支付的划拨流程

为进一步明确不同性质的转移支付划拨渠道，优化核算和提升预算管理的效率，日本中央政府对地方政府的转移支付资金的拨付一般通过两大会计账户：一是交付税特别账户，此类账户用于让与税等资金的直接拨款；二是一般会计账户，此类账户用于国库支出金等财政资金的直接拨付。日本转移支付资金划拨流程如图 5.1 所示。

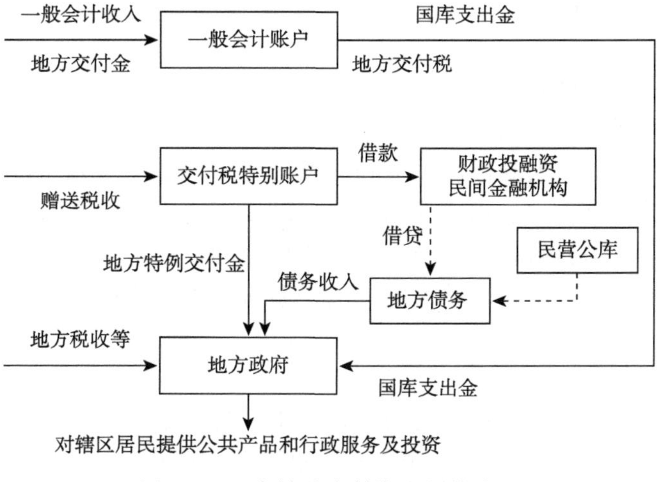

图 5.1 日本转移支付资金划拨流程

从转移支付资金划拨流程来看，日本国库支出金从中央政府一般会计账户直接划拨到地方政府，而地方政府的特例交付金及交付税则会进入“交付税及赠送税赔付金特别会计账户”，其赠送税不经过国库，直接进入特别会计账户。就其实际而言，地方需要的交付税比从国税中得到的份额要高，其间的差额则是通过中央政府的追加性特别交付税等支出进行填补，而此项资金经由特别会计账户进行处理。在此过程中，《地方交付税法》第十七条规定了地方政府有权根据其地方经济发展情况和实际需要对交付税的计算方式提出意见，总务大臣有义务对其意见进行诚实处理，并及时向地方财政审议会汇报。

横向和纵向财政转移支付并举的财政转移支付平衡政策体系是德国和日本等财政转移支付政策取得成功的基本框架，其明晰的税权划分体系背后也有着较为严密的法律体系作为约束。在德国《宪法》《基本法》中，对财政转移支付的规模调整、结构变动、政府财政支出责任和事权范围都有较为明确的规定。不仅如此，纵观美国、日本和德国等国家的政府转移支付政策和税收优惠政策的运行都是在既定法律体系下较好地融合了政策性和灵活性。地方对区域协调发展的共识是财税政策得以有效运行的基本前提，毕竟对区域发展协调的追求必然要带来一定程度的效率损失。如果地方政府对区域协调发展并无共识，或者中央政府对区域协调发展的追求并不坚决，那么区域协调发展财税政策的持续演进和有效实施难以实现。正如许多国家将均等化正式写入宪法，并出台相关的法律政策，成立中立的转移支付机构以开展均等化转移支付的实践，这一切行动的背后必然需要地方广泛共识的支撑。

三、社会资金参与

在新公共管理运动勃兴主导下，不论是西方学界还是各治理部门认为，任何单一的经济实体都不应试图独自承担经济发展之重任，政府的核心职能正在且应向释放民众智慧、稳定宏观经济环境和激发市场主体潜能等方向转变。基于此理念，政府不必用财政收入承担所有的公共基础设施支出，而是通过创造合理的激励机制鼓励私营机构提供基础设施，以形成良好的社会资金参与保障解决专业技术困难和融资困局，目前国外较为先进的经验可以总结为以下三个方面。

（一）建立 PPP[①]项目区域平台

在吸引社会资本促进区域经济协调发展中，日本 PPP/PFI 推进委员会为解决地方政府 PPP 项目经验不足等问题，已在全国范围内构建了 47 个“区域平台体

① PPP：public-private partnership，政府和社会资本合作。

系”。与美国得克萨斯州的“区域移动局”（Regional Mobility Authorities，RMA）[①]不同，日本区域经济的繁荣发展促使企业和 PPP 项目运行良好互动，而“区域平台”的建设更有利于区域间人才交流、PPP 项目跨区域合作，这也进一步拓宽了市场和政府的对话渠道，其具体职能如图 5.2 所示。

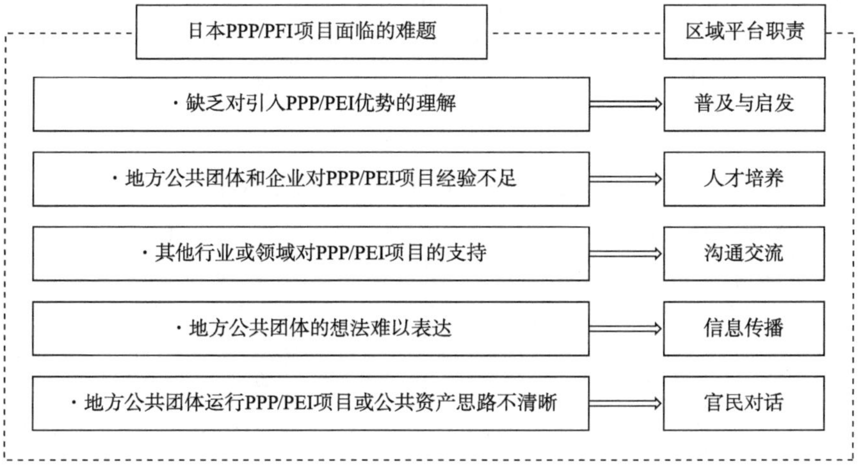

图 5.2　政府和社会资本合作模式区域平台的主要职能

如图 5.2 所示：在促进区域经济协调发展方面，其区域平台的职责主要是普及与启发、人才培养、沟通交流、信息传播和官民对话。在具体实践过程中，其服务内容主要如下：通过定期组织 PPP/PFI 项目案例学习和研讨，提升区域市场主体的竞争力和对 PPP/PFI 项目的认知水平；构建完备的跨行业合作网络体系，完善企业向地方政府提案机制；推进 PPP 项目管理机构设置，提供项目建设和运营辅导等。区域平台的建设有力带动了区域市场主体参与经济建设的积极性，如 2016 年对 13 家区域性企业调研的数据显示，企业对 PPP/PFI 认识度提高到 85%，参与度更是达到 62%[②]。此外，英国也建立了横纵向联合的 PPP 项目管理机构，如隶属财政部的基础设施管理局、联系中央和地方的地方合作关系管理机构及政府采购管理机构等。

（二）加强 PPP 立法规管

国外规管 PPP 的法律体系主要包括采购法、特许经营法、PPP 法、规制法、私有化法和其他具体相关领域的法律规约，其中特许经营法和 PPP 法被广

① 区域移动局作为美国得克萨斯州的 PPP 项目管理的一种创新举措，其设立是为了一个或几个郡或县通过跨区域方式来完善交通运输 PPP 项目管理。

② 资料来源：https://www8.cao.go.jp/pfi/pfi_jouhou/platform/pdf/unyo_manual_1.pdf。

泛用于公私合营方面，如加拿大和澳大利亚等国家的立法导向是以市场为主导的PPP自发型模式；受国际机构的积极推动，拉美诸国的PPP以私有化为主要形式；东南亚后发国家和日韩等国，则主要在借鉴英美等国家的经验基础上，形成了各具特色的政府推进型PPP立法模式，如韩国的“齿轮转动式法律体系结构”（曹书，2017），在其战略与财政部（Ministry of Strategy and Finance）颁布的《公私合作PPP项目基本计划》中将散见于各种政令法规的PPP相关规定进行了统一归纳，并形成相互衔接的联动机制。其中，具有代表性的国家立法状况和主干法律体系，分别见表5.2和表5.3。

表5.2　美加英澳法日韩七国PPP立法状况

内容	美国	加拿大	英国	澳大利亚	法国	日本	韩国
政治体系	联邦制	联邦制	联邦制	联邦制	中央集权	中央集权	中央集权
法律体系	普通法系	普通法系	普通法系	普通法系	大陆法系	大陆法系	大陆法系
主导力量	市场主导	市场主导	政府主导	市场主导	政府主导	政府主导	政府主导
管理机构	NCPPP	CCPPP	HM Treasury	DIRD	MAPPP	PFIC	PIMAC
法律形式	政策	政策	政策	政策	法律	法律	法律
主导类型	政府采购	政府采购	政府采购	政府采购	特许经营	特许经营	特许经营
发展方式	自发形成	自发形成	外力推动	自发形成	自发形成	外力推动	外力推动

注：HM Treasury：英国对PPP模式的管理采取的是财政部主管，财政部下属的公私营机构合作署协助管理的方式。财政部主要负责制定所有的PPP项目政策，财政部下属的公私营机构合作署包括五个负责部门，行使不同的业务，具体来说：PPP Policy Team负责制定主要的政策和指南，并对有关PPP的资料进行统计并出版；Infrastructure UK负责调查国家对PPP项目的需求程度；The Infrastructure Finance Unit（TIFU）负责给财务状况良好的项目发放长期贷款；Project Review Group（PRG）主要是在地方政府或公共部门在实施PPP项目的过程中遇到难题，需要政府提供援助的时候，负责对项目进行评估和监管，同时也负责调整PPP信贷资金的支持额；Partnerships UK（PUK）是财政部为所有的公共管理部门提供PPP专业管理知识尤其是项目采购方面的知识的部门。同时，英国还设有国家审计署和公共事业管理委员会，其主要负责调查研究重要的PPP项目政策并提出自己的意见，供相关部门参考

表5.3　美加英澳法日韩七国PPP主干法律体系

国家	主干法律的构成
美国	联邦法：《收费公路PPP模式特许经营合同核心指南》《水设施金融和创新法案》等；立法：一是以PPP为名称的法案，如District of Columbia：PPP Act of 2014；二是在州法典中为PPP单列一章或一节；三是条文分散立法
加拿大	联邦法：《加拿大战略基础设施资金法案》；省立法：一是以政策形式进行规管，如《卡尔加里PPP政策》；二是以法案形式进行管理，如《安大略高速公路407法案》；三是以框架或指南的形式进行约定，如《亚伯达PPP框架》
英国	《标准化PF2合同》（2012年）；对PFI制定系列项目指引，包括一般性和财政部工作技术指南，以及物有所值、金融和实施小组等指引

续表

国家	主干法律的构成
澳大利亚	《国家 PPP 政策框架》《国家 PPP 指南概览》《国家 PPP 指南细则》
法国	《公共事业市场法典》《地方行政区域统一法典》《促进公私建设与投资项目法》《公法人物权统一法典》；不同的 PPP 运作模式适用不同的法律规定，如 DSP 对应 2009-864 号法令等
日本	《关于制定利用民间资金等公共设施整备相关项目实施的基本方案》《特许经营权及运营公共设施的指南》《合同指南—PFI 项目合同中的注意事项》《监督指南》《物有所值指南》《PFI 推进法》（2016 年第五次修订）等
韩国	《民间参与基础设施法》增加了 BTL 模式

注：美国联邦法律为各州实施 PPP 提供基本指导，而具体细节以及是否准许采用 PPP 模式由各州自行决定，其中联邦法主要设计各种基础设施如公路设施、水利设施等项目相关问题；日本在 PPP/PFI 立法进程中强调保障项目流程的公开、公平和透明，同时减少政府干预，最大程度发挥民间资金在经营能力和技术创新等当面的比较优势；建设–移交–租赁（build-transfer-lease，BTL）模式，与日本式建设–移交–运营（build-transfer-operate，BTO）模式相似，强调政府的管理职能，私人部门依靠政府部门付费来收回成本，设施所有权也归于政府，私人仅有经营的权利

四、财税优惠组合

对后发区域实行多元化的财税政策组合，对重点发展产业及其他类型的特殊产业倾斜财税资源，这是世界各国促进后发区域快速赶超发展、调整国内产业梯度转移和增进产业集聚效益的主要工具。例如，美国区域财税优惠政策导向由 20 世纪 30 年代以开发落后区域为先导，20 世纪 60 年代以改善地方基础设施为导向，20 世纪末以财税政策同市场机制有效配合为主要内容，最后到 21 世纪以来以产业集群为核心。

（一）促进后发区域快速发展的财税优惠政策

促进后发区域快速赶超式发展往往是国外制定和实施区域经济协调发展财税优惠政策的逻辑起点。美国综合利用财政融资优惠、税款划拨、差别税率和财政资金留存等方式，促进南部和西部后发区域快速发展，应当注意：上述财税优惠政策更多地实施于 20 世纪 70 年代以前①，目前针对美国“北部冰雪、南部阳光”的区域经济发展格局转向、逆城市化问题、贫富差距扩大和大城市衰退等困境，主要是通过对人力资本迁置补贴、个人所得税改革、促进就业和区域创新资源开发扶持等措施，以提升后发区域自主可持续发展潜能。

① 如 20 世纪 30 年代，美国马里兰州所得税是 9%，伊利诺伊州为 3%，而阿拉斯加州、佛罗里达州、内华达州、南达科他州、得克萨斯州、华盛顿州和怀俄明州 7 个州则完全不征收所得税。

德国对后发区域快速发展的财税优惠政策导向并非“需要”而是“值得付出的程度”，依照《联邦德国基本法》第 107 条规定的“财政平衡政策”是其核心着眼点，将横向和纵向平衡相结合的理念由转移支付制度扩大到财税政策上，如在调整消费税分成比例基础上，引进预先补足机制①；将德国东部 5 州纳入“统一基金”范畴，并实行相应的返还性财政转移支付；实施明显倾斜性的投资政策，包括对鲁尔工业区、北莱茵-威斯特法伦州北部和巴登-符腾堡州的基础设施建设和企业发展进行递增性财政投资、岗位工资补贴、工人培训补贴和企业合并税收优惠等；利用外资和拓宽国际市场提供财政担保、风险基金参股、活动经费贷款和咨询费用补助等形式调动萨克森州、巴伐利亚州和勃兰登堡州等地区的企业积极性。

法国在对后发区域明确定位和分类的基础上②，从优化财政资金投入模式和加大税收优惠力度等方面促进其快速发展。例如，设立针对企业迁移补贴的经济和社会发展基金；促进西部、西南、中央高原和科西嘉等边远地区企业和产业发展的地区开发奖金、手工业企业装备奖金和科研活动奖金；推动西南部比利牛斯山区、东部汝拉山区和西部布列塔尼等农村地区改革的农村开发与国土整治部际基金等；鼓励东北部洛林和诺尔-加莱老工业区“再工业化”的工业现代化基金等。虽然社会党将以上奖金和基金统一纳入国土整治奖金，但大体类别仍遵循以上基本逻辑。此外，法国还通过对创业和新兴产业等领域实施多重税收优惠和税收减免等措施，激发社会经济活力。

（二）推进国内区域产业集群的财税优惠政策

享有“中小企业王国”美誉的意大利是产业集群政策实践的先驱，为鼓励机械、纺织、服饰和家具等优势产业的发展，地方政府积极推进其辖区内小企业联合组织的建设并为其提供财政扶持，小企业联合组织通过担保基金抵押从银行获得贷款后再根据其所在产业和企业的特点将信贷资金分配给不同的企业。印度则是围绕人力资本开发、产学研结合等方面制定和供给财税优惠政策，促进软件园区开发，实现电子信息技术产业的集聚与发展。

美国则弱化联邦政府对产业调控的力度，除 20 世纪末以军事援助款倾斜的方式在南部区域加强军工产业布局外，更多地将产业集群的财税优惠政策制定权赋予各地方经济管理机构，且其特点是以产业集群数据统计作为优惠政策制定的核心依据（刘长全等，2009），优惠领域主要集中在产业基础设施、产业链、风险投资和地方知识研发等方面；英国地区发展署则通过成立创新和产业集群基金

① 预先补足是指在归属各州的消费税分享额中，预先提取 25%补足贫困州。

② 目前法国主要将后发区域分为个别地方中小城市、农村区域、山区、老工业区、矿区和边远地区等。

等方式加大对高新技术产业集群的财政资金投入力度，在产业发展的基础设施方面则是围绕科研和孵化机构等领域，促进苏格兰地区能源、半导体和食品等产业发展。

日本则是依次按照产业集群项目、知识集群项目、城市区项目和开发创新系统项目[①]等规划要求，将财税优惠政策的施策对象以产学研“共同研究中心”为重点，以财政扶持款作为中小企业技术协同开发补助金，同时在税收优惠方面通过增加抵扣项和优惠税率等手段重点扶持基础科学、试验研究和信息产业设备升级等；德国则是制定生物区域规划、创新区域规划、网络规划和尖端集群竞争规划等，构建联邦、州和市财政投入合作机制，此外还通过价格补贴、政府采购和环保补助等手段促进老工业区产业转型与发展。

财税优惠政策设计应满足激励相容原则，各国经验表明财税政策设计应充分考虑本国的宏观经济环境、人口分布状况、地方政府的决策选择、中央政府的政策选择等现实情况，促使均等化财税政策所引发的激励扭曲状况是可接受范围内的，从而满足激励相容约束要求；财税政策改革应遵循渐进式原则，在均等化财税政策的持续改进中，改革措施必然可能会对某些地方或某些群体的现实利益产生重大冲击，进而引发对改革的阻力和质疑。政府应设立有效的过渡措施，以减少改革的阻力，促进中央与地方财政关系的改进，推动财税政策的平稳发展。在财税政策改革的过程中，中央政府在一个过渡期内保证各地方不会因此而受到利益损失。通过充分的过渡性考虑，能够有效地降低改革的阻力、减少政策创新的交易成本，为政策的持续改进创造了更加良好的环境。

第二节　顺应新时代财税价值体系转向

财税政策价值取向是规范性概念的范畴，就其作用而言它是统摄区域经济协调发展财税政策及其机制的功能编序、文化导向和框架建构的规约，是激发政策多维合力的重要保障。如第二章所述，本书研究的基本观点是区域经济协调发展财税政策价值体系的构建应在顺应现代财政体制改革导向的基础上，更加关注区域协调发展嬗变规律。不同视角对中国财政体制改革取向、进路及动力的看法有

① 其中“产业集群项目”由经济产业省于 2001 年推行，运行时间至 2009 年，此段时间共建立 18 个产业集群；“知识集群项目”和“城市区项目”则由文部科学省于 2002 年启动，前者建立了 18 个知识集群，旨在打造世界级产业集群；后者建立了 89 个城市区集群，旨在打造小规模产业集群；2010 年，文部科学省将两者合并，建立了“开发创新系统项目”，旨在打造全球性产业集群和城市区产业集群。

所不同[①]，本节内容提炼出现阶段中国以服务型财税为目标、以法治型财税为统揽、以绩效型财税为主导、以预算型财税为约束和以自主型财税为保障的系统性价值体系，以此推进区域经济协调发展财税政策取向上相互适配、实施上相互协同、成效上相得益彰，如图 5.3 所示。

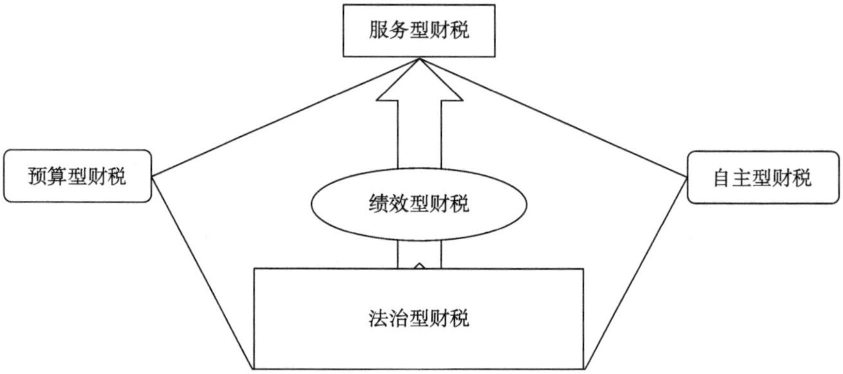

图 5.3　新时代财税政策价值体系逻辑体系

一、目标——服务型财税

服务型财税理念孕育于中国政府职能的变革之中，而并非严格对应政府本身概念[②]，即以计划经济为核心的政府被称为“全能型政府”，以经济建设为核心的政府可称为“建设型政府”，以上两种类型大抵上可作为对改革开放之前和改革开放之初政府职能的粗略划分。随着经济社会发展环境的变迁，政府调控重点由经济建设领域向公共服务领域拓展。2004 年温家宝总理首次提出“要建设服务型的政府”；2006 年党的十六届六中全会通过的《中共中央关于构建社会主义和谐社会若干重大问题的决定》指出，“建设服务型政府，强化社会管理和公共服务职能”，这是党的文件中第一次正式提出建设服务型政府[③]。该阶段的财税政策导向是以物质分配逻辑保障公共产品与服务的倾斜性

① 如杨志勇（2018）认为，我国财政改革取向主要体现在国家理财观、财政活动范围观、财政支出观、税收观念和财政竞争观等方面，如财政平衡观念向经济稳定观念的转向等；刘尚希等（2018）认为我国财政改革主要是由不同层次、不同阶段的公共风险推动的。

② 竺乾威（2019）认为，本质而言，政府就是服务，政府所做的任何事情就是为社会公众服务，但服务也可以说是政府的一种职能。因此，服务有两个含义：一是政府本质意义上的服务；二是政府职能意义上的服务。中国的服务型政府是从政府职能的角度提出来的，是对政府服务职能的强调。

③ 2008 年 3 月 21 日召开的国务院第一次全体会议通过的《国务院工作规则》进一步明确了服务型政府的基本内涵：“服务型政府要全面履行经济调节、市场监管、社会管理和公共服务职能，完善公共政策，健全公共服务体系，增强基本公共服务能力，促进基本公共服务均等化，使政府成为人民满意的政府。”

分配，但公共服务与经济发展之间的张力却难以消弭。进入新时代以来，提出转变政府职能要“深化简政放权，创新监管方式，增强政府公信力和执行力，建设人民满意的服务型政府”（习近平，2017），其增进人民福祉的趋向性越来越鲜明。

服务型财税主要体现在财政支出领域和重点的转向，以及纳税服务观念和实践的深化方面。改革开放以来，财政支出的重点由原来服务公有制经济，到逐渐退出竞争性领域，再到明确转向应人民诉求的基本公共服务均等化供给，财政社会保障职能不再区分所有制（杨志勇，2018）。尤其是公共财政体制改革在社会保障及民生财政支出领域的投入逐渐增加，与之相伴由原来的重管理和重过程干预转变为重服务和重事后监管，财政收支的公共服务性特征日渐突显。

现阶段中国公共财政改革的目标是基于聚、用、生财之主干，以公共方式服务于公共需要。其主要目标如下：一是推进财税系统“放管服”改革，多部门联动、多领域覆盖、多环节畅通和多证照分离的财税行政服务体系逐步明晰[①]；二是加大减税降费力度，社会营商环境逐步优化，进一步落实税收优惠多元、涉企收费规范、政府性基金精简、降低政府采购成本和政策沟通机制衔接的多元保障体系；三是优化社会服务，提升公共服务供给质效，增强就业服务能力建设，推进教育改革发展，建立养老保险基金动态调整机制，全力推进基本公共服务均等化；四是畅通公共服务供给渠道，引导各类主体参与公共服务领域，提高社会和政府资本合作法律层级[②]；五是提升人性化纳税服务理念，将尊重和保护纳税人合法权益提升到税务部门法定义务的高度；六是构建全程服务、全员参与和全面联动的纳税服务大格局，推进纳税服务体系化建设，完善服务质量评定、监督和反馈。

二、统揽——法治型财税

在区域经济协调发展中中央和地方的根本利益具有统一性，中央虽在政策创新层面掌握主导权，但区域经济与行政区划间的矛盾顽存导致地方政府的政策博弈消解了财政策创新的实效性。从宏观情况看，财税法治作为国家权力体系的重要一环，既可为财税政策的调整与创新提供合法性、合理性和权威性，也可有效规避治理主体的盲动性、私利性和片面性，从而切实统一区域利益和秩序之间的关系。法治型财税统筹地位对政府行为的规度和对财政权责体系的明示，已成为

① 《全国深化“放管服”改革转变政府职能电视电话会议重点任务分工方案》。

② 《财政部关于进一步加强政府和社会资本合作（PPP）示范项目规范管理的通知》（财金〔2018〕54号）。

现代财政体制改革和财政治理的坚实基础。

中国的财税法治进程围绕社会主要矛盾切实践行“以人为本”的执政兴国理念，基于“摸着石头过河”的实践探索，由改革倒逼立法，逐步强化法治意识、明确利益主体和完善法治规则。财政政策创新必须既在形式上符合法治要求，又在实质上体现法治的价值理念。就其权力划分形式看，法治型财税主要涵盖财政与税收的立法权、行政权和司法权。

当然，要实现国家治理体系和能力协同提升的理想状态，需更加明晰地厘定和处理好财税法制与财税法治之间的关系：财税“法制”以具体的财税法规和法律制度为导向，而财税“法治”不仅强调“良法”，更重“善治”，发挥约制财政主体行为的功用。进言之，财税法制可被视定为一种形式法定，而财税法治则可视作实质法定，是统筹财税立法、执法、司法和守法全流程的基本原则、理念和方法，更是对政府税收征管、政府发债、收费管理、预算执行和行政复议等财政决策、组织、协调和监督行为形成具有统摄力的硬性约束。

三、主导——绩效型财税

党的十九大提出“使市场在资源配置中起决定性作用，更好发挥政府作用”，在促进区域经济协调发展财政政策中的具体理念为“市场绩效”。区域经济在地缘关系上是中国国内市场经济的地缘子集，促进其协调发展应充分发挥市场机制的作用，而“绩效”是科学配置财税资源的重要依据，“市场绩效”既指以发展效益、协调效益和生态效益等政策结果作为其绩效指标参考，又指能通过内生的绩效管理促进后发地区经济发展，从而形成闭环的绩效管理体系。

因此，应逐步取消区域间竞争性领域专项和“一地一策、一企一策”式的财税优惠政策，积极引导具有生产优势的企业通过 PPP 等创新模式实现跨区域参与多元化、有效率的投入机制，探索区域间政府购买服务等；完善财政内部绩效管理，包括设立增支政策底线，破除“羊群效应”之非理性财政行为，以区域特色、财力可能和民生需求为维度保障民生、以优化支出结构为导向，科学理财和通过完善“数字财政”“地理信息系统+财政”建设加强监管等。

四、约束——预算型财税

没有预算不能收支，这是对预算型财税的简单概括。具言之，预算是财政多元主体博弈过程中公共资源配置的机制，它决定了政府治理的方向、政策和范围（刘尚希等，2018）。预算制度改革通常被认为是深化财税体制改革的首要内容（楼继伟，2015）。自中国开始探索预算管理制度以来，历经《预算决算管理条例》（1951 年）[①]、《国家预算管理条例》（1991 年）[②]、《中华人民共和国预算法》（1994 年）[③]和新《中华人民共和国预算法》（2014 年）。其中新《预算法》对应的是社会主义市场经济体制和公共财政体制的发展背景，在将政府由管理监督主体变为对象、明确全口径预决算体系、构建跨年度预算平衡机制、预决算公开纳入法律、完善预算审查监督机制、规范财政转移支付制度、硬化预算支出约束和强化预算绩效管理等方面，形成了较为完善的财政法律约束框架。

党的十九大报告明确提出“建立全面规范透明、标准科学、约束有力的预算制度，全面实施绩效管理”等政策要求。这是新时代“以人民为中心”发展思想的全面践行，其落脚点是进一步提升和保障人民获得感，具体途径是通过树立全面绩效思维和绩效意识，提高公共服务中财政资源配置的科学性和合理性，可见中国预算制度在由财政收入管理向财政支出管理转变后对支出效率提出了更高的要求，既将财政预算管理作为政府治理行为的重要约束，又将其作为提升治理能力的主要工具。

全面加强预算绩效管理，其内容主要包括：一是促进预算绩效管理的覆盖范围，加强国有资本经营预算、政府性基金预算全流程绩效管理，逐步将社保基金预算纳入绩效管理范畴，尤其是强化对主要政策、重大项目和跨区域项目的绩效审核，加大对过程、资金流和结果的三重监控力度，以预算绩效管理倒逼政策质效性和精准性的提升；二是强化预算绩效管理结果应用，建立部门财政支出绩效评价结果审核和报告机制，绩效变现与预算调整直接挂钩，加强管理过程中绩效辅导和绩效沟通的有效性，妥善处理绩效结果与资金倾斜之间的关系；三是提高非税收入管理规范性，明确非税收入分类预算模式，探索国有资本收益权分配和共享机制。

---

① 1951 年政务院发布《预算决算暂行条例》，对预算基本原则、编制及核定、执行、编造及审定等做出了规定。1954 年《宪法》确定全国人民代表大会具有对国家预算与决算的审查权和批准权。

② 1991 年国务院发布了《国家预算管理条例》，按照统一领导、分级管理、权责结合的原则，《条例》覆盖各级政府和实行预算管理的所有部门与单位，并相应设立中央、省（自治区、直辖市）、设区的市（自治州）、县（自治县、不设区的市、市辖区、旗）、乡（民族乡、镇）五级预算，并赋予各级人民代表大会相应的审查权和批准权。在此之前，我国 1979 年恢复预算编制和报告制度。

③ 1992 年党的十四大报告中提出“我国经济体制改革的目标是建立社会主义市场经济体制”，建立与市场经济相适应的预算管理制度成为时代之必然，在此背景下 1994 年全国人大八届二次会议通过了具有“经济宪法”之称的《中华人民共和国预算法》，1995 年国务院通过《预算法实施条例》。《中华人民共和国预算法》为强化预算管理、提升预算透明度、加强预算管理监督和实现预算管理法治化奠定了基础。

五、保障——自主型财税

就中央和地方事权和支出责任调整的角度看，自主型财税具有深远的理论基础[①]。以自主型财税作为保障的逻辑起点如下：基于地方政府对基层经济和社会资源汲取、调控和动员能力，以科学的财政分权、事权划分和政府职能转变激发地方政府努力度和提升治理效率与效果。从财政改革实践看，总体呈现出分权与集权的反复循环特征，但中央政府与地方政府间财税关系由原来混合模式到共享模式的转变这一基本路径已初步确立，为充分保障制度的激励功能和落实改革成果，需要适度赋予地方财政治理的自主发展能力和空间，并以自主作为其财税权力的原价值，协调民主、自利、自律和自由之间的关系。

自主型财税要求地方政府在区域发展上合理自利、法律制度上严格自律、政策落实上规范自治、决策拟定上广泛自由。基于政府职能、市场发展和全球环境的动态变化，合理调整政府职能，以此明晰稳定化、可量化、可追溯和财力配套的各级政府支出责任。此外，鉴于地方政府财权自主权与寻租和制度外收入之间的关系，应对地方政府的财权进行结构性调整，如逐步取消税收返还和专项转移支付资金配套制度、明晰审计监督的责任、扩大政府发债权的范围和提高地方债务限额等。

第三节　厘清四大板块差别化财税逻辑

实现人的全面协调发展是区域经济协调发展的最终归宿，而地区间个人收入分配差异是制约区域经济协调发展的关键微观痼疾。故应促使“初次分配重效率、再分配重公平”逐步转向“公平优先、兼顾效率”，在充分发挥财政政策在再分配中公平导向作用的基础上，激发其在初次分配的功能。

一、公平与效率的区域发展属性

区域协调发展战略是在新时代中国生产关系和生产力发展的基础上对区域发展做出的顶层设计，蕴含着丰富的社会主义义利思想。效率与公平的辩证关系是

① 如蒂博特“以脚投票”理论、斯蒂格勒强调分级财政管理的必要性、夏葡政府职能分权理论、奥茨“财政分权定理”和马斯格雷夫“分税制”理论，都在一定程度上肯定了以财税配置的方式赋予地方政府以相应自主财税权力。

义利观的集中表现，这不仅是对效率由经济效益向道德意蕴的拓展，更是对公平由道德公平向社会公平的延伸，形成了效率与公平辩证关系的重新调整，是区域经济协调发展财税政策的重要逻辑之一。

（一）效率：从经济效益到道德意蕴

根据政府顶层设计中的言语表述和主流学术研究取向，可将效率分为区域生产效率和区域配置效率两类，前者主要方法是基于经典增长模型 $y_t = A_{Gt}(l_t)^{\gamma}(k_t)^{\beta}$ 计算而来的单要素生产率（single factor productivity，SFP）和全要素生产率（total factor productivity，TFP），其中 SFP 包括资本生产率（capital productivity，PK）和劳动生产率（labour productivity，PL），TFP 衡量技术进步、管理改善等因素带来的增长能力；后者是要素生产效率的解构，通过区域之间的溢出和协调效应、区域经济规模等路径作用于区域要素生产率，具体包括劳动力、资本和全要素等配置效率。

以 2017~2019 年四大区域生产率为例，经测算可以得出：东北地区 PK 和 PL 总体呈波动的下降态势，即分别由 1.77 和 44.72 降至 1.69 和 44.59，但 2019 年 PL 明显低于全国均值，TFP 平均增长率总体呈下降趋势，即由 12.30 降至 12.05；东部和西部 PK 和 PL 均呈逐年增加态势，其中 PK 分别由 1.67 和 1.01 升至 1.73 和 1.10，PL 分别由 51.58 和 43.98 升至 59.78 和 53.98，TFP 持续增长且贡献率逐年加大；中部 PL 增长势头迅猛，由 47.23 升至 61.92，PK 由 1.08 微调至 1.09，TFP 由 10.42 升至 12.32，具体见表 5.4。

表5.4 2017~2019年我国四大区域要素生产率情况

区域	PK			PL			TFP		
	2017 年	2018 年	2019 年	2017 年	2018 年	2019 年	2017 年	2018 年	2019 年
东北	1.77	1.82	1.69	44.72	48.36	44.59	12.30	13.02	12.05
东部	1.67	1.69	1.73	51.58	55.39	59.78	13.09	13.72	14.58
中部	1.08	1.05	1.09	47.23	53.21	61.92	10.42	11.09	12.32
西部	1.01	1.05	1.10	43.98	48.76	53.98	9.71	10.49	11.39

注：根据计算整理得出

通过对 2017~2019 年四大区域配置效率测算可知：东北地区 PK 和 PL 分别由 0.23 和 0.07 升至 0.40 和 1.43，TFP 由 0.57 升至 1.26，资本与劳动力之间出现一定错配，但较之前年度明显改善；西部地区 PK 由 0.06 降至−0.21，其中 TFP 高于全国平均水平；中部地区 PK 和 PL 降至−0.11 和 0.44；东部地区 PK 持续为负，但 PL 和 TFP 均明显上升。可以说，TFP 已成为推动区域经济发展和转型的重要动力来源，具体见表5.5。

表5.5 2017~2019年我国四大区域要素配置率情况

区域	PK			PL			TFP		
	2017年	2018年	2019年	2017年	2018年	2019年	2017年	2018年	2019年
东北	0.23	0.27	0.40	0.07	0.16	1.43	0.57	0.72	1.26
东部	−0.02	−0.06	−0.03	0.73	1.02	2.63	0.18	0.10	0.44
中部	−0.11	−0.12	−0.11	1.00	1.54	0.44	−0.13	−0.10	−0.33
西部	0.06	−0.10	−0.21	1.77	−1.64	4.02	0.51	0.25	0.63

注：根据计算整理得出

2017年1月习近平总书记指出，“完善市场机制……提高企业资源要素配置效率和竞争力”①；党的十九大提出的包括信息、物流等全方位的“基础设施网络建设”将会降低区域交通的金钱和时间成本，“权责清晰、财力协调、区域均衡的中央和地方财政关系”将会缩短区域间经济距离，后发地区规模经济效应、产业集聚就业空间和默会知识传递链将会更好地提升人民福利，效率的道德意蕴得以显现；以“提高保障和改善民生水平”为导向，以“释放积极效能”为目标的社会治理体系，促进了效率道德意蕴的实现。

（二）公平：从道德公平到公平正义

公平是法权观念或道德观念最抽象的表现，而法权观念或道德观念是公平最直接的来源，侧重分配结果公平，重要参照是社会产品分配关系。例如，罗尔斯的“正义即公平”理论阐述了公平正义的实现机制：正义原则的基础可通过蕴含在教育、医保、税收和选举等社会制度的道德感予以表现，由于不平等资源分配的随意性需通过调整初始的契约状态；阿马蒂亚·森等认为，罗尔斯没能对政治权力和经济权利做出正确区分，也有人认为，资本主义制度内在不平等与罗尔斯预想的平等主义政策难以共存。

以我国2015~2018年四大区域一般财政预算收入为例，其基本特点：西部地区财政收入由1.72万亿元增至1.90万亿元，增长率由8.43%降为6.74%，年均增长率为2.52%；东北地区由0.45万亿元增至0.51万亿元，增长率由−20.62%升至6.25%，年均增长率为3.17%；中部地区由1.48万亿元增至1.76万亿元，增长率由9.70%降为7.98%，年均增长率为4.43%；东部地区由4.65万亿元增至5.61万亿元，增长率由13.85%降为6.86%，年均增长率为4.80%，四大区域最

① 资料来源：习近平主持中共中央政治局第三十八次集体学习. http://www.gov.cn/xinwen/2017-01/22/content_5162360.htm,2017-01-22.

高。由此可见，区域财政收入年均增长率差异较大，但 2018 年有收敛的态势。

通过对 2015~2018 年四大区域居民人均可支配收入情况分析可知：全国居民人均可支配收入年均增长率为 6.47%，其中中部地区由 1.84 万元增至 2.38 万元，年均增长率为 6.64%；东部地区由 2.82 万元增至 3.63 万元，年均增长率为 6.51%；西部地区由 1.69 万元增至 2.19 万元，年均增长率为 6.69%；东北地区由 2.10 万元增至 2.55 万元，年均增长率为 4.97%，为四大区域之首。东部地区和东北地区的绝对额相对较大，两者的比值由 1.34 增至 1.42，而东部与中西部的差距相对稳定。

中国实施按劳分配为主体、多种分配方式的运营管理体制，初步形成了以税收、社会保障和转移支付等为主要手段的再分配制度，但区域收入分配制度仍存在尚需解决的问题。例如，2017~2019 年城乡居民收入倍差由 2.71 仅下降了 0.07，居民基尼系数在 0.46 以上仍高于 0.4 国际贫富差距警戒线；仅东北地区 3 年人均可支配收入平均增长率高于地区生产总值增长率，是扶持政策的再分配效益，但初次分配效益有待加强；区域间民生财政支出占比不均，东部优势明显，其他 3 个区域虽相对稳定，但其绩效管理体系不健全导致效果不彰。

二、公平与效率的财税治理诉求

中国历来改革与发展始终面临的重要问题之一便是处理好效率与公平的关系，如党的十三大提出"在促进效率的前提下体现社会公平"，十四大提出"在分配制度上，兼顾公平与效率"，十六大提出"初次分配注重效率，……再分配注重公平"，十七大提出"初次分配和再分配都要处理好（十八大为兼顾）效率和公平的关系，再分配更加注重公平"，十九大提出"努力实现更高质量、更有效率、更加公平、更可持续的发展"，2018 年 1 月习近平总书记提出"要建设体现效率、促进公平的收入分配体系"①。

生产力发展决定生产关系，通过深化改革、注重效率，更有助于提升区域生产力发展水平，这是实现区域公平的应有之举。习近平总书记强调指出，"从政治、经济、社会、文化、法律、行政等各方面采取有力措施，促进社会公平正义"②。因此，从"区域发展—利益协调—公平正义"应将"适应改革开放和发展社会主义市场经济的新形势"作为起点，将发展主线贯穿始终。效率与公平深刻体现了目标与手段的辩证关系，物质、精神、政治和生态文明深度共享既是区

① 资料来源：习近平：深刻认识建设现代化经济体系重要性 推动我国经济发展焕发新活力迈上新台阶. https://news.12371.cn/2018/01/31/ARTI1517393066970480.shtml, 2018-01-31.

② 资料来源：庆祝"五一"国际劳动节暨表彰全国劳动模范和先进工作者大会隆重举行 习近平发表重要讲话. http://cpc.people.com.cn/n/2015/0429/c64094-26921002.html,2015-04-29.

域协调发展战略的最终归宿，又是促进社会公平的重要着力点。

因此，区域发展效率内在要求与区域协调发展所体现公平正义关系是有机统一的，因要素供给约束和产业集聚导致的要素需求增大而提升要素价格，以致产生艾尔赫南·赫尔普曼所提出的“产业从集聚到分散”和区域经济出现收敛的现象；交易成本下降和经济距离缩短为产业向后发地区转移提供了便利条件，依靠特殊的资本边际递增效应和技术模仿等获得后发利益而实现快速赶超；地方政府通过基本公共服务均等化和良性政策供给，建立以权利、机会和规则公平为核心的社会公平保障体系，以提高社会总体效率。

在充分发挥财政政策再分配中以公平作为导向作用的基础上，激发其在初次分配领域之作为。其中初次分配以公平为目标的财政理念应是促进中西北地区劳动者充分就业并提高劳动报酬在初次分配中的比重、扶持后发地区大众创业和万众创新、鼓励创新要素溢出的平台型和公共服务型的财政理念。财政政策再分配中的公平主要包括：政府间和区域间转移支付的横纵向公平、提高直接税收入比重降低间接税收入比重和完善个人所得税征管模式，以及开征社会保障税、遗产税和赠予税。

三、确定“中和位育”的积极财政政策

公平与效率兼顾不当往往是公共风险和社会危机的源泉，应该说财税改革的每一步都深刻带有公共风险变化的内在意蕴。诚然，政策意图转变为实践是一个复杂的过程，区域经济协调发展是“十三五”时期和党的十九大以来“全国一盘棋”必须解决的硬骨头并适时做出的重大决策。基于以上对公平与效率的区域发展属性和公平与效率的财税治理诉求的基本分析，在中国区域经济协调发展进程中，无论是从“协调东中西，平衡南北方”横纵维度，还是“四大板块、三大战略”整体局部维度，抑或“1+2+4+5”新格局维度，都是以中国“中和位育”智慧结晶作为财税政策哲学上的关照，即在精准研判各个区域经济发展面临问题的基础上适当调整财税治理的施策方向与力度。

（一）“中和位育”思想内涵的释析

中国古代儒家和道家诸多思想巨擘典籍对“中”“和”“位”“育”思想均有不同程度的涉及，从逻辑联系和道德准则架构了儒家核心伦理体系。《中庸》首次较为完整地阐扬了“中和位育”之理念，并以此作为核心思想：“喜怒哀乐之未发，谓之中；发而皆中节，谓之和。中也者，天下之大本也；和也者，天下之达道也。致中和，天地位焉，万物育焉。”（思履，2013）“中”一般被理解为“适度”“中正”，即客观事物矛盾对立之统一；“和”一般被理解为“统一”“协

调”[①]，其本质是某一共同体内多个组成部分的差异与协调；对“位”“育”，朱熹（1983）注为“位者，安其所。育者，遂其生”，其意指系统要素应根据所在的独特位置进行发展，即实现应然状态与实然状态、静态和动态的辩证。

除以上经典集注对“中和位育”思想的解读外，中国近代以来社会科学研究领域，也广泛运用其作为一种研究切入点。诸如中国著名社会学家和民族学家潘光旦认为，惟有经由中和的过程，才能达到位育的归宿（潘乃穆，1999）；费孝通（1994）则将潘光旦提出的“中和位育”新人文思想理解为：“……就是一面要承认社会是实体，它是个人在群体分工合作才能产生的结果，既要分工就不能没有各自的岗位，分工之后必须合作，岗位之间不能不互相配合，不能没有共同遵守的行为规则……”总之，若将此四者综合而论，可直白地理解为万事万物应当按照其所处的位置，遵循客观发展规律，方可尽得发展机会，最终在差异中实现协调之状态。

（二）“中和位育”思想对区域财政治理的启示

习近平总书记提出：“中国优秀传统文化丰富的哲学思想、人文精神、教化思想、道德理念等，可以为人们认识和改造世界提供有益启迪，可以为治国理政提供有益启示。”（新华网，2014）“中和位育”强调的是一个系统或共同体内各组成要素间在尊重各自特点的基础上理顺发展秩序，进一步说，差异的存在是“和”的前提，继而才能实现“和也者，天下之达道也”的理想状态，故而在运用财税政策解决区域经济发展之张力的过程中，将区域实际发展诉求和面临的实际问题作为财税政策拟定的逻辑出发点，以精准性政策平抑区域间公平与效率之间的失调，其最后所要实现的是相对公平和相对效率。这就客观地决定了财税政策应当具有区域差异性，“中和位育”为差异性财税政策提供了哲学思维，也明晰了基于区域发展现实诉求的差异性财税政策思路。

第一，东部创新引领与优化发展的财税政策思路。东部地区的 10 省市是中国经济改革的重要示范田和排头兵，但“人力资本”竞争激烈，土地和劳动力等要素制约日趋明显，落后产能亟须转移或淘汰，因此应树立“人才本位、服务性干预”财税政策。例如，理顺东部地区税收分权与环境优化关系；深化财税绩效管理，提升区域公共品和服务质量，构建横纵联动的网络绩效管理机制。

第二，中部发挥优势推动地区崛起的政策思路。中部 6 省具有人力资本和腹地区位优势，但资源环境压力较大，城乡二元结构仍待弥合，应突出“创新本位、引导性干预”的财税政策。例如，落实人才回流财政补贴激励；提升财税政

① 《尚书》中“和”被广泛地应用于家庭、国家、天下等，用以描述这些组织内部治理良好、协调状态。孔子在《论语·子路》中提出“和而不同”之命题，“君子和而不同，小人同而不和”，其中“和”也指由诸多性质不同或对立的因素构成的统一体，这些相互对立的因素同时又相互补充、相互协调，从而形成新的状态。

策对“中—东”产业价值链建构和服务能力，财政资源向长江中游经济带高端产业、淮河生态经济带和陆桥通道倾斜；优化公共服务均等化供给模式等。

第三，西部强化举措形成大开发新格局的政策思路。西部 12 省区（市）发展空间综合效益新增长点源于经济内生动力与城市建设良性互动，但仍处于“落后病陷阱”中，应确立“人力本位、保障性干预”财税政策。施策重点向人力资本优化倾斜，协同推进人力资源服务业和就业服务快速发展；进一步加大中央对西部地区财政转移支付力度，增强地方政府财政治理保障能力。

第四，东北深化改革加快老工业基地振兴的政策思路。东北振兴的关键是破除依赖性思维与心理失措引致的转型障碍，面临中心城市支撑力不足、沿海沿边发展差距过大、支柱产业收缩严重等问题，应明确“意识本位、综合性干预”财税政策。诸如切实解决好历史负担累积问题，改善人才就业创业发展环境；提升预决算透明度，扩大财税监督参与，强化社会硬性约束；增强中心城市能级，提升其区域综合服务和辐射带动能力；创新资源产业发展协同性，消除国有企业改革利益壁垒，促进产业链向中高端发展。

第六章　创新先发区域经济发展的“积极性”财税政策

基于前文对区域经济发展差异及区域经济协调发展财税政策的总体策略分析，提出先发区域（东部地区）实行“积极性”财税政策，与现行积极的财政政策相一致，实质是相对“稳健”的财政政策，其“积极性”体现为积极担当、积极引领、积极示范、积极服务和积极创新的能动性，内容主要包括实施联动有效的多元财政政策和管理规范科学的税收政策。

第一节　确立区域财税政策的前提

一、事权与支出责任相适应

中国中央与地方（简称央地）间财政关系经历了由“事权与财权相匹配”到“事权与财力相匹配”再到“事权与支出相适应”三个阶段，其变化过程体现了央地政府间财政关系的不断调整和优化。其事权与支出责任相适应也是全面推进区域协调发展战略的重要前提，对此可进一步细化二者关系。

（一）调整央地事权与支出责任划分格局

按照外部性、信息复杂性和激励相容性的划分标准，地方专属外部性效应较小的财政事权，根据信息复杂化程度不同由中央补助或地方承担支出负责，而中央专属外部性效应较大的财政事权，或委托地方或独立履行支出责任（田发和苗雨晴，2018）。从促进区域协调发展角度，央地间事权与支出责任应结合四大区域情况划分，如东部经济实力较强，可代替中央政府实行纵向转移支付，承担区域学前教育和住房保障等民生支出，即在有限的财权和财力范围内承担更多的支出责任。

（二）制定央地事权与支出责任划分清单

在坚持财政事权由中央决定的前提下，将中央专有、地方专有和央地共同财政事权进一步清单化、制度化和法治化。总体上由中央继续承担国家主权、关乎市场统一、受益范围全国的基本公共支出，牢牢把握中央对关键领域的绝对控制权；原来由央地共同承担财政事权的领域根据受益范围、地方财力等内容划分支出责任，减少因央地政府职能交叉造成的遇事相互推诿、设施重复建设、资源浪费严重等现象发生。可制定“财政关系基本法”（李苗和崔军，2018），将由中央承担支出责任的领域以名录的形式列出，使央地财政事权与支出责任有法可依。

（三）增强央地各级政府的财政收入能力

在 2019 年 3 月政府两会报告提出的实施更大规模的减税政策，降低制造业、交通运输业、建筑业等行业增值税税率的宏观经济背景下，要保证或增强央地间各级政府财政收入能力可谓任务艰巨。对此，应切实推进国企混合所有制改革，加快兼并和重组现有国企的“空壳”“僵尸”等企业，防范可能由其引发的隐性政府债务，进而规避系统性金融风险；大力扶持民营经济发展和壮大，增强地方政府自身“造血”功能，以减少对中央财政转移支付的依赖，夯实税源基础，健全市场的营商环境，把民营经济由地方经济的“有益补充”转变为“重要部分”；继续落实党的十九大以来提出的“健全地方税体系”等政策要求，并作为“十四五”时期税制改革的重要内容，加快推进房地产税立法工作，明确其地方税的主体地位，增加地方政府财政收入能力。

二、促进财税竞争合理有序

在区域经济协调发展过程中，中国地方政府间竞争的方式已逐渐由税收优惠政策竞争转变为更广义上的财政收支政策竞争，从第三章阐述分析看，转移支付政策开始向注重基本公共服务的社会绩效倾斜。正如第五章所言，在区域经济协调发展议题之下，基本公共服务均等化应向促进全面均等化方向转变，由此需要从参与主体、竞争规制模式等方面进行考量。

（一）规范财政竞争行为的参与主体

区域经济协调发展是一个多维度、多层次的过程，这不仅是区域经济管理机构推进发展战略的结果，也是拥有不同权利且居住在此的独立行为主体参与活动的结果。其参与主体包括：一是辖区居民；二是辖区内企业；三是公共组织或公共服务机构；四是位于本区域及其上级国家政府部门。这些主体都有自己的利益动机，其利益动机异于区域经济管理机构的利益，因而从第三方监管层面看，他们的参与是必不可少的。

（二）规范财政竞争行为的多元模式

在健全既有的自上而下标尺竞争机制的基础上，应着重分析基于要素流动的自下而上财政竞争和构建横向政府竞争合作模式，其内容主要包括：辩证运用标尺竞争与标杆竞争，由被动型标尺竞争向主动型标杆竞争管理转变；明晰混合目标指向的中央政治要求、社会公共服务与科层经济指标在地方政府交互行为中的复杂呈现，通过完善考核激励等制度促进地方政府良性竞争，防止标尺竞争引起转移支付结构固化；发挥公共服务外溢效应，构建地方政府横向竞争合作机制。

建立健全“以脚投票”与“以手投票”的双重机制。在争取财政转移支付力度最大化并满足民生需要和政治晋升需要时，在发挥“以手投票”机制作用下，促进“自下而上”标尺竞争和“自上而下”标尺竞争的统一。例如，为吸引高层次人才引进，蒂布特模型论述了地方政府通过提供特定的公共服务和财政模式组合来吸引人口居住，居民在“以脚投票”机制的作用下流动到能够满足自身偏好的辖区。Soroka 和 Wlezien（2005）认为居民是一种政策恒温器，当政策偏离辖区居民偏好时，他们便会发出调整信号。进而 Tanzi 和 Schuknecht（2000）阐释了随着地区间的财政竞争度越来越大，民众需要政府不断增加支出以抵御可能存在的风险。因此，中国区域转移支付政策决策应进一步破除“唯 GDP”的发展路径，不断满足民生诉求。

（三）构建区域横向竞争合作关系

在财政竞争空间外溢事实下，参考“飞地经济”的基本逻辑框架，构建公共服务协同供给的“飞地服务”模式，实现财政资源与公共资源共享流动；比照现行的“医联体”制度安排实践，探索更大领域范围内的区域横向上基本公共服务资源流动，构成跨越行政隶属关系的新型的基本公共服务保障体系和模式，从而整合现有的基本公共服务资源，以环保领域为例，包括协调国民经济和社会发展规划、城镇建设规划、土地利用规划、生态治理规划等顶层设计之间的关系；健全生态文明调查、生态系统敏感性分析、风险评价和濒危度量化分析机制；明确环水域、大气圈、碳排放等区域责任追究和奖励机制；建立健全反映市场供求状况、资源稀缺程度、体现生态价值和代际补偿的财政转移支付政策；形成标本兼治和专项整治并重、常态治理和应急减排协调、本地治污和区域协作的相互促进体系；推进无障碍生态旅游圈协同建设；制定空间环境承载能力警戒指标，加强动态监测和执法监管。

三、经济效率社会公平匹配

（一）以法治保障效率与公平实现

改革开放以来，中国公平与效率关系经历了“效率第一”到“兼顾效率与公平”“效率优先，兼顾公平”再到“两次分配都要处理好效率与公平关系，再分配更加注重公平”的变化趋势，反映了公平与效率有效匹配是必然的选择。财税政策在支持区域经济发展时，也应兼顾社会整体经济效率的提高和区域经济协调发展两者之间关系，并以完善的法治保证其实现，倡导东部率先引领发展，保证经济效率的提高，通过法治保证任何区域不会为追求地区利益最大化而损害整体利益。

（二）以共同富裕为社会发展目标

中央对地方的一般性转移支付、专项转移支付和税收返还三种纵向转移支付手段均应以促进区域经济协调发展和实现“共同富裕”为目标，其中要逐步提高一般性转移支付的比重，适当提高农村税费改革转移支付、均衡性转移支付、调整工资转移支付和民族地区转移支付的支付标准，特别是加大对中西北地区的一般性转移支付投入力度，弥补其地方财政缺口；因专项转移支付专项补助政策导向性较强的特点，将间接加剧不平衡不充分的地区发展现状，应适当减少专项转移支付项目；对税收返还部分转移支付应逐步取消，以缩小由其引发的区域不平衡性问题。

第二节　联动有效的多元财政政策

一、加大预算绩效管理全面性

我们认为，实施全面预算绩效管理是推进国家治理体系和治理能力现代化的内在要求，更是深化财税体制改革、建立现代财政制度的重要内容，亦是优化财政资源配置、提升公共服务质量的关键举措。依照《中共中央国务院关于全面实施预算绩效管理的意见》（2018 年）相关规定，加快建成全方位、全过程、全覆盖的预算绩效管理体系，其核心路径如图 6.1 所示。

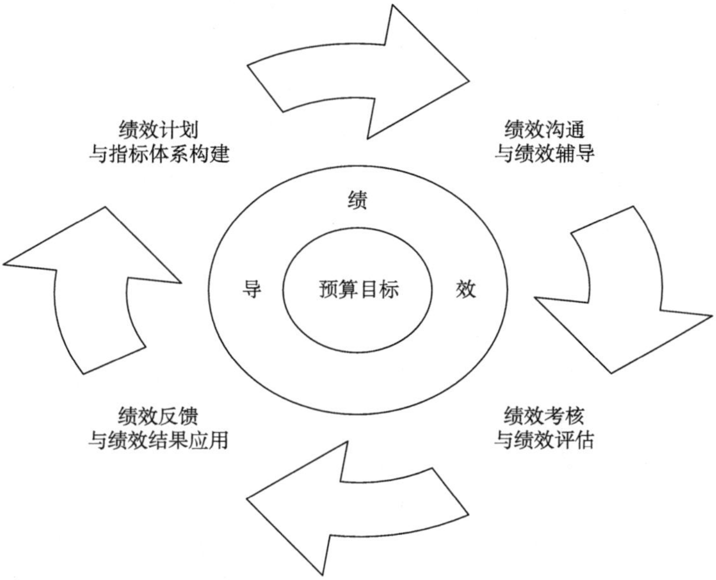

图 6.1　绩效管理创新基本流程

（一）构建全流程预算绩效管理体系

（1）明确绩效指标体系。全面设置部门、单位政策绩效目标，其应主要包括履职效能、经济效应、社会和生态效益、管理效率、社会效应、可持续发展能力和服务对象满意度等内容。基于以上绩效目标的确定，在目前实行的《预算绩效评价共性指标体系框架》（2013 年）中设计出各个项目在不同功能及类别下的特殊性指标，统一规定绩效评价指标的权重、分值、层次、取样规则、评价方式和相关的调查方法等，如采用改进型的 SMART 方法建立反映本地区人民生活水平的指标体系（唐文娟，2017）。

（2）优化绩效动态评价。对绩效目标实现进程和预算执行实行监控时，建立并优化财政预算绩效管理动态化和智能化系统，其模块具体应包括绩效目标管理、绩效考核、评价实施、绩效反馈和绩效应用等，预算绩效管理系统应加强与预算编审、国库支付等财政核心业务系统的同步建设和统一衔接，实现数据和流程的有机整合。同时推进绩效动态评价与金财、金税和金审工程的深度结合，这将有利于实现基于大数据的财政收支估测、预警分析，以此构建一站式查询各种预算绩效考评信息。

（3）加强绩效结果应用。结合 360 反馈法、目标管理法（management by objectives，MBO）、关键绩效指标法（key performance index，KPI）和平衡记分

卡（balanced score card，BSC）等自评和外评结果，健全结果反馈与绩效问责制度。其内容主要包括：完善绩效目标和绩效评价结果与预算安排、政策调整的衔接机制，使其成为预算安排和项目立项参考；根据绩效评价结果进行公共项目整合，优化资金使用方式，调整项目资金支出方向，提高财政资金的使用效益；关注重大项目支出结果和重要政策目标的实施效应，滚动开展跨年度的全周期支出审查和成本效益分析；提升预算绩效管理信息的透明度，构建绩效评价定期公示制度，打造绩效财政和阳光财政。

（二）完善全覆盖预算绩效管理体系

（1）增强“四本预算”的整体联系。“四本预算”指以税收为收入主体、突显公平性原则、以保障政府公共管理职能的一般公共预算；以特定对象上缴筹资为收入主体、强调效率性原则、以支持特定公共事业发展的政府性基金预算；以国有资本收益为收入主体、依据平衡原则、以支持国有经济、产业调整和公益性基础设施投资的国有资本经营预算；以社会保险缴款和一般公共预算安排为收入主体、遵循稳定性原则、以保障居民的基本生活需要的社会保险基金预算。在《政府收支分类科目》（2021 年）和《划转部分国有资本充实社保基金实施方案》（2017 年）等相关政策基础上，逐步探索“综合预算+复式预算”模式，盘活财政资金存量，提高财政资金的使用效率，降低财政风险。

（2）明确政府预算绩效管理重点。在基金预算绩效管理方面，主要包括设立延续依据、使用效果和征收标准等，此外还应关注专项债务偿付的财政支撑能力，破除土地财政的 PPP 项目与土地出让收入挂钩的固化模式，科学设置政府性基金预算中安排 PPP 项目支出“警戒线”；实施国有资本经营预算绩效管理，参照 2017 年 10 月财政部发布的《关于印发中央国有资本经营预算编报办法的通知》，完善地方国有资本经营预算制度，提高国有资本收益上缴公共财政的贡献能力；社会保险基金预算绩效管理，应包含经济、效率、效益和公平指标，具体如表 6.1 所示。

表6.1　社会保险基金绩效指标体系

指标类别	具体指标及说明	评级					得分
		极优	优	良	中	差	
经济指标	1. 管理成本：经办机构等运行成本占社保基金的比率	5	4	3	2	1	
	2. 补助占比率：财政补助占社保基金规模的比率	5	4	3	2	1	
	3. 社保基金收入增长率：社保基金收入增长比率	5	4	3	2	1	

续表

指标类别	具体指标及说明	评级					得分
		极优	优	良	中	差	
效率指标	1. 缴费率：单位和个人的缴费数额所占社保基金总额的比率	5	4	3	2	1	
	2. 征缴率：实际缴费占应缴费的比例	5	4	3	2	1	
	3. 基金结余率：结余资金占社保基金总额的比率	5	4	3	2	1	
	4. 社保基金投资收益率：社保基金投资收益占社保基金总额的比率	5	4	3	2	1	
	5. 社保基金支出增长率；社保基金支出增长比率	5	4	3	2	1	
	6. 社保基金收支比：社保基金收入和支出的比例	5	4	3	2	1	
效益指标	1. 养老保险替代率：退休养老金水平与退休前收入水平的比率	5	4	3	2	1	
	2. 养老保险参保率：参保人数占总人口比率	5	4	3	2	1	
	3. 医疗保险参保率：参保人数占总人口比率	5	4	3	2	1	
	4. 医疗保险补偿率：医院门诊报销比率	5	4	3	2	1	
	5. 失业保险参保率：参保人数占总人口比率	5	4	3	2	1	
	6. 工伤保险参保率：参保人数占总人口比率	5	4	3	2	1	
	7. 生育保险参保率：参保人数占总人口比率	5	4	3	2	1	
公平指标	1. 各人群待遇差距	5	4	3	2	1	
	2. 文件公开程度	5	4	3	2	1	
	3. 运营公开程度	5	4	3	2	1	
	4. 城乡覆盖率	5	4	3	2	1	
总得分：							

（三）强化隐性债务的预算绩效约束

（1）加强地方隐性债务预算管理。根据2016年国家制定的《地方政府一般债务预算管理办法》《地方政府专项债务预算管理办法》等法规，着力构建重点分明、内容完备的隐性债务预算管理制度。诸如将隐性债务预算纳入三年中长期滚动预算范畴，以保证隐性债务预算的连贯性和前瞻性；将权责发生制引入隐性债务预算执行管理，汇总区域隐性债务权责发生时间，及时登记造册；预算内除隐性债务余额、收支和利息外，探索隐性债务风险应急预算，对应设立隐性债务风险基金。

（2）提升隐性债务绩效管理水平。隐性债务预算绩效考核是衔接滚动式债务预算管理的重要环节，其核心是将成本效益分析法纳入地方隐性债务绩效管理之中。诸如明确隐性债务预算支出成本和效益的测量范围，采用成本中心法分析隐性债务预算支出的效果；设定科学的绩效考核指标，通过规范的全覆盖评价选项反映难以直接量化的项目；完善隐性债务全生命周期管理链条，确保地方政府能够尽量将所有潜在的成本和收益纳入考核范围；形成统一的隐性债务预算管理机构，明确财政、审计和人大三个预算监督主体和国资、国家发展和改革委员会等国有企业管理主体的责任。

（3）构建隐性债务风险预警机制。完善先发区域各级政府综合财务报告制度，强化隐性债务风险的识别和预警；按照地方隐性债务发生来源和类型，确定隐性债务风险预警指标，如根据地方老年人口抚养比例及享受养老金人口结构等指标确立养老金隐性债务负担率，根据国企亏损率和国企改革人员安置财政补贴等确立其隐性债务规模，结合债务率、偿债率、逾期债务率和或有债务代偿率等指标评估隐性债务风险状况，实现对隐性债务高风险地区的预警；制定科学的隐性债务风险预警流程，完善监测、反映、调整和反馈等环节，并积极落实预警反馈执行的最大效用。

二、增进横向转移支付激励性

在财政分权背景下，地方财政竞争及合作已经是当代世界经济的最重要现象之一，无论是发挥旨在提升长期市场均衡水平的资源配置功能，还是发挥意在解决“动物精神”和名义刚性问题的稳定功能，或发挥弥补市场分配机制处于帕累托最优均衡时公平缺失的分配职能，建立“权责清晰、财力协调、区域均衡”的中央和地方财政关系不仅是当代财政学理论建设的重要命题，也是中国当前经济改革与发展过程中所必须解决的重大实践问题。横向财政均衡不但直接应对区域间横向财政失衡，而且事关应用价值手段对区域异质性生产要素和全要素边际生产率的跨区调整，这丰富了实现地区均衡发展和社会共同进步等更为重大命题的政策手段。先发区域创新横向转移支付的手段主要包括以下三个方面。

（1）省域协商模式确立决策主体。财政转移支付作为现代政府治理能力的重要组成部分，与区域内营力、产业技术力和外营力一同构成了区域协调发展动力系统，其中财政转移支付主体与区域协调发展的适应度决定了区域管治和调控效能。中国市场化改革初期，为调动地方政府和企业的积极性，在财政体制上通过行政性分权把部分权力下放给地方政府，通过经济性分权减少在产业布局、资源配置和收入分配等方面的中央计划和行政控制，两种分权思路在经济转轨过程中相互交织。各级政府行政性和经济性的双向分权改革，激发地方政府、企业和居民等经济主体主动参与发展经济的积极性，促进区域经济快速增长，但也伴生了区域财政竞争引发市场割据和重复建设等行为，且地方政府的非均衡性财税规制行为使得用于国民收入二次分配的财力相对更为紧张，由此导致了社会总需求结构性失衡等问题。

因此，区域协调发展维度下应建立科学民主、多元统一的横向财政转移支付主体理念，破除“政府即财政主体”的国家分配财政主体论，避免“公民理财学之主体即财政主体”的社会抉择财政主体论，扬弃“掌权者、资产者和劳动者共同构成财政主体”的理论。在消除地方政府“以邻为壑”竞争行为的基础上，规范财政横向治理和跨区管治的责任主体，明晰对话、协调和合作渠道，在法律框架内形成多中心、分散化、独立与制衡“一体三翼”的统一共制模式。

具体而言，横向转移支付政策的决策主体是政府横向之间转移支付的规模和项目的决策者，依照预算法各级人大及其常委会行使本地预算审批和监督执行权，因而可确定的是地方权力机关行使横向财政转移支付决策权。在何级政府进行横向财政转移支付的决策则是一个更具实践意义的问题，由第三章的分析可知，中国财力的不均衡主要源于省域范围，但按照《中华人民共和国行政区划简册（2018）》，县级行政区多达 2 851 个，如果全国范围内以县级政府作为横向转移支付主体的话显然是不合实际的，因此可在省级范围内实行县域间的横向财政转移支付，由省级部门对横向转移支付资金及其方式进行因地制宜的安排。同时，对经济机制、区域治理和生态安全保护等公共产品供给应发挥中央财政的优势，通过建立高层联席制度和区域公共事务管理局等优化政府间供给路径，发挥企业信用保障和产业创新的推动作用。

（2）严格转移支付资金划拨程序。横向财政转移支付资金划拨程序的优化是促进其规范化运作的基础。由于中国财政转移支付相关立法和横向财政转移支付政策的缺失。对此，应先明确横向财政转移支付资金的一般性划拨程序。在借鉴德国和日本等国的经验基础上，可建立横向财政转移支付委员会，横向财政转移支付监管部门即上文中所言的财政共同体的具体实体形式之一，其职责主要包括：横向财政转移支付资金调解、划拨和监管，预算年度完结之后，制定各项横向财政转移支付决算及工作报告等。

在进行横向转移支付资金划拨过程中，由付款方将财政资金划拨于此，后者对接受款方同时做出具体的资金安排规定。当然，严格转移支付资金划拨程序还应有相应的配套保障性制度安排，如完善供给侧制度设计、协同创新组织平台和破除行政区经济，这是促进区域协调发展的根本保障；完善地方官员政绩考核指标，增强对政府博弈行为的产权约束、预算约束和责任约束；强化区域经济发展共同体理念，构建政府间契约规范和区域政府协作联盟；以社会主义核心价值观和科学发展观为指导，规范区域意识形态、伦理道德和风俗习惯等非正式制度的演进路径，落实法治、绩效、科技、联动和服务的财税理念等。

（3）规范对口支援模式激励约束。目前对口支援援助模式在应对区域性自然灾害，支持边疆、少数民族区域和经济欠发展区域快速发展等方面作用显著，构建制度化和规范化的对口支援模式，有效提升其激励约束机制势在必行。财政政策绩效管理的基本分析给予的启示如下：分别规范不同类型对口支援激励约束机制，其中为应对区域性自然灾害的对口支援应形成“以预防灾害为主、以财政预算为硬性约束、以转移支付为基本辅助手段”的机制，故而将灾害预警及防治并入公共建设支出中，并将其纳入财政预算管理，激励模式的设定可充分发挥市场机制调动社会福利部门和保险等金融部门的积极作用，完善应急基金管理、优化转移支付资金筹措机制和具体的支付路径，同时加强硬性约束，如司法和审计等制度安排，以最小的财政成本实现灾害规避保障人民利益。

对边疆、少数民族地区和经济欠发展地区的财税政策支持，应形成“以地方政府固有资金为主体、以股权激励为主要手段、以多方监管为主要约束、以融合资源产业为主导”的合作机制。以地方政府固有资金为主体，旨在提升区域发展的主观能动性，破除后发区域发展滞缓引致的心理失措和依赖性思维的转型障碍；以股权激励为主要手段，旨在保障先发区域的基本动力，通过发展基金分红等形式来破除先发区域的技术锁定优势，激励其向后发区域输送行政命令型财政资金的同时，带动后者长期发展效应；以多方监管为主要约束，旨在提高对口支援资金的使用绩效，规避后发区域财政行为失范，同时形成市场、政府及其他社会力量宽范围、多层次参与其中的资金良性运作模式；以融合资源产业为主导，旨在规范区域间产业梯度转移和专业化分工，加强区域间产业联系和技术扩散，完善区域间产业合作网络是促进区域协调发展的核心要求。

三、强化债券融资模式规范性

创新债券融资模式的前提是严禁各种违规举债。除地方政府债券外，政府所属部门不得以任何方式举债，财政部门不得为任何单位和个人的债务以任何方式提供担保，不得承诺回购投资本金，或者向其他出资人承诺最低收益，不得以出具担保函、承诺函及安慰函等任何形式为融资平台融资提供担保。逐步提高先发区域政府债券融资比例，构建规范有序的地方政府债券市场。中国地方政府债务风险不在于规模增长，因而防范和化解债务风险的根本途径不应是限制，而应是规范与疏导，其中构建规范有序的地方政府债券市场应是最佳选择。主要包括以下两个方面。

（一）加强法治建设

完善对举债融资的授权规范，以财政责任为核心确立举债融资的责任主体和启动条件，通过深入落实 2018 年出台的《地方政府债务信息公开办法》，科学设立债务风险与应急处理的规范设定；强化对举债融资权的实体性控制，以公共长期投资的资本性支出和关键财政指标明确举债用途和举债上限；规范对举债融资的程序性控制，以预算为核心加强对举债融资的监控机制。

（二）优化市场运作

地方债券在二级市场上存在的流动性不足、标的散乱和投资者结构单一等问题，严重制约了地方债券市场的持续发展，对此必须遵循 2018 年财政部制定的《地方政府债券公开承销发行业务规程》《关于做好 2018 年地方政府债券发行工作的意见》等规定，推行地方债券交易所交易基金（exchange traded fund，ETF）交易和定向发行机制，提升地方债券市场流动性和利用效率；完善地方政府信用评级体系，合理设定信用评级指标，完善信用评级机构，提升债券市场化定价的科学性；规范地方债券的会计处理程序，促使其由隐形转向显性。

四、提升财政资金管理创新性

党的十九大再次明确了“创新引领率先实现东部地区优化发展”的东部地区发展战略。东部 10 个省市是中国现代财税体制改革的重要示范田，是加快建立现代财政税收制度的关键，为进一步规范财政资金管理使用，强化预算约束，提高资金使用效益，根据《预算法》（1995 年）、《政府采购法》（2002 年）和《关于深化预算管理制度改革的实施意见》（2014 年）等规定，结合先发区域实际情况创新财政基金管理，主要包括以下四个方面。

（一）创新预算管理

预算管理的创新前提是规范预算编制，要遵循统筹兼顾、勤俭节约、量力而行、讲求绩效和收支平衡的原则，依法依规编制、审批和公开。

（1）严格预算编制。政府预算编制是纳税人和代议机构监督财政活动的有效机制，也是民主政治程序的有效制衡手段。因此，各级政府的一切收支应全面纳入预算管理，切实做到 2018 年中共中央、国务院《关于全面实施预算绩效管理的意见》中提出的"收入一个笼子、预算一个盘子、支出一个口子"等政策要求；部门预算基本支出按定员、定额标准据实核定，杜绝超范围、超标准，预算项目支出和专项支出要根据中央、地方政策变化和支出范围进行调整，结合年度财力状况及地方政权运转、民生建设、重点工程等次序安排；推进项目支出定额标准体系和项目信息库的建设和完善，明确项目库中专项支出绩效目标，项目库之外的项目不得安排预算资金。

（2）按程序审批预算。财政部门编制的年度预算草案，应充分征求人大和中国人民政治协商会议等有关部门意见，并经地方政府常务会议研究同意后，按程序报请人民代表大会审议；将人大对政府预算的审批和监督周期从静态点扩展到动态面，提高预算信息公开程度，按照财政部《地方预决算公开操作规程》（2016 年）的要求，主动履行公开主体责任，这不仅能保障公民知情权、增强其参政意识和完善财政民主制度，又可提升政府公信力、彰显控权制衡理念、保障预算的正当性；强化预算公开时效，财政部门应在人大批准预算后及时向社会公开，促进预算信息公开常态化，建立预算公开统一平台，财政及其他部门在平台上公开政府预算和部门预算信息，鼓励社会公众查阅和监督。

（3）优化支出预算管理。严格加强预算执行约束，减少或杜绝安排支出的追加行为；严控基本建设项目，财政部门未明确资金来源的建设项目，国家发展和改革委员会等部门不应安排立项；对预算执行中单位申请的零星维修、设备购置等专项经费的再追加资金支出，促进通过部门自行调整支出结构加以解决；如有中央、省级或地方政府重大决策，确需增加支出的，由部门提出申请，经财政部门审核并提出资金统筹方案，提请地方政府常务会议研究讨论决定后，按程序编制预算调整方案，由地方政府报请地方人大常委会审议批准，依照《中华人民共和国宪法》第三条规定的"国家行政机关、监察机关、审判机关、检察机关都由人民代表大会产生，对它负责"赋予的人大对行政机关的监督权及《中华人民共和国预算法》（2014 年修正）第二章所规定的人大预算管理职权，这将促进预算的执行监督由行政主导向人大主导转变。

（4）提高预算支出效益。降低行政费用占用比，加快政府职能转变和行政机构改革，提高财政支出经济效益；加强资金使用计划管理，严格按照预算批复拨付资金，提高财政资金使用效益；对已列入年初预算，但未明确具体项目或由多个项目主管部门共同使用的专项资金支出，资金安排计划应由有关部门和财政部门共同研究提出，并联合报地方政府业务分管领导和财政分管领导批准，金额较大的提请地方政府常务会议研究审定；优化地方政府财政科研资金管理，项目承接单位对科研项目资金实行转账管理、单独核算和专款专用，探索社会资本通过 PPP 方式参与，逐步完善重大科技基础设施运行管理的资助机制，形成符合外汇管理规定的国际化科研经费预算管理方式。

（二）强化财政专项资金管理

按照“先定办法、再分资金”的原则，制定专项资金管理办法，明确专项资金绩效目标、使用范围，努力提高财政专项资金管理的质效。

（1）清理整合专项资金。全面清理整合“小、散、乱”及使用效果不显著的专项资金；及时清理政策到期、政策调整、初设目标偏离、不符合经济社会事业发展任务和地方重点工作的专项资金；整合或归并投入方向相同、政策目标接近的支出项目；整合归并所形成的专项财政资金要及时梳理调整资金的使用方向，结合地方政府年度工作重点动态梳理资金具体的安排计划，集中力量保证政府重大决策顺利实施。

（2）严控专项资金设立。实行专项资金设立事前审批制度，严控新增专项资金规模，专项资金设立由部门提出可行性报告，经财政部门审核和分管财政的地方政府领导签署意见后，方可上报地方政府常务会议（重大事项报请地方各级委员会财经领导小组审定或备案）；严格履行设立程序，依法依规设立，未经审核和领导签署意见，各部门不得以任何形式将财政支出等事项提请地方各级委员会地方政府研究，不得在各类文件、工作会议、发展规（计）划、实施意见中对设立和增列财政支出做出规定；建立健全专项资金退出机制。

（3）规范资金使用管理。各部门管理的项目支出应在年初预算时细化到具体项目和实施单位，不可预留“二次分配”资金，不得自行跨预算级次拨付资金。专项资金实行专款专用，不得以任何理由和方式截留、挤占、挪用，不得改变资金用途和分解支出，不得超范围、超标准支出资金，不得以任何形式和名义发放、争取与组织实施项目有关的奖励、补贴等。

（三）加强政府采购管理

政府采购不仅是创新财政投入机制的重要杠杆，更是提高财政支出效率的重要制度安排，按照《政府采购法》和购买公共服务要求，形成现代化的政府采购机制需做到以下三个方面。

（1）加强政府采购预算编制。2014 年修正的《政府采购法》缺乏对预算定额和支出标准的具体规定，政府采购的预算编制与部门预算缺乏衔接，同时政府采购监管机构与部门预算审批机构分离。应按预算分配与使用的内在逻辑重构政府采购预算编制，所有纳入政府采购目录、达到限额标准的货物、工程及服务项目，需要明确编制采购预算。

（2）严格执行政府采购预算。现行的财政制度安排将公共资金的使用分为政府采购、招投标采购和预算单位自行采购，其监管权也分别赋予财政、发改部门和采购单位三大主体，支出效率也因分散化安排被大大降低，故此应按财政支出统一性原则整合各类政府采购制度。坚持“无预算不采购”原则，加强政府采购与国库集中支付的有效对接；借助现代化信息和数据传媒技术建立高效的政府采购信息数据共享平台，将分配、预算和支付层面的信息进行整合与共享，从而达到管理信息统一之目的。

（3）加大政府采购监管力度。财政部门应根据政府采购的有关要求定期开展政府采购执行情况监督检查工作，编制《地方政府向社会力量购买服务指导性目录》，形成规范的采购监督蓝本；政府采购监管评价还应覆盖支出效率所涉及的各种因素，如政府采购能力、采购人能力与行为、供应商守法与信誉状况和采购价格等，以此作为部门采购资金配置的重要依据，促使政府采购行为不仅关注采购形式程序而更加注重采购绩效评价的实质结果。

第三节　规范科学的税收管理政策

一、保障产业税收优惠规范性

优化升级产业结构，培育发展新动能，需要促进产业结构在动态变化调整中不断迈向中高端，体现“质量更好，结构更优”的特点。产业结构升级不仅是服务业比重的上升（其上升主因是受金融、房地产等行业的发展所拉动的），而应是以高技术制造业、高技术服务业及战略性新兴产业为代表的知识和技术密集型产业占比的不断提升，才能成为产业转型升级的新动能。

（一）完善统筹性，构建战略性新兴产业税收优惠政策体系

将目前实施的以企业为主的税收优惠政策转向以对“产品+项目”优惠为主，以对项目和产品的认定替代对企业的认定。对税收优惠产品的认定，应以国家发展和改革委员会、财政部等部门联合制定的《战略性新兴产业重点产品和服务指导目录》（2016年版）中明确的产品目录为范围，凡是目录上的产品均可享受税收优惠政策；税收优惠项目的认定，可扩大到所有战略性新兴产业各领域。借鉴科技型中小企业评价管理办法，建立全国战略性新兴产业项目信息库，由企业自行申报，经相关部门审核确认享受优惠。

（二）增强针对性，加大对战略性新兴产业重点领域的税收优惠力度

按照“十三五”产业发展规划、技术创新方向等调整税收优惠政策，把支持重点产业转向拥有核心技术的产品或项目中来。建议加大产业发展初期支持力度，通过再投资退税、投资抵免等方式，对金融机构向战略性新兴产业融资、提

供科技保险取得的收入免征流转税，鼓励社会资本向战略性新兴产业转移，弱化产业成熟期后的直接优惠。

此外，还应加大对人力资本的投入力度，允许据实甚至加计扣除教育培训费和科研人员税前扣除再教育支出，降低研发人员获奖的优惠门槛；加大配套产业扶持力度，将配套设施、生产性服务业等纳入优惠范围。

（三）提升合理性，加大战略性新兴产业重点税种的税收优惠力度

深化流转税制改革，对研发创新阶段实行先行退税优惠，以解决产业发展初期进项税额难以转嫁的问题；在成果产业化阶段实行一定时期的免税、低税率或超税负返还政策，以加快推进战略性新兴产业转型升级；在产品应用阶段实行消费补贴政策等。

改革企业所得税制，以项目优惠逐步取代行业优惠，以直接减免转向间接减免。在投资环节建立健全再投资退税制度，对属于战略性新兴产业的投资项目均可享受再投资退税的税收政策优惠；在研发环节形成的无形资产，比照固定资产加速折旧的政策处理；在成果的转化阶段，将多重税率优惠、延长优惠年限和扩大优惠项目范围等措施有机融合，促进科研成果转化落地，同时制定对产学研联合开发等所得税特别优惠政策。

完善个人所得税制，如对个人投资战略性新兴产业的所得暂免征税；高科技专利发明和技术性劳务等报酬低于一定金额的给予免征、超过的减征；适当扩大科技研发人员技术成果奖励的免税范围；允许科技人员个人负担的培训再教育支出予以税前扣除，以鼓励更多科技人员主动参与再教育。

二、促进纳税服务工作实效性

（一）强化纳税服务思维意识

在 20 世纪 70 年代末 80 年代初兴起的新公共管理理念的不断影响下，纳税服务理念也在发生变化。其原因是国家积极实行“简政放权”为企业减负的制度设计，“放管服”改革中“以人为本”的执政理念逐步凸显。在新时代的背景下应通过把“最多跑一次”作为改进纳税服务的硬性任务，建立并事前公开办税事项“清单”，优化“互联网+税政服务”机制等，促进纳税服务思维逐步实现现代化、效率化、信息化和约束化。

（二）健全纳税满意度调查机制

创新纳税人满意度调查模式，形成“预调查+抽样问卷+实地访谈”等有机结合的形式，地点覆盖方面，应包括街道、税务局办事大厅和典型企业等，调查

内容主要包括对纳税服务的认知程度、满意程度和获得感等方面。同时全面结合年末评价与日常评价、线上及时反馈与线下定期走访、定性分析和定量评价等分析结果的有机融合，并将纳税满意度调查结果与纳税服务监督、考核机制相衔接建立纳税满意度调查分析新流程，具体如图 6.2 所示。

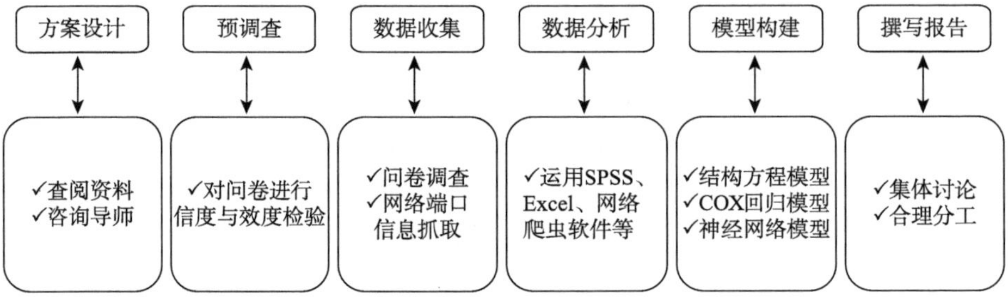

图 6.2　纳税满意度调查及分析流程

三、加大税务稽查管理威慑性

税务稽查是税务行政执法的核心范畴之一，应以税务风险管理为导向、以信息管税为依托、以纳税评估为重点，建立运行顺畅、科学有度的税务稽查管理机制，提高税务机关征税行为对企业的威慑效应、减少对税收道德的挤出效应。其主要内容包括以下四个方面。

（一）加大税源监控力度

税源监控是减少征纳双方信息不对称的重要手段之一。其举措主要包括：限制现金交易，严格要求企业建账建制，加大对报送纳税资料的审查力度；加强纳税风险较大的企业财务核算的监管工作，核查企业的账证、账账、账实等配比关系；分类管理、限量供应普通发票，如根据经营规模和纳税多少确定其使用的面额和数量等；开发适用于各类企业税源监控的应用软件，如依托 CTAIS 系统等税务软件设置可灵活对接的接口，开发综合检索校验等功能，同时加大对县乡税务分局（所）的信息化工程项目建设。

（二）完善纳税评估体系

纳税评估的本质是对纳税不遵从行为的评判、测量和对征管工作质效的总结，也是涉税信息的深度加工、处理和约束企业逃税行为的重要威慑手段。完善纳税评估体系的内容主要包括：一是完善纳税评估动态指标，适当调整材料购进、货物销售、利润水平、资金动向和税负预警等指标权重；二是税务部门负责评估模型及指标设计，基层税源管理部门负责具体实施；三是规范“采集信息—

比对分析—约谈举证—评估处理—成果分析”流程；四是与符合资质的社会第三方开展合作，提高纳税评估专业化水平。

（三）建立税收遵从风险防控机制

税收遵从风险即企业未能做到税收遵从而给政府税收、自身经营带来损失的可能性。可借鉴 COSO 风险管理框架建立企业税收风险防控机制。其内容主要包括：一是风险目标规划，上级税务机关制定重点工作规划，下级税务机关根据本地企业产业分布、经营特点和纳税情况等对上级目标规划进行调整；二是税收遵从风险分析识别，依照市场分割理论分层次识别风险，如强化税种、行业税收、综合税收等风险分析；三是风险等级排序，包括适度提高企业纳税风险容忍度等级、合理安排企业风险应对优先级排序等；四是实施风险应对，具体策略包括传递风险（如税款保证金机制）、降低风险（如加大稽查频率和处罚力度）、风险覆盖（如事前预警校正预期不遵从）；五是风险绩效评价，及时掌握企业风险管理规划的落实情况和纳税人的反馈信息等，形成绩效评价闭环回路。

（四）规范企业纳税等级评定办法

纳税信用与地下经济中的逃避税行为密不可分，规范纳税等级评定机制是优化征纳双方动态重复博弈的重要条件。总体而言，现行企业纳税等级指标体系主要包括：企业纳税诚信度指标体系（如企业基本认证合格率、违章发生率）、企业纳税申报质量指标体系（如逾期申报率、准确率）、企业纳税信誉等级指标体系（如税务登记、账簿管理）。可重点采用企业纳税信誉等级指标体系，其内容主要包括：一是实行等级升降级制度；二是拓宽“征信互认”合作渠道，加强同金融、工商等部门的信用共享共用机制；三是规范纳税信用奖惩措施并形成激励机制，如对高评级纳税人免除税务检查、简化纳税申报手续，对中等评级纳税人加强涉税政策辅导，对中低评级纳税人实行重点检查和重点监控等，以形成对纳税人的灵活化精准化监管。

四、调动跨境税收治理参与性

由 G20 和 OECD 主导的 BEPS（base erosion and profit）行动计划（税基侵蚀和利润转移行动）标志着国际税收秩序的重大变革，建议分别从应对数字经济挑战、加强各国所得税制协调、修订传统税收规则、提高税收信息透明度和完善税收争端解决机制等方面重塑国际税收秩序。尤其是先发区域税务部门需客观评估当今国际税改带来的机遇和挑战，立足中国当前兼具居住地国和来源地国双重身份的税收地位，从国内法和税收协定两个层面完善国际税收管理体系，积极参与和充分利用现有的双边和多边税务合作平台，建立合理的跨境税收治理新秩序。

充分利用《多边税收征管互助公约》所具有的合作领域广和成员国多的优势，在广泛参与国际税收规则制定和征管合作过程中，从国际税收理论、税收法律体系、国际税收规则和人才储备等方面提升区域国际税收治理软实力，其具体构成可见图 6.3。

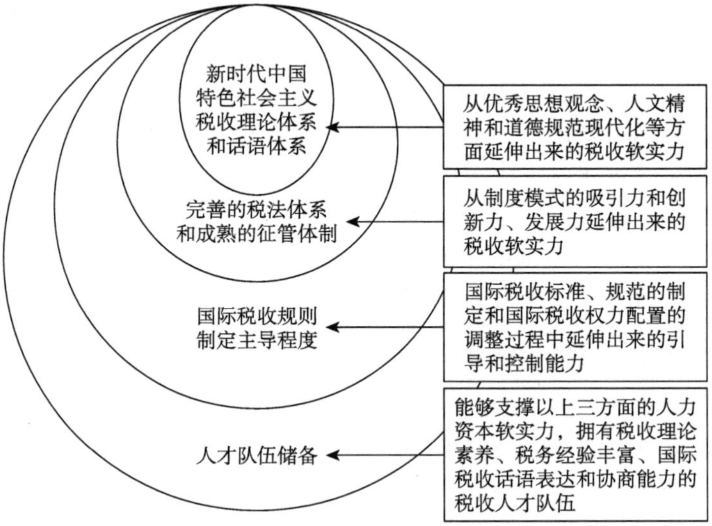

图 6.3　国际税收治理软实力结构

提升国际税收话语权和国际税收治理软实力应完善以“管理体制健全、职能定位明确、管理手段先进和法律体系完备”为核心的税收治理体系。例如，积极参与 BEPS 后续工作议程，根据区域贸易条件和经济基础等实际情况，有序推进 BEPS 成果转化，配合国内涉外税收法规，持续制定和完善区域国际税收治理的相关规章制度，夯实区域税收治理法治基础。

第七章　创新后发区域经济发展的“激励性”财税政策

本章针对后发区域经济发展的现实状况提出实施“激励性”财税政策，促进后发区域（中西北地区）加速发展，实质是“更加积极”的财政政策。其“激励性”体现为学习激励、资金激励、制度激励、思想激励和权力激励的有效性，旨在激发后发区域经济增长点、缩小区域经济发展差距，最终促进区域经济协调发展和推动“共同富裕”目标的实现。

第一节　确定区域财税政策着力点

一、利用“一带一路”建设契机

2014 年习近平在中央全面深化改革领导小组第三次会议上明确指出，“财税体制改革不是解一时之弊，而是着眼长远机制的系统性重构”[①]。该种长远机制的系统性重构为“一带一路”建设提供了重要契机，主要体现在以下四个方面。

（一）积极对接“一带一路”倡议下的国际基础设施建设

广泛参与国际经济发展组织来推动开放型财政治理水平，如借助国际农业发展基金、全球环境基金、亚洲开发银行、联合国开发计划署等组织合作契机，提高环境资源和知识技术等领域的治理能力；完善企业海外经营的财税服务和援助体系，强化中小企业“走出去”的财税法律保障，降低其知识产权申

---

① 资料来源：习近平：改革要聚焦聚神聚力抓好落实. https://news.12371.cn/2014/06/06/ARTI1402046131530875.shtml,2014-06-06.

请和维权成本，以妥善应对国际投资中的投资运营风险；积极参与亚洲基础设施投资银行等多边金融机构，借鉴学习多边开发银行在资金运营、治理模式、环境与社会保障政策、债务可持续性和采购制度等方面的先进经验。

（二）扩大沿边区域发展空间和财政空间

完善涉外税制、涉外税收、外资企业和涉外经济活动等领域的财税规制和服务效能；明确经济园区、外向型企业、国际产能合作和产业链条的政策倾斜方向，促进我国更好融入全面对外开放格局；充分发挥财政资金杠杆作用，促进内陆区域探索离岸贸易，支持沿边重点区域小额贸易向综合多元化贸易升级；优化转移支付资金结构，特别是向旅游、建筑和运输等服务性贸易行业倾斜；严格落实免征进口关税和进口环节增值税相关政策规定，保障边民互市贸易发展，落实有差别的财政激励机制，设立沿边重点区域产业创投基金，强化产业项目用地优惠政策和人力资本培训奖励机制等。

（三）以“一带一路”为契机创新开放型财政改革

在遵循财税政策可持续性和可承受性的基础上，着力优化开放性经商营商环境；培育壮大外贸税源，落实园区外贸财税综合服务建设；加大对出口品牌和生产基地的财税优惠力度，积极引进与培养外贸人才，推动中小企业自营出口；积极推进财政、银行和保险等机构联动，创新企业融资模式，如广泛开展“外贸银财保”（即订单融资和出口退税融资），配套风险补偿金、补担保费和银行贷款贴息等政策。

（四）围绕吸引外资打造可持续型财税体系

积极支持中西北地区利用外资进行产业转移，如加大对后发区域高新技术产业开发区、经济技术开发区和海关特殊监管区域等进行公共服务建设、招商环境优化、科技创新和生态环保的资金投入力度，以提升引资质量，承接高水平制造业转移；鼓励后发区域通过发行地方债券等形式支持边境经济合作、国家级开发区和跨境经济合作区的基础设施建设；完善项目收益和融资自求平衡的专项债券模式，优先保障上述区域重大项目融资需求。

二、因应“三农”现代化的诉求

（一）区域“三农”发展的现实困境

农村基础设施建设滞后，农业科技支撑体系薄弱，尤其是农业科技创新能力较弱，数字化、智能化和智慧化等农业信息化建设缓慢。县级商品粮基地优势不足，农产品市场流通体系不健全。现代农业经营体制受到多重制约，如第二、三产业对转出土地农户的接纳和包容程度较低，加之社保和户籍制度问题，导致农村劳动力非农就业能力较弱；土地流转制度不完善和农村金融滞后等难以满足规模经营主体的信贷需求，农业风险制度不到位致使经营主体利益未得到有效保障；农业产业链条不完整，加工行业支撑能力较低，农产品多集中于初级加工阶段，产品附加值较低，网络营销等新型营销模式发展落后等。

（二）明确农业生产建设的主导方向

以农业社会化服务为基础，大力发展规模农业，即以公共服务机构和经济合作组织为依托，公益性与经营性服务相结合，专项与综合服务相结合，为农业生产提供产前、产中和产后的全过程综合配套体系，实现农业产品全程服务的组织形式，搭建粮食产销一体化平台，通过财政补贴和税收优惠等形式提高农业生产的技术装备水平；完善农业基础设施建设，提升防灾减灾能力，财政配套保障高标准农田建设；加大对新型生产经营主体的激励力度，推进适度规模性农业经营，分区落实推广“确权赋能”“股份+合作”“土地承包经营抵押”“土地承包经营公开拍卖”“土地信托”“土地信用合作社”等模式。

（三）努力提升农村金融服务的质效

构建多层次、可持续和广覆盖的农村金融服务体系，逐步形成分工合理、竞争有序的农村金融产品体系；健全农业和农民保险市场，逐步减少产粮大县对主要粮食作为保险的保费补贴比例，相应加大省级财政补贴力度；鼓励涉农企业通过资本市场融资，如债券和短期融资融券、中期票据等，降低企业特别是中小企业融资成本；增设后发区域农业经营风险保证金和信贷贴息基金等，有效引导农业金融需求，逐步解决农村债务历史遗留问题。

三、突出“新型城镇化”的重点

围绕各区域新型城镇化总体布局，以产业优化提升城市空间的集聚与含蓄能力，以均衡特色要素配置保障城镇空间转型和发展潜力；明确“大型企业项目—产业价值链—产业基地”的中心城市圈优化路径和“劳动力有序转移—资源型地区改造挖潜—新型特色城镇组群—多点多极网络化发展”的城镇群建设路径。其内容主要包括以下三个方面。

（一）“新型城镇化”转移支付政策

科学确定财政转移支付资金系数，其计算一般性财政转移支付金额需充分考虑地区自然地理条件、城市化及城镇化水平、人口数量及其分布（包括外来人口数）、经济发展水平、人均 GDP、居民人均收入和消费水平等社会经济发展指标，逐步加强各项指标与市民化的衔接性，既可考虑运用其影响确定转移支付资金系数指标，也可考虑运用层次分析法（analytic hierarchy process，AHP）、网络分析法（analytic network process，ANP）、熵值法三种方法作为初步计算方法测算指标权重，后期再根据地区实际情况进行调整；确保一般性转移支付数据的客观性和准确性，建立全国统一的财政税务信息系统，准确录入各项税收收入数据，此外部门行政事业性收费也应录入系统，以备测算时准确查找使用；区域层面上，各省、自治区和直辖市应保障地区数据录入的真实性，按照中央数据录入指标尽可能全面地录入地方数据。

（二）多渠道筹措城镇化建设保障资金

鼓励和引导社会资本参与城市基础设施在公共租赁住房和重大水利工程等领域的参与度；统筹一般公共预算、政府性基金预算、国有资本经营预算和社会保障预算等四本预算，支持保障性安居工程；重点向民族地区、革命老区、边疆地区和经济欠发展区域倾斜农村义务教育资金，适当加大对民办教育公用经费的基准定额补助和“两免一补”力度；规范国有土地有偿使用出让金财务管理制度；构建责任分担与筹资机制相结合的社会保障体系，在“统账结合”模式下，兼顾个人努力和风险共担；打造共享经济和楼宇经济，挖掘文化、旅游和养生养老等新型服务业发展的税收潜力。

（三）促进基层政府财权与事权相匹配

优化区县级的财政激励机制，完善基层财政增量分享机制，注重收入增量和质量调控导向。在地方税收由市与区县按照 50%：50%比例分享的基础上，适当提高生态低密社区等跨市区重大项目的税收和土地出让收入让渡额，可按照项目前期投入、占地面积和后期服务等因素确定比率；构建财政专项激励制度，将区县经济发展质效与财政奖励资金挂钩；构建事权与支出责任匹配责任清单，以信息特征、外部性和激励相容为依据，根据政府收支分类科目理顺市、区县两级共有事权，健全基本公共服务标准体系。其中市级事权包括涉及经济稳定、市场统一、司法公正和区域协调发展等跨区域和外部性强的公共服务；区县级事权包括区县博物馆维护和居民低保等地域信息性较强、信息处理复杂和直接面向民众的公共服务；共有财政事权包括高等教育和养老服务等外部性强和区域外溢效应明显的公共服务。

第二节　更加积极协调的财政政策

改革应将顶层设计与“摸着石头过河”相结合，财政政策创新同样如此，既需在微观上做出良善的安排，又要在宏观上树立具有统摄性和指引性的政策创新理念。后发区域经济发展财政政策创新要素主要应明确政策实施主体、兼顾不同政策对象、实施全面有效监管和完善财政权力关系联动等。

一、整合政府与市场投资优势

财政投融资作为政府调节市场经济运行的主要手段，在宏观经济运行过程中发挥了重要作用。党的十八届三中全会提出建立现代财政制度，财政投融资作为其重要组成部分，也需顺应时代发展，从创新投融资方式与渠道、建立健全财政投融资法规体系和推进财政投融资市场化管理方面完善投融资机制。

（一）创新融资方式与渠道

一是后发地区应充分利用财政资金，争取国债资金和财政专项资金，为其经济发展和社会建设提供资本源泉；二是发挥金融资本的重要作用，加强与政策性银行的合作，特别是发展地方金融机构，为区域企业发展提供充足持续的资金支持；三是吸引民间资本参与财政投融资，随着民营经济的快速发展，民营企业家拥有部分闲置资金，政府应提高信用，增强民营企业家信心，盘活民营资本，努力让民间资本成为城市发展和建设的助力；四是积极探索和引用BOT和移交-运营-移交（transfer-operate-transfer，TOT）等融资方式，着力构建多元化的财政投融资格局。

（二）建立健全财政投融资法规体系

中国财政投融资活动涉及国家发展和改革委员会、人民银行、交通运输、城建等多个政府部门，但其各部门运作方式的差异，常常出现“借用管还”相分离的情况，因而应完善财政投融资法规体系。其内容主要包括：一是完善财政投融资相关法律制度，明确财政投融资投向、利率、操作方式和资金来源等内容，保证财政投融资行为有章可循、有据可依；二是建立统一的财政投融资管理机构，完善法人治理结构，逐步实现财政投融资活动科学化、合理化和规范化管理；三是编制财政投融资预算，实施财政投融资预算管理，全面提高财政投融资资金使用效率，为政府决策提供有益的参考。

（三）推进财政投融资市场化管理

一是健全业主负责机制，项目发起人与项目承包商通过签订合同等方式明确各自的权利与义务，重点强调违约应承担的责任或处罚事项，项目发起人以监理的方式对项目承包商进行监督，增强业主的责任感与使命感；二是建立健全政府性投资信息管理系统，系统地记录各项政府性投资项目信息，以备对投融资项目进行科学分类和分档管理，推动项目实行综合化和系统化管理；三是完善监理制，依据相关工程项目法律、法规、规范性文件及项目合同，监督项目工程实施进展、实施工期等情况，保证项目按时按期、保质保量完善，从而全面提高项目质量。

二、扩大社会性保障财政供给

创新社会性保障对缓解人口老龄化现状、保障和改善民生，特别是满足后发地区居民基本生存需要具有重要意义。随着中国特色社会主义进入新时代，国内外环境日益严峻，社会保障体系面临着一系列的机遇与挑战，亟须通过加大社会保障支出力度、扩大社会保障覆盖面、完善社会保障法律制度和强化社会保障基金管理四个方面，迎接机遇，面对挑战。

（一）加大社会保障支出力度

一是加大经济欠发展地区社会保障支出，中央政府和省级政府财政预算应增加经济欠发展地区社会保障支出，解决经济欠发展地区的基本生活需要，逐步缩小居民生活水平的差距；二是加大农村居民社会保障支出，特别是增加偏远地区农民的养老、基本医疗和基本教育等民生支出，切实缓解农村居民“上学难，看病贵，养老无保障”的现状；三是拓宽社会保障资金来源，积极发展社会慈善事业，吸引社会资本参与社会保障事业，缩小后发区域与先发地区的经济发展差距。

（二）扩大社会保障覆盖面

一是适度扩大最低生活保障覆盖面，增加国家最低生活保障支出额度，将符合最低生活保障条件的困难群众及 60 岁以上无生活来源的老年人群体全部纳入最低保障范围，并适当地提高保障标准，切实改善困难人群生活条件；二是将外来务工人员、灵活就业人员、学生群体纳入省会保障范围内，确保社会绝大多数群体都能享有社会保障政策红利；三是建立多层次的社会保障体系，健全和完善社会保险、社会救助、社会福利等社会保障制度，扩大补助对象范围。

（三）完善社会保障法律制度

一是尽早出台《社会保障法》，明确社会保障的目标、对象、标准、层次和社会保障的资金来源，保证社会保障行为有法可依，有据可循，提高社会保障的法律地位；二是健全司法保障机制，在现行法律法规设置基础上，尽快出台《社会保险法》《社会救助法》《社会福利法》《失业保障法》等法律制度，切实健全和完善中国的社会保障法律体系；三是建立统一的社会保障机构，确保当前社会保障工作可以独立有效开展，同时提高社会保障工作效率。

（四）强化社会保障资金管理

一是实施社会保障资金预算管理，将社会保障资金纳入财政预算，定期编制预算计划，实施全面预算管理；二是明确社会保障对象，对社会保障对象的确立要通过公开程序、并定期对保障对象实地走访，了解社会保障对象生活条件，使得社会保障真正帮助到有需要的人；三是建立健全社会保障资金监督体系，发挥财政、审计、社会保障机构等内外部门的监督作用，确保社会保障资金合理合法使用，真正起到改善落后地区、经济欠发展地区生活条件的作用。

三、创新基础设施的运营模式

（一）推行基础设施 REITs[①]机制

深入贯彻落实《关于推进传统基础设施领域政府和社会资本合作（PPP）项目资产证券化相关工作的通知》（2016 年）中提出的“推动 REITs，进一步支持传统基础设施项目建设”要求，拓宽受益凭证的发行渠道，鼓励资产管理公司科学配置抵押型、权益型和混合型 REITs 产品形态并进行多元化投资经营，以税收激励（具体见第三节）、保障产权和提升流动性作为前提，实现向能源、交通和通信等私营资本参与度高及市场成熟行业的过渡，明确股息或分红的分配机制。其基本的路径如图 7.1 所示。

社会公众是 REITs 的投资者，通过多种融资方式将闲置资金聚合起来，其中社保、保险和养老基金等机构投资者占比最大；基金管理公司是 REITs 发行的基础，负责向主管部门提交 REITs 申请计划，向投资机构或个人募集资金并签订契约合同；资产管理公司主要负责对基础设施项目进行相应的尽职调查，形

① REITs 全称是 real estate investment trusts，即不动产投资信托基金。

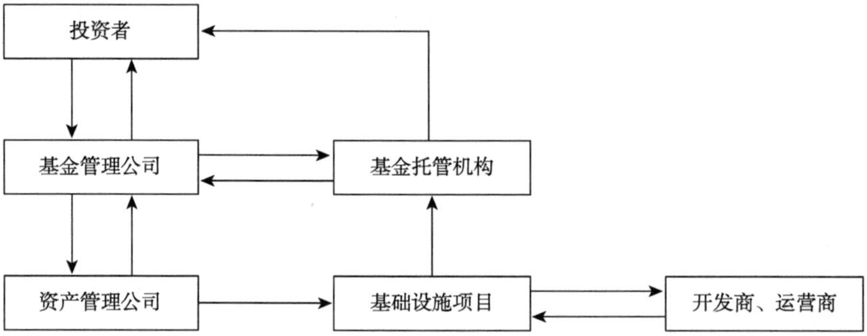

图 7.1　基础设施 REITs 机制

成基础设施项目投资组合，聘请符合资质的运营商和开发商对项目进行生产、运营和建设相关的配套设施，以实现项目保值增值；基金托管机构则主要负责资产存管、收益和费用的收支等，主要为大中型商业银行。

（二）促进基础设施三元供给模式

政府是公共产品的提供者，但不应是唯一的公共产品提供者，尤其是像基础设施一类投资期长，见效慢的产业，需发挥市场的高效性和创新性、政府的强制性和公平性、第三部门的福利性和补充性。三元供给模式即政府、市场和第三部门共同建立的科学化协作模式，以实现整体效用大于个体效用的目标。对生态保护、社会治安、供水供电等项目应充分发挥政府的主导性作用；对产业转型升级、产业创新等应发挥市场的决定性作用。政府、市场、第三部门的基本模式如图 7.2 所示。

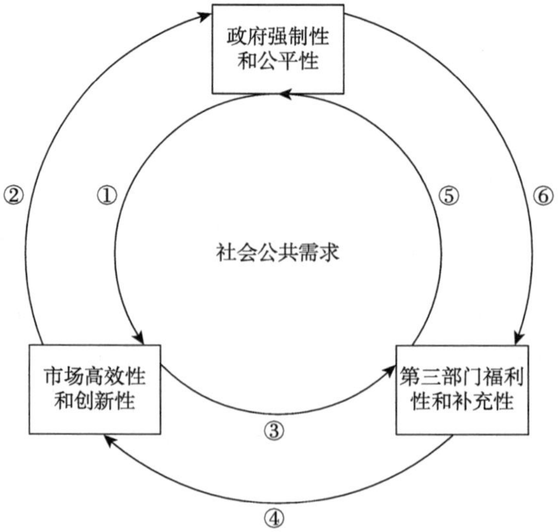

图 7.2　基础设施三元主体供给模式

以社会共同需求作为基础设施建设的逻辑核心，是评价项目价值的重要前提，阐释了财政范畴的本源和市场的本质是一种在不确定环境下进行有规则的竞争以满足人的需要的过程（李俊生，2017）。政府运用其强制性和公平性的治理手段，完善市场机制、创造竞争环境、制定法律法规，以维护政府权威；市场运用其高效性和创新性机制鼓励承担自然垄断业务的企业负责基础设施建设或公共事业中具有外部性环节的生产和建设，通过微观层面的制度建设和营运，提供符合标准的产品和服务；第三部门则将社会公众组织提出的诉求显性化，监督政府合理行使公共权力，督促企业主动承担社会责任。

（三）明确农业基础设施建设重点

实施“藏粮于地、藏粮于技”，完善农业基础设施，结合永久农田划定建立粮食生产功能区，提高中央财政对优势产区转移支付和奖励水平，加强对干流蓄洪区和主要支流的治理力度，完善农业检测预警、应变防灾和灾后恢复等防灾减灾体系，保障粮食生产安全；加强农业流通基础设施建设，积极打造“北粮南运”主干道，丰富集加工包装、仓储运输、零售批发等功能为一体的农产品冷链物流集散中心，增强农产品错峰上市能力、稳固产销链条；加大农村教育财政补贴力度，促进城乡义务教育均衡发展；构建农业电子商务示范基地，逐步扩大“互联网+现代农业”示范试点。

构建生态环境协调发展、互惠互利的现代农业生态环境保护体系，加大财政投入力度，因地制宜开展农业生态修复，在中部平原加强土壤保育、在西部牧区推进“三化”平原改造、在东北地区实行黑土区土地休耕轮作；大力推行标准化养殖，支持规模化养殖场配套建设畜禽粪污处理设施在种养密度高的地区建设集中处理中心，以财政资金配套为主要激励手段，探索规模养殖粪污的第三方治理与综合利用机制；加快农村金融改革，提升财政金融体系的“三农”水平，推进农村抵押担保方式创新，探索农业资金补贴、土地经营权、畜牧物权、农产品等抵押方式，加大省级财政补贴力度，逐步减少高产地区对主要粮食作物保险的保费补贴比例。

四、规范非税性财政资金管理

党的十九大提出“深化税收制度改革，健全地方税体系”的改革目标，这对非税收入改革意义重大。虽然 2016 年 3 月财政部印发了《政府非税收入管理办法》，但在执行过程中存在一些不足，建议从如下方面加以完善。

（一）创新非税收入管理制度

目前，中国非税收入管理仅依据《非税收入管理办法》，立法层级较低，对此应尽快健全非税收入管理制度，推进非税收入改革。其内容主要包括：一是出台《非税收入管理法》等法律制度，明确规定非税收入的征管办法、程序和标准等，确保非税收入管理有法可依和依法管理，提高其立法层级；二是健全非税收入监管机制，注重加强上级部门、同级人大和审计部门的监督作用，促进非税收入制度在阳光下运行；三是提高非税收入的透明度，可充分运用电视、报纸、网络等媒体手段向社会公众公开非税收入项目、标准和依据，逐步实现非税收入全过程、全方位的信息公开。

（二）建立规范的非税收入征管体系

一是健全非税收入征管法律制度，尽快出台中国非税收入征管相关的法律法规，明确规定非税收入的核算标准、资金构成和分配办法等内容，以及非税收入违法行为的处罚措施等，以保障非税收入合法征收、合理管理；二是加强部门之间的沟通与协作，促进不同部门之间的有效信息资源共享，保证非税收入的应收尽收；三是建立完善的监督制约机制，发挥人大、行政、司法、审计等部门的监督作用，对一些乱收、乱罚、乱用等违法违纪行为予以严厉惩治，同时应注重发挥社会媒体和人民群众的监督作用，发挥多主体的征管监督合力作用，促进非税收入征管科学高效。

（三）加强对非税收入的绩效评价

实施非税收入绩效评价对实现非税收入的规范化管理具有重要作用，其内容主要包括：一是明确规定非税收入绩效评价主体和对象，这是开展绩效评价工作的重要环节，结合非税收入管理情况将财政部门及非税收入征管部门确立为绩效评价主体，各项非税收入确立为评价对象；二是明确绩效评价内容，包括非税收入征收、管理、资金使用等方面的内容，坚持全面性原则，对非税收入进行全面综合评估；三是选取适当的评价方法，建立非税收入绩效评价指标体系，其中评价指标的选取应体现经济性、效率性和公平性的特点，逐步将非税收入管理纳入规范化轨道。

（四）厘清税收与非税收入的边界

一是明确税费关系，进一步划清税收收入与非税收入关系，并通过立法形式将两者关系予以明确；二是清理规范收费，对现存的非税收入项目，政府应废止已实现预期目标的收费和基金，同时推进兼具税收性质的收费项目 “费改税”

进程；三是实施非税收入预算管理，与税收管理一样，将非税收入全部纳入预算管理，同时把非税收入项目、标准、程序的确立等集中到财政部门管理，推进政府收支的统一化、法治化和规范化管理；四是完善票据管理制度，运用现代化管理技术和手段，推行非税收入的票据化管理，提升非税收入管理水平。

第三节　更加优惠友好的税收政策

一、明确税收性优惠的重点

（一）明确税收优惠政策导向

在税收优惠对象上以产业鼓励为主，重点支持科技创新型、农产品深精加工型、创业型、资源综合利用型和劳动密集型等中小微企业发展，重点发挥其在投资、自主创新和人才培养等方面的积极作用。在税收优惠资格认定上，尤其对涉及资源综合利用、科技创新等专业性强的减免税项目，可委托第三方进行减免税资格认定；参照中小企业新标准调整小规模纳税人标准。在企业所得税上，放宽人数限制，鼓励小微企业吸纳就业人员；按企业不同应税所得额实施分档优惠税率（超额累进税率）；扩大税前费用列支标准，如取消小微企业公益性救济、捐赠限额等；缩短固定资产折旧年限，促进小微企业加快技术设备改造与更新；允许小微企业向前三年和向后两年结转亏损，实施利润再投资减免税等，促进后发区域中小微企业不断发展壮大。

（二）建立小微企业税收遵从风险防控机制

小微企业税收遵从风险是指小微企业未能做到税收遵从而给政府税收、自身经营带来损失的可能性。可借鉴 COSO 风险控制框架建立小微企业税收风险防控机制：一是风险目标规划，上级机关制定重点工作统筹规划，下级机关根据本地小微企业产业分布、经营特点和纳税情况等对上级的目标规划进行调整；二是税收遵从风险分析识别，依照市场分割理论，分层次识别风险，如强化税种、行业税收和综合税收等风险分析，并加强风险特征库建设；三是风险等级排序，包括适度提高小微企业纳税风险容忍度、小微企业纳税风险等级调整、合理安排小微企业风险应对优先级排序等；四是实施风险应对，具体策略包括传递风险（如税款保证金机制）、降低风险（如加大稽查频率和处罚力度等）、风险覆盖（如采取事前预警校正预期不遵从）；五是风险绩效评价，及时掌握小微企业风险规划的落实情况、小微企业风险特征和小微企业纳税人的反馈信息，形成绩效评价闭环回路，以完善小微企业税收征管流程。

（三）促进就业的多重税收优惠政策

建立税收优惠政策的适用范围、适用对象和优惠政策的长效机制，其内容主要包括：一是就税收优惠政策适用范围看，对吸纳残障人士就业和提供下岗人员再就业岗位的企业，以及劳动密集型、乡镇企业和服务业等企业加大其企业所得税、教育费附加和城市维护建设税优惠力度；二是增加对各种形式再就业的税收支持，就税收优惠政策的适用对象而言，对临时性就业、非全日制就业和季节性就业等灵活就业群体，予以个人所得税减免优惠；三是在适当延长税收优惠期限的基础上，统一再就业税收优惠政策的期限，逐步形成促进就业税收优惠长效机制。

二、加大减税降费政策力度

减税降费是中国积极应对经济下行、助力实体企业转型升级、积极推进供给侧结构性改革的重要举措，旨在实现激发市场主体活力、促进民生改善和加速经济转型等既定调控目标，立足现行税收结构框架，通过对具体税收构成要素的优化调整，调低纳税人特定税费的负担水平，简化征管流程，提升征管质效，最终降低纳税人税费成本负担的系统性政策约规。2016 年中央做出了“减税、降费、降低要素成本要加大力度”的战略部署；2018 年进一步提出“积极的财政政策要实施更大规模的减税降费”；2019 年明确了“社会保险费和企业税收减负 2 万亿元”的目标；2020 年指出了“减税降费不仅要继续为经济转型输送减负红利，而且要为稳定经济社会运行提供保障”；2021 年确立了“以税制调整促消费成总基调”的减税降费目标转换。由此可见，同向性、精准性、全面性和持续性的减负意识与普惠性思维已成为新时代经济社会建设的应有之义。在积极的财税政策顶层设计下，应积极探索后发区域结构性减税降费周期调控优化方案，旨在保障财政金融生态稳定、充分释放减税降费多元效应、切实提升企业纳税人获得感和促进社会经济转型发展，主要包括以下五个方面。

（一）增强增值税适用的普惠性

一是延长增值税抵扣链条，如准予企业利息支出税前抵扣和高科技企业高薪支出税前抵扣等，适时将交通费和差旅费等支出列计进项抵扣范围，鼓励后发区域现代服务业等行业快速发展；二是研究增加一般纳税人专用发票代开点，切实解决企业“拿票难”之痼疾，保障企业充分享有进项税额抵扣，同时建议小规模纳税人在满足一定条件时能自行开具增值税专用发票，切实维护其税收权益，以减轻税务部门的工作负担；三是优化增值税退税机制，推动留抵税款向退税款改革，切实提升企业增值税制改革的获得感，增强减税政策红利效应；四是提高高新技术企业和后发区域幼稚产业资产的加速折旧率和研发费加计扣除比率；五是在进一步降低增值税标准税率、三档税率（13%、9%、6%）简并基础上，缩减小规模纳税人的占比，提升一般纳税人的规模总量，形成环环可抵和征收规范的现代增值税制体系；六是进一步降低小规模纳税人增值税征收率，以降低创业成本费用，激发市场主体的创新创业活力。

（二）加大企业所得税优惠系统性

一是规范差异性费用扣除标准，目前企业所得税法对扣除标准的规定仍然较为分散和繁杂，加之企业所在的地域文化及行业特点各异，其费用和费用列支习惯亦不尽相同，因而有必要定期分析各区域和各行业费用扣除特点及相应支出的合理性，明确行业费用扣除执行标准，以践行企业所得税实际公平性原则，同时也符合企业所得税法合理扣除费用的初衷；二是在后发区域对政策倾向性经营行为继续适当加大企业所得税优惠力度，如实施环保设备加速折旧等；三是强化企业所得税法与增值税暂行条例、发票管理办法等法规的融通性和衔接性，通过在企业所得税中增设差异性科目，在收入确认方面增加其与企业所得税的协调；通过对扣除凭证内容的详细列举办法，明确所得税扣除依据，减少税务机关自由裁量权；四是科学制定企业所得税跨区域间的分配办法，进一步完善“就地（预）征缴”等机制，树立“管理、反馈、计算、调整”原则，按相关标准明确总公司或母公司的各分支机构的就地征（预）缴比例，以降低后发区域税收利益不合理偏移或税收利益损益风险。

此外，还应突显所得税调整的结构性，即在对创新型企业和高新企业等实行低税率、减半征收或提高征前费用扣除比例的同时，对高污染、高排放、高耗能等“三高”企业和落后产业，实行高于 25%的基准税率，辅之以缩小征前扣除范围或延长固定资产折旧年限等手段予以“结构性增税”，以在保证减税效果的同时，兼顾后发区域政府增收之需求；完善过渡性税收优惠政策体系，以减少政策摩擦力，缓解企业起步发展阶段的经营压力，如对高新技术企业 1~2 年免征所得税，在企业发展的前 5 年按照 25%的法定税率减半征收所得税。

（三）增强消费税的调节功能

消费税具有非中性特征[①]，对调节区域间居民收入差距具有显著作用，因此

---

① 作为一种特别消费税，消费税在其征税对象的选择上具有特殊性，在税率设置上具有差别性，这使得其能够发挥独特的调节功能，对个人的消费行为起到正面引导和反面限制作用。特别是随着我国经济的快速发展和社会的巨大变迁，居民收入结构、消费结构在升级转变，资源环境压力与日俱增，这对消费税改革提出了更高的要求，也给了消费税调节功能更大的施展空间。

应通过适度扩大消费税征收范围，尤其是提高高档消费品和服务消费税税率，以增强流转税收入的调节功能，同时弥补生活必需品增值税优惠所带来的税收收入减损；将含磷洗衣粉和剧毒农药等高浪费、高耗能、高污染和不健康产品纳入消费税应税范围并提高其税率，通过“寓罚于征”、“寓管于征”和“寓禁于征”等方式限制其生产与消费，引导合理的消费需求和投资方向，以减轻经济等负外部性；推进直接消费税制改革，即针对高消费行为直接征税，以提升消费税对收入分配的调节功能；随消费结构和消费偏好的变更，适时调整消费税税目及税率等；充分突显消费税税收收入较为稳定性[①]、区域性和治理性等特点，探索将消费税逐步由中央税制改为共享税制，拓宽地方政府税收治理的空间、丰富税收治理的手段和弥补财政收支缺口；合理后移消费税征税环节和下移管理权限，基于“征管可控”和“生产地消费地协调”的原则，将消费税征收从生产环节集中逐步后移至零售批发环节，同时在税收立法权不变的基础上，因地制宜、因势利导，将相关商品税目的税政管理权下放至省级地方层面，以提升其对区域税源的均衡作用。

（四）增进个人所得税减税效果

个人所得税减税效应在宏观、中观和微观层面具有多维度性，2018年《中华人民共和国个人所得税法》（第七次修正）明确将个人所得税的工资薪金扣除限额由 3 500 元提增为 5 000 元，并增加了 6 项附加扣除等内容。总体而言，这次个税改革从授权立法、“综合+分类”税制、部门信息协助、“基本减除费用+专项扣除+专项附加扣除”体系、预扣预缴、个税监管、自行申报纳税等制度安排方面，实现了中国个人所得税系统性调整。但就经济发展效率和居民收入分配公平维度而言，个人所得税在匡正经济成果分配的不公平、促进现代化财税治理体系建设、刺激居民消费和倒逼企业规范运营管理行为等诸多方面尚存优化空间，建议从以下五个方面加以完善。

第一，在优化分类与综合尺度的基础上，探索进一步推进个人所得税综合课税模式。例如，将金融资产和固定资产利息收益等非劳动所得并入综合所得项目中，充分发挥综合税制计算简单和征管便捷的优势。

第二，逐步落实和完善个人单独申报、户主申报和夫妻联合申报机制，最终推进以家庭为纳税单位的综合计征改革。

第三，落实多元化费用扣除方案，切实减轻中低收入人群税收负担。根据人口政策、不同区域经济发展状况和消费指数确定差别化费用扣除模式，如扩大子

---

① 消费税的主要征收对象或是相对缺乏弹性的商品，或是消费增长较快的商品，因此一般认为其税收收入相对稳定。

女教育专项附加扣除力度和范围，增设幼童哺育费用等扣除项目，可选择税收抵免或税前扣除等优惠工具。

第四，切实落实个人所得税法中的部门信息协作条款。可结合《税收征管法》《个人所得税法》等法律规范，地方政府在地方税收保障条例中应明确个人所得税征管各部门信息协作的法律责任①，同时拓宽个人所得税信息协作的部门范围，切实将统计、民政、街道和社区等其他涉税相关管理部门纳入协作机制中，明晰自然人涉税信息提供模式、渠道和内容。

第五，严格个人所得税征收与监管。按国家税务总局有关"对高收入、高资产和一般自然人实行分类管理"的要求，后发区域应结合地方经济发展实际细化相关自然人分类的资产额度标准，优化监管政策工具，如完善税收违法失信公布制度、不动产登记制度、专项税务审计制度、高净值人群财产自愿披露激励制度和金融账户涉税信息交换制度等，完善人性化"征管+服务"机制；通过明确汇算清缴环节中央和地方承担比例完善预扣预缴制度，仿照出口退税模式，尤其是对后发区域由中央财政承担部分全部退税，以规避后发区域税收分利议价能力薄弱问题，提高宏观退税行政效率；加大后发区域差别化费用扣除力度，优化税务部门费用扣除征管程序。

（五）提升税费要素整合系统性

为形成税制与税费体系优化效应，实施更大规模的减税降费，需要对税基与税率、税制与征管、税费结构进行协同联动的系统性操作。通过深度清理增值税和所得税优惠政策，筑实宽税基，大幅降低名义税率铺就低税负，可形成低负担、宽税基的优质税费体系。

第一，加大社保费降负多重性。在落实社会保险费的税务统一征收、加快推进基础养老金全国统筹的基础上，全面摸清社会保险收支基数，精准降低社会保险费率水平，推进社会保险"费改税"改革，进一步优化中国税费体系与税制结构；以"企业能发展、个人能承受"为原则降低社保费，切实推行《降低社会保险费率综合方案》，解决名义费率与实际费率差距较大的问题，从降低社保费率和调整社保缴费基数等维度，降低企业用工成本。

第二，多措并举保障后发区域财政再平衡治理能力。通过适度调入预算调节财政资金等储备性资金促进后发区域政府跨年度预算平衡；落实债转股等促进股权结构多元化改革，推动国企产业资本经营模式升级创新，以进一步提升后发区

① 2018 年新个人所得税法专门增加了要求人民银行、公安和金融监管等部门协助确认涉税信息的义务，教育、医疗、卫生、人社、建设、公安、央行和金融监管等部门提供专项附加扣除信息的义务，但是并未明确相关部门在此过程中的相关法律责任。

域财源保障性；加大一般性政府支付压缩力度，严控预算追加事项，集中财力保障减税降费的重点内容、重点领域和重点方向，确保实现预期效果。

三、强化税收征管工作质效

地方政府政策创新及实施机制自主优化被认为是解释中国改革发展奇迹的制度基础，而税收征管作为构成税收政策环境的关键要素，在地方转型发展中成为越来越重要的参量，从宏观上对税收法制和区域经济制度环境具有重要影响，从微观上对消除纳税人税负痛感和增进群众获得感具有深远意义。税收征管现代化不仅是贯彻落实减税降费等政策举措的基础性保障，也是直接因应税务系统“放管服”改革，其社会经济效应表现出明显的多向性。尤其在后发区域税收征管实践中面临着多重制约，既要解决好职责不清晰、执法不统一、办税不便利、管理不科学、组织不完善等国地税分轨征管遗留下的老问题，还要面临着税权征管硬件设施协调、工作观念转变、人员安置和技术整合升级等新问题。

（一）厘清税收征管体制改革关系

按照国家税务总局提出的“四合”[①]要求，应以系统性、集成性和战略性思维理顺国地税合并过程中的基本关系。其内容主要包括：一是明确地方政府与税务部门“统一领导、条块联动、纵合横通”的管理关系，在党的统一领导下，基于权利事责对等性原则，税务部门加强“条管”，提升其高效性、规范性和专业性，地方政府应加强税务干部考核和队伍建设，优化组织体系，突显区域性和差异性，以此全面增强税收执法过程中的人、财、物、事之保障，形成双向借力之格局；二是提升税务组织体系与税务行政之间的“拟合度”，基于以税收执法业务流程为核心完善组织体系的基本逻辑，重点以机构、经费、人员和职能作为前者的保障，同时强化组织体系“扁平化”构建，增进“成本—收益—绩效”行政效能监督考核质效；三是将税收分配置于税收征管前端，以法律形式进一步明确各级政府之间利、责、事、权的具体内容和边界，强化预算法与税收法律体系的衔接性。

（二）提升“信息治税”的先进性

税收征管现代化就其效率提升、技术进步和组织变革的要求看，由“以票控

① “四合”包括事合、人合、力合、心合。

税"和"信息管税"逐步迈向"以数治税"①是其应然之义，亦即将大数据、云计算和人工智能等最新发展成果与税收分析、决策和管理深度融合，最终构建形成兼具智能化税务治理和智慧化税务服务的平台系统。主要包括：一是基于金税三期工程的总体框架②，在保障涉税信息安全的基础上，积极对接物联网、区块链、移动互联网、大数据、人工智能和云计算等现代技术，切实促进纳税服务融合的全面性、执法整合的有效性和信息聚合的即时性；二是逐步将金税工程接入电子政务服务大平台，以简政放权和审批制度改革为契机，破除部门信息壁垒问题，打通信息孤岛，突显税收执法监管性、税收公权约束性、税收管理服务性和经济政策协同性等职能。

四、科学规范税收风险管理

为提高后发区域税收风险管理能力、加强稳定税源经济和促进经济主体发展，应从健全税务机关的内部管理机制、提高税收风险管理信息化水平等方面入手，科学规范税收风险管理。

（一）健全税务机关的内部管理机制

（1）明确税收风险管理总体思路。税务系统应着力完善和创新税收风险管理工作机制、模式和制度，通过提高税务人员风险管理水平，增强专业化纳税服务意识和技能，加大税企合作与融合力度，以实现税收风险管理的目标。

第一，税收风险管理目标。其内容主要包括：一是防范、控制和化解国有企业税源管理风险，提升"走出去"税收风险处理水平；二是丰富和完善风险特征库，优化风险特征指标模型，对重点风险项目形成快速应对机制；三是强化大风险管理任务的统筹和整合力度，促进区域性互联互动工作取得实效；四是稳定后发区域税收收入，为区域经济协调发展等战略的实施提供坚实的保障；五是探索建立系统、科学的税收风险管理理论和方法体系。

---

① 从总体上看，我国税收征管的发展中可以分为 4 大阶段：一是由专管员一人包办到征管查三分离或两分离阶段（1988~1994 年）；二是"以申报纳税和优化服务为基础，以计算机网络为依托，集中征收，重点稽查"征管模式阶段（1994~1998 年）；三是在原有模式上加入信息化和专业化的概念（1998~2004 年），在 30 字模式后加上"强化管理"（2004 年），征管模式更加精细化和科学化阶段；四是 2020 年以前基本实现税收现代化阶段。

② 金税三期的总体框架即"一个平台、两级处理、三个覆盖、四类系统"，其中"一个平台"指的是包括网络硬件和基础软件的技术基础平台；"两级处理"指的是依托统一技术基础平台，建立总局、省（自治区、直辖市、计划单列市）局两级数据处理中心和以省局为主、以总局为辅的数据处理机制；"三个覆盖"指的是应用信息系统覆盖所有税种、税务管理重要环节和各级税务机关；"四类系统"指的是征收管理系统、决策支持系统、外部信息系统和行政管理系统。

第二，税收风险管理的原则。其内容主要包括：一是坚持纳税遵从与降低纳税成本相结合原则，尤其是区域内企业税收风险管理应按照现代化税收征管理念的客观要求，在管理模式设置、管理手段运用的过程中避免对本地区企业造成不必要的影响和负担；二是重点突破与全面推进相结合原则，因后发区域税收征管资源分布不均衡，应鼓励人财物力充足的基层税务部门先试先行，以在理念更新、技术运用、模式构建、人才储备等方面形成示范效应；三是坚持属地管理与风险管理相结合原则，其中属地管理是地方税源管理的主要模式，应结合国家税务总局提出的全流程税收风险管理理念，将税收风险管理有机地融入基础税源管理、日常税收征管和纳税服务之中。

（2）统一税收风险管理机构。转变现有的“大企业征管集中和专门事项各地管理”模式，在统筹考虑税务机构定位、执法主体资格、职能范围基础上，建立大企业税收管理局，在后发区域人财物力较为充足、制度机制建设较为完备的区域率先试点将其直属局改建成为大企业税收管理局，在“不改变税款入库级次、不影响财政体制”的前提下，作为全职能局集中处理本地大企业一般性的日常税收管理，以及税务审计、预先裁定、风险评估和个性服务等大企业税收风险相关事项。

（3）优化税收风险管理流程。建立三级税收风险识别体系，税收风险识别是一个系统工程，是风险应对处理等后续管理环节的基础。应按宏观到行业再到微观税收风险识别的思路，建立逐级统一、层层深入、方法多元的体系。其内容主要包括：一是市税务局到税务分局通过组建人才多元的专业团队开展不同层面的宏观大企业税收风险识别，重点是查找税收风险区域；二是利用关键税收风险指标分析识别法识别行业税收风险，重点查找所属行业大企业风险纳税人的数量及分布情况；三是利用企业内部流程分析识别法开展微观税收风险识别，重点查找本地大企业税收风险易发环节及具体税收风险点。

此外，规范税收风险应对措施。目前国家税务总局规定税收风险差别应对的思路和方法，针对后发区域税务实践而言，一方面，应规范大企业税收风险应对步骤，包括省级税务局确定税收风险应对目标、分析税收风险应对信息，以及确定税收风险应对具体方案、实施应对处理、评价应对质效和完善税收风险管理体系；另一方面，应根据本地区企业的行业特点采取特色化的应对策略，包括优化纳税服务的奖励策略、提供政策辅导的激励策略、实行税务审计的核实策略和税务稽查的遏制策略等。

（4）加强专业人才队伍建设。由于后发区域企业生产经营环节混杂、管理环节繁杂和国有企业占比较大等特点，相应地，税收风险管理人员应树立秉公执法、严明执法、公正廉洁的税务工作理念，杜绝“人情税”等贪腐问题；在人员分配上秉承对称配置的原则，重点加强税收风险数据分析及评估力量，提高税务人员处理涉外税收风险的能力，建立综合素质高、专业技能强、数量精干的专业化税收管理队伍。此外，还应当逐步健全专业税务人才的培养和激励机制，保持税收风险管理队伍的稳定性。

（二）提高税收风险管理信息化水平

进一步拓宽涉税风险信息数据来源并提升数据质量，逐步优化共享功能和机制，加大对第三方信息的利用效率，促进“以数管税”的社会化，从而为推动后发区域信息系统工程建设打下坚定基础。

（1）完善企业涉税信息库。其内容主要包括：一是基础信息库，旨在掌握企业税源经济信息，包括经营业务、关联企业和行业信息等；二是税务申报资料库，涵盖区域各类企业纳税申报表附表数据、财务报表数据、出口退税数据等涉税信息，旨在掌握企业纳税义务情况，以便汇总申报数据并形成多向对比；三是税收风险特征库，为开展企业税收风险管理提供参考信息，包括企业税收高风险点、行业和地域税收遵从评级、税收风险类别等。

（2）构建税源信息共享体系。各级政府税务部门应规范税源分析和预测体系，强化税源的全面监控。其内容主要包括：一是提高信息交换频率，确保信息实效性；二是提升交换层面，解决现有的处室、部门零散沟通的问题，以及多点连接、网状传送和隐形成本较高的困境；三是加强数据加工，提升数据使用效率；四是建立自动化风险动态预警模型，后发区域税务系统应探索建立本地税收风险分析预警指标库和分析模型，通过信息平台对采集的信息进行自动处理、智能分析和增值利用。

（3）优化信息库信息采集渠道。从来源上看，信息采集渠道包括税务部门内部的和外部的涉税信息采集，其中完善企业资源计划（enterprise resource planning，ERP）信息等访问机制，加强纳税人端及时补充申报、政府信用管理数据库的连接等。从方法上看，应多措并举力求信息第一手资料的翔实性，具体包括：一是加大实查实测、实估实算力度；二是完善税收统计报表和软件；三是定期组织小组座谈；四是强化税收风险问卷调查，如拓宽税收信息来源渠道，增强税收管理的公正性等。

第八章　完善区域经济协调发展的财税机制

本章基于前文对创新先发区域经济发展的积极性财税政策和创新后区域激励性财税政策的研究，利用政策网络等理论工具对区域经济协调发展机制和财税机制的内部结构，从动力协调机制、决策协调机制和规制协调机制入手，分析财税政策的询证逻辑、路径网络和部门协作网络，以牢固区域经济协调发展财税机制的机理，建立和完善财税利益分配、风险共担、监督管理、扶持合作和风险化解等机制体系。

第一节　区域财税机制构建机理

一、财税机制三元系统

基于在第二章中对区域经济协调发展的内涵及其主要内容的分析，促进区域经济协调发展的总体机制主要包括规制、动力和决策协调，可以以此作为促进区域经济协调发展政策共同体的基础①，具体见图 8.1。

① 我国“十一五”规划提出区域协调发展机制包括：市场机制、互助机制、合作机制和扶持机制。目前学界关于区域经济协调发展机制的研究主要有以下观点：安树伟等（2010）认为，区域经济协调发展机制包括利益补偿、利益相关者协商、激励约束、合作、绩效考核等级制构成；魏后凯和高春亮（2011）认为，长效的新型区域经济协调发展机制包括市场、补偿、扶持、合作、参与和共享 6 大机制；胡军和覃成林（2014）认为，区域经济协调发展机制包括治理、市场、合作、空间组织和援助机制，由此构成金字塔体系；我们认同侯永志等（2016）提出的三大机制论。

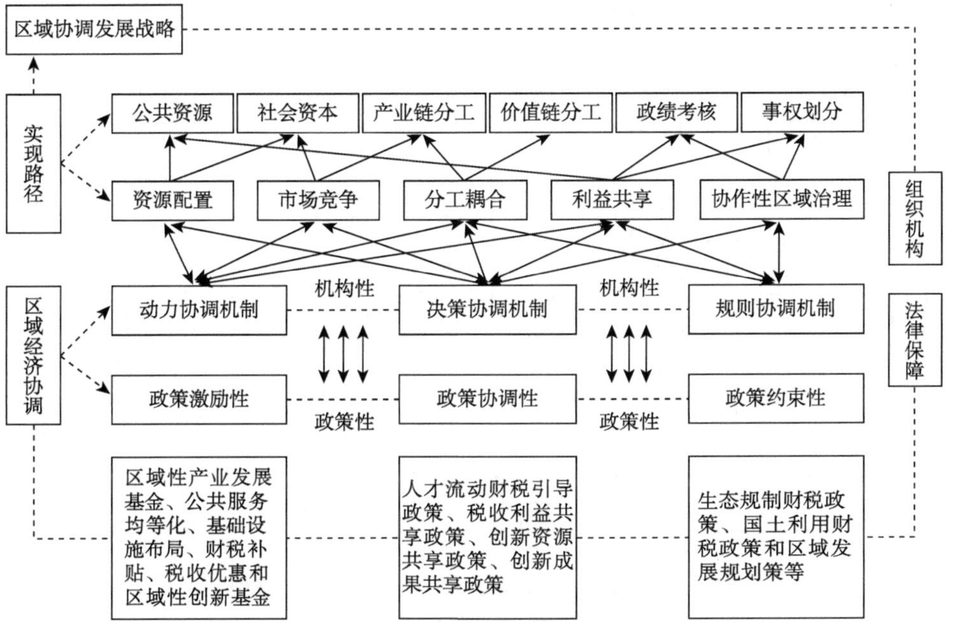

图 8.1　区域经济协调发展机制的逻辑框架

在区域经济协调发展中的动力协调、决策协调和规制协调机制并非完全分隔，在实际经济运行中也存在交叉重叠，如动力协调机制既可作为促进区域经济协调发展的动力，也可作为政府和市场各主体在区域经济活动中行为决策协调机制的组成部分等，其内容主要包括以下三个方面。

（一）区域经济协调发展的动力机制

对公共资源和社会资本的有效配置，核心是规范区域之间产业的梯度转移和优化区域间产业集聚，正如第四章第三节中实证分析所阐释的，即完善区域间产业合作网络和产业转型秩序是促进区域经济协调发展的重要保障。区域经济协调发展的动力机制是通过充分利用市场在配置资源中的决定性作用，激发不同区域协调发展的内在动力和分工耦合，按照效率最大化原则实现区域之间的产业链、创新链和价值链的协整，加强区域间产业联系和技术、默会知识的扩散效应，扩大基于价值链的水平型产业联动经济规模。

（二）区域经济协调发展的决策机制

一般而言，区域经济协调发展的决策协调机制旨在通过构建跨区域事务的协商渠道、统筹机制和协同创新组织平台弱化区域发展中的系统性冲突，形成制度性集体决策体系以促进府际合作，以制度性集体行动一般范式作为基础，对区域经济协调发展的决策协调机制进行研究，其范式如图 8.2 所示。

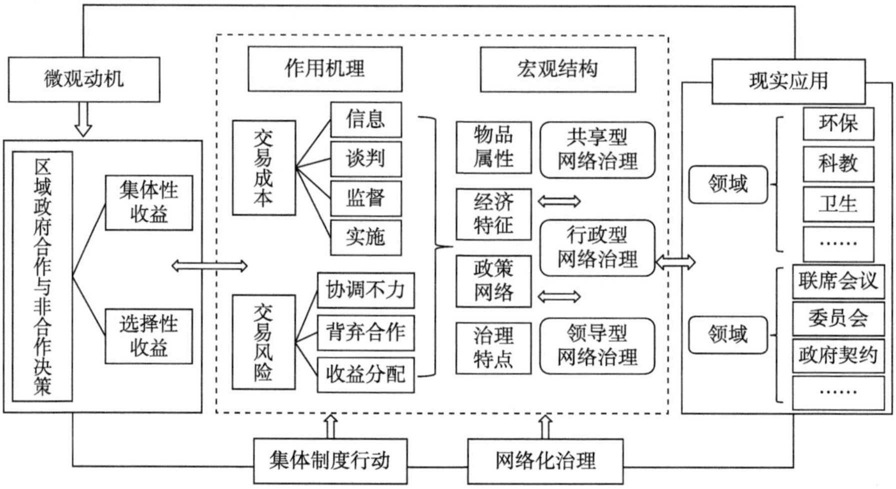

图 8.2　区域经济协调发展制度性集体行动框架

资料来源：锁利铭等（2018）

由图 8.2 可看出，基于制度性集体行动分析框架下的区域经济协调发展决策协调机制中，无法摆脱广义上区域协作治理过程中府际合作的“黑箱陷阱”，但也为府际协议和联席会议机制的现实观察和思考提供了一定借鉴。

（1）联席会议决策机制。其机制以城市、省际联席会议在内的联席会议机制作为主要的区域间横向决策协调形态，对推动公共事务协调治理具有较强的可操作性，其特点主要是促进区域间信息互通和交流协商，最终确定经济合作发展方案。在实践上区域横向联席会议在跨区域决策中的作用也日益加强，表现为联席会议决策的实质性、自主性、积极性和固定性逐步提升。

（2）府际协议决策机制。其机制包括合作意见、合作框架和合作宣言在内的府际协议决策机制，它能极大弱化不确定性决策的潜在风险，并因府际协议是一种基于自愿互惠动机下双边行为的结果，本身也体现了府际区域合作关系，即能自动促进区域政府决策网络的形成。府际协议决策机制具有一定的灵活性，从形式看，主要包括行政上下级间的纵向协议、同级政府或部门之间的横向协议、区域与区域之间或部门之间的斜向协议，这也增加了网络节点联系的紧密性。

（三）区域经济协调发展的规制机制

规制是以法律制度建设和执行的协调为核心，强调政府之间的关系协调和经济利益共享，对促进区域经济协调发展具有重要意义，其核心主要包括法律体系、机构设置、创新模式和严格规制的执行监督，如协调社会发展规划、土地利用规划与生态治理规划等顶层设计之间的关系；提升跨区域立法层级，强化区域发展共同体理念，完善区域风险共担机制（王曙光等，2019）。以区域经济协调发展的机构设置为例，对其进行分析，如图 8.3 所示。

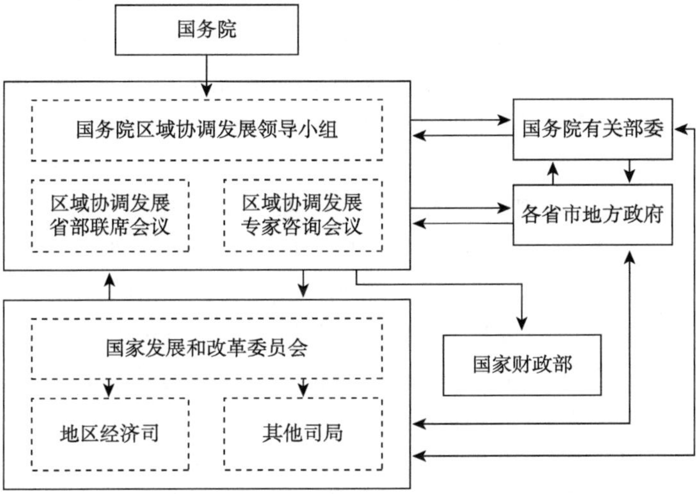

图 8.3　区域经济协调发展的规制主体框架

资料来源：胡军和覃成林（2014）

由图 8.3 可看出：促进区域经济协调发展涉及多个领域和部门，主要包括国务院、国家发展和改革委员会、财政部等，但目前其各自职能只包含了区域经济协调发展的某一方面，机构之间尚未形成有效的沟通和规制体系。以胡军和覃成林（2014）为代表的专家学者们，建议构建多层次、立体化的规制主体结构，其内容可概括为以下三个方面。

（1）成立区域经济协调发展小组。将其作为国务院下设议事机构，其职能主要包括：制度完善职能，如优化“区域经济协调发展联席会议”制度，从横向和纵向上提升部委之间、省部之间和省市之间就区域经济协调发展各项具体事务进行协商沟通的能力，提高政策协调度，强化“专家咨询会议和智库研究”制度，定期组织开展区域经济协调发展的理论、政策和决策专家研讨会和课题研究；法律起草职能，作为牵头机构组织研究和起草促进区域经济协调发展的法律法规，如制定促进区域经济协调发展的基本法、保障法、合作法和地区法等（王曙光等，2019），并提交全国人民代表大会或常务委员会讨论；区域规划指导职能，统筹区域经济发展战略、空间战略规划；监督仲裁职能，研究构建和督促落实大气圈、环水域、碳排放区域责任追究和奖惩机制。

（2）明确国家发展和改革委员会办事职责。细化区域经济协调发展的具体事务办理责任，主要包括：协助区域经济协调发展领导小组，对国家区域经济发展总体战略、区域规划及相关政策法律实施情况进行评估总结；编制和实施国家层面的主体功能区和国土资源空间战略规划；建立区域经济协调发展的官员绩效考核制度；审定并指导地方政府优化地方经济社会发展规划、区域规划和主体功能区规划等，并负责中央与地方及其区域之间规划、方案和政策的协调；促进区域经济协调发展相关制度创新，重点探索区域生态补偿制度和人力资源流动制度，并在生态系统敏感性分析、生态文明调查、濒危度测衡和风险评价等技术层面给予支持。

（3）突出财税部门规制主体地位。以提升财税政策法制性、财税权益分配的规范性、财税权责管理的统一性和政策关系明确性为主线。其职责主要包括：加快构建以区域经济协调发展为主导的横向和纵向财政转移支付制度；清理现有与区域经济发展相关的专项资金，整合构建促进区域经济协调发展的基金体系，创新基金管理模式，提高资金使用效率；解决政府、市场和第三部门跨区域公共财产调配失衡等问题，基于价值共享和契约关系形成有序分工模式，以发挥其协同增益和有序规制功能；推动财税制度创新，通过建立区域公共事务管理局等机构，优化政府对生态保护和区域治安等公共产品供给机制。

二、财税政策机制流程网络

上文初步揭示了区域经济协调发展机制系统的复杂性，从本质上阐明政策共同体的一般组分。这里以更广义的视角审视有关区域经济协调发展的政策体系整体图景，即将其纳入政策网络、政策动力等体系进行应然性研究，限于研究篇幅，本节主要关注其形成、演化和内容相关的过程机制和关系机制，旨在融合公共政策学和财政学等领域，为下文区域经济协调发展的财税政策机制研究提供更开阔的思路。

（一）财税政策机制中的询证逻辑分析

在政策机制讨论中，询证[①]是最关键的前提，它决定了政策工具的选择和政

① 一般认为，社会科学的“科学化”进程分为三个阶段：运用实证研究方法，实现基础研究领域的“科学化”；形成社会技术，实现应用研究领域的“科学化”；推进循证实践，实现实践领域的“科学化”，如循证心理治疗、循证教育学等，社会科学的第三次“科学化”浪潮尚处于萌芽状态，社会科学实践领域如何实现“科学化”还需明确具体思路与方法。

策有效性的判定。政策研究中证据产生和使用的过程机制如图 8.4 所示。

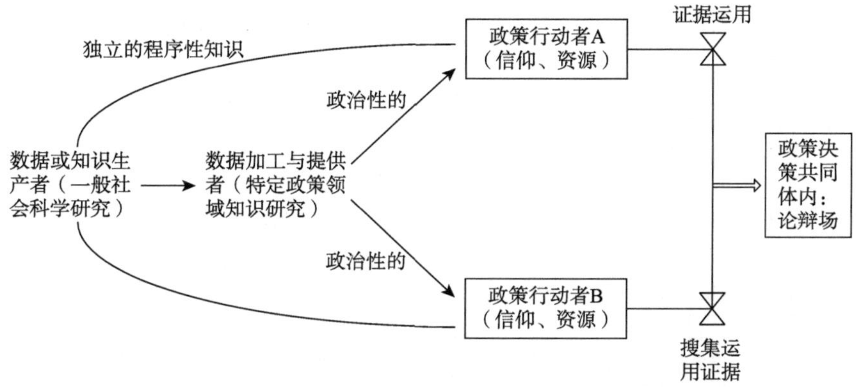

图 8.4　政策研究中证据产生和使用的过程机制

如图 8.4 所示：包括普通信息、分配性知识和政策分析性知识[①]在内的数据或知识是政策辩论的前提，在假设证据的选择方面如果同其他投票表决动机具有相似性的话，那么“以脚投票”机制将会在政策辩论和制定过程中具有实质性的地位。但应注意问题属性的多重性也为政策研究倾向分歧提供了土壤，正如本书在第二章中分析所言，区域经济协调发展的问题已由一种对区域之间经济关系的静态或动态的描述，扩展为一种对统筹协调全面、技术创新驱动、市场开放融合、生态文明持续和利益共享普惠的发展模式的统合性动态要求，因此在财税政策共同体研究的逻辑出发点上，应转变询证思路，消除数据的选择偏好，以增加政策研究结果的可信度和科学性。以生态文明视角下的区域经济协调发展财税政策为例，对其观点进行阐释，具体如图 8.5 所示。

（二）财税政策机制中的路径网络分析

与一般由财政资金流或财税规制主体形成的政策网络不同的是，基于系统动力学构建的模型更强调对财税政策系统内在因果逻辑关系的描述与分析，其关注的重点是子循环反馈。面对区域协调发展利益主体多元和牵涉面广，基于系统动力学的政策网络框架体系能较为全面地含涉其中的影响因子，如区域经济主体和地方政府策略意图及其以外制度、环境和产业等变量，从而有利于将区域经济协调发展政策较为复杂的内在关系机制进行刻画，如图 8.6 所示。

---

① 在政策学视角下，普通知识包括个人经验、调研和媒体等公开或半公开信息；分配性知识包括政治顾问、利益集团提供的信息等；政策性知识包括民意调查、研究机构和智库研究报告等。

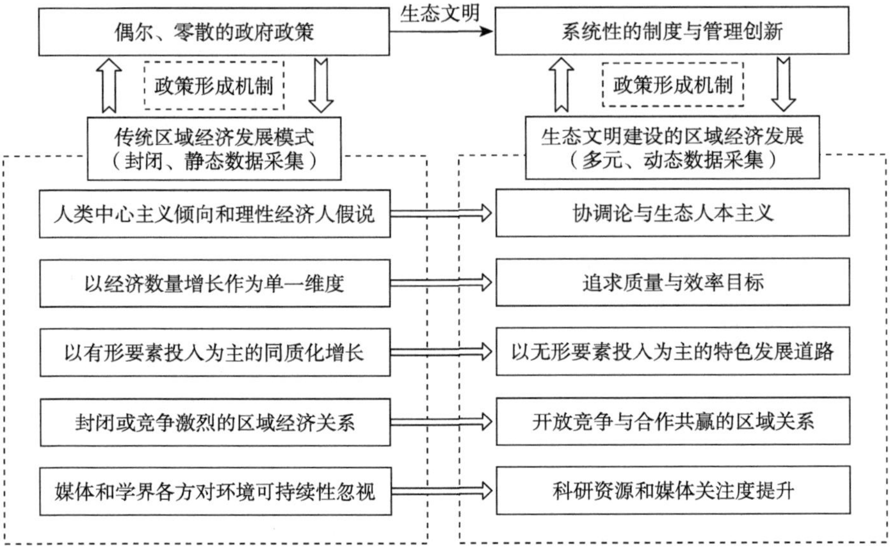

图 8.5　区域经济发展维度对财税政策研究的影响

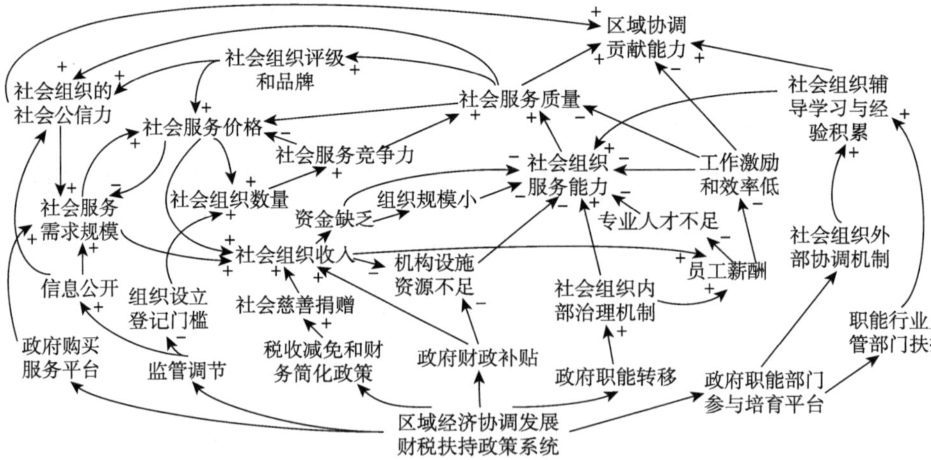

图 8.6　财税扶持政策支持社会服务协调发展的系统力学机制

在本章上述区域经济协调发展规制机制论述中，我们认为：解决政府、市场和第三部门存在的跨区域公共资源调配问题失衡，基于价值共享和契约关系形成有序分工的规制模式，以发挥其协同增益和有序规制之功能，系统动力学模型则进一步揭示了该论点的内在逻辑和实践路径。

（1）财税扶持政策促进第三部门发展的根基在于后者自身发展规律。由于第三部门组织架构不健全、资金缺乏、机构拥有的资源和人才不足，加之员工薪酬较低，故其公共产品和服务尤其是跨区域服务供给质效不高，第三部门品牌效应和社会认同感较低，导致政府购买和市场需求不足，通过价格机制使得第三部门总体收入低下，此种形成恶性发展循环随时间推移形成了路径依赖，而财税扶持政策则通过资本输入、监管调节、职能转移和平台培育等路径有助于其打破该种路径依赖。

（2）财税扶持第三部门的施策重点应以对区域经济社会贡献为依据。目前地方政府通常会根据上级政策中的重点领域进行选择，但由图 8.6 可看出，财税扶持政策只有在提升第三方组织的服务质效和社会价值方面，才能最大化其对区域经济社会发展的贡献水平，因而财政资金利用效率将会更高。此外，在财政资金投放安排与运作统筹方面，应依照各子系统间的正向反馈路径追踪使用，如以强化财政资金的使用监管，倒逼第三方部门健全信息公开制度，最终通过扩大市场需求提高其对区域经济社会发展的贡献度。

（三）财税政策机制中的部门协作网络分析

促进区域经济协调发展的财税政策机制网络主要包括政策决策网、购买服务监管网、政策协调网、业务协调网和知识扩散网等子系统，以部门协作为研究出发点，即假定各政策机制子网络中都有一个中心行动者，如财政部门是财政预算和配置的中枢机构（这里暂不考虑中央财政对地方财政的影响），而考虑跨部门、跨区域协作模式后，即形成一个多中心的网络系统，在信息、权力与资源的交互作用下，财税政策共识最终落实为财税政策行动，具体如图 8.7 所示。

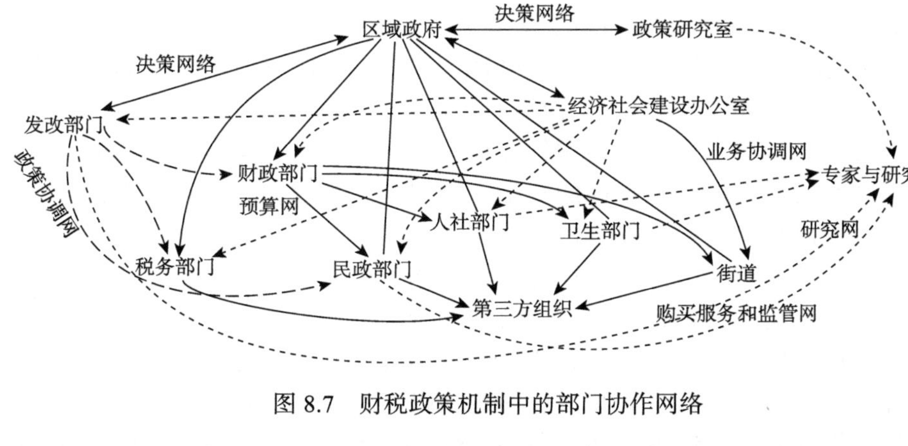

图 8.7　财税政策机制中的部门协作网络

由图 8.7 可看出：在区域性决策网络中，地方政府、发改部门和政策研究室起到主导作用，目前社会经济政策办公室的中枢联系作用的发挥在理论上提升了政策网络的紧密水平，但因不同职能部门缺少财税政策的专业知识、存在不同的政策偏好，加之信息壁垒的存在，导致区域财税政策不确定性和时滞性顽存。例如，对第三部门的财政补贴或税收优惠政策力度等问题，民政部门和财政、税务部门往往难以形成统一意见。由此印证了建立统一的专职负责区域经济协调发展主管部门的必要性，以凝聚财税政策制定中的决策能力、专业知识和协调能力。

此外，还应注意：以专家和研究机构作为主要第三方主体，不但对政府部门之间达成共识机制具有重要的现实意义，而且还会通过技术优势，为财税政策制定提供专业理论知识上的有力支撑，从而有效提高区域经济协调发展财税政策的科学性和效益性。这方面可在中共中央和国务院《关于建立更加有效的区域协调发展新机制的意见》中“引导社会智库研究发布区域协调发展指数”等规定中得以验证①。

第二节　优化财税利益分配机制

一、严格横向资金划拨机制

横向财政转移支付资金划拨程序的优化是促进其规范化运作的基础。中国目前财政转移支付相关立法和横向财政转移支付政策缺失，应进一步规范和明确横向财政转移支付资金的一般性划拨程序。在借鉴德国和日本等国横向转移支付经验的基础上，可建立横向财政转移支付委员会，即横向财政转移支付监管部门，其主要职责具体包括：横向财政转移支付资金调解、划拨和监管，预算年度完结之后，制定各项横向财政转移支付决算及工作报告，等等。

在进行横向转移支付资金划拨的过程中，由付款方将财政资金划拨至收款方时，前者对后者同时做出具体的资金安排规定。当然，严格转移支付资金划拨程序还应做出相应的配套保障性制度安排，如完善供给侧制度设计、协同创新组织平台和破除行政区经济是促进区域协调发展的根本保障；完善地方官员政绩考核指标，凝聚共识，增强对政府博弈行为的产权约束、预算约束和责任约束；强化区域发展共同体理念，构建政府间契约规范，建立区域政府协作联盟；以社会主义核心价值观和科学发展观为指导，规范区域意识形态、伦理规范和风俗习惯等非正式制度的演进路径，落实法治、绩效、科技、联动和服务等财税理念。

① http://www.gov.cn/zhengce/2018-11/29/content_5344537.htm。

二、强化纵向支付管理机制

1994 年分税制改革以来，转移支付成为协调中央与地方财政关系，弥补地方财政缺口的重要财政制度安排，但实践中其资金使用仍不够规范，建议实施纵向转移支付绩效管理，全面提升资金使用效率。

（一）设定专项转移支付绩效管理目标

一是确立专项转移支付项目的总体目标和阶段性目标，每一专项转移支付项目的设立，应明确其实施的总体性目标和短期阶段性目标，为地方政府实施具体项目指明方向，并针对项目资金规模和效益等实际情况不断调整阶段性目标，保证项目全过程、各阶段均与总体目标相符合；二是明确年度绩效管理目标，通过设立项目年度绩效管理目标，满足政府预算要求，确保预算合理；三是有效落实专项转移支付目标，保障项目落地科学。

（二）实施全过程的转移支付绩效管理

将专项转移支付项目资金设立、细化、分配、下达和使用等各环节及全过程纳入绩效管理中，实施项目投入和产出的全过程全方位监控。项目的具体环节应在中央总体规划的指导下，由省级政府将目标下达到市（县）政府，由下级进行绩效目标分解，确保绩效目标和任务目标与部门职责紧密相关；加强大数据、云计算和人工智能等现代化信息技术的支持，将其运用于项目“编制—审核—执行—评价”等具体环节，努力实现转移支付项目资金资源共享和互通，强化政府和预算部门的管理服务；加快建立全国统一的财政预算绩效管理系统，确保项目资金使用情况可在系统内精确查找，形成有力监督。

（三）健全专项转移支付结果反馈机制

专项转移支付绩效结果的反馈机制主要包含绩效考核评价、绩效结果应用和绩效目标优化三个环节，通过对本期项目综合评价和评估，旨在为后期项目的执行提供有益的经验和参考。专项转移支付绩效考核评价环节即专项转移支付项目结束后，由项目实施部门对本部门及所属单位的资金支出结果与预期目标进行对比和评价，对主要负责人的绩效进行考核，并在自评基础上自觉接受外部机构的监督评价；绩效结果应用环节即绩效管理效果，应遵循“花钱必问效、无效必问责”的原则，确保评价结果与专项转移支付项目的各环节目标相匹配，形成目标结果导向的激励约束机制；绩效目标优化环节即对评价结果的再利用和优化，应充分研究和汲取绩效评价结果的反馈，完善项目资金的管理和使用。

第三节 完善财税风险共担机制

一、确立共同体的风险共担

1942 年经济学家舒彼特首次提出“风险共担”一词，其实质上是一种鼓励创新的机制，即将新的科研成果推向市场过程中，由政府与企业共同承担风险的一种新型机制。风险共担坚持降低风险概率和担负风险能力两个基本原则，而区域经济共同体风险共担是指区域经济发展过程中遇到的各种风险应由各区域的公共部门和私人部门共同承担，其内涵主要包括以下三个方面。

（一）由对风险最有控制力的一方承担风险

当风险发生时，对风险最具控制力的一方处在最具优势的位置，能够降低风险发生率和减少风险损失，同时它可通过寻求有合作关系的伙伴为化解风险而努力。因此，由对风险最具控制力的一方承担风险能够使得风险在最短时间内被化解，最大限度降低风险损失。

（二）承担风险的程度与所得回报相匹配

对区域内可能或是意外发生的不可抗力风险，在风险分配过程中，应综合考虑风险成本及其可能性、政府部门对未知风险的预留金、私营经济部门承担风险损失的意愿和能力等因素，当地方承担风险的成本超过其所获得的收益时，地方公共和私人部门均无法或不愿承担风险。

（三）承担的风险要有上限

对区域内发生的损失超过预期损失的风险，在风险分配时应坚持“利益共享，风险共担”的基本原则，保证涉及风险的各方主体共同承担风险，并根据风险的严重程度等级相应调整风险损失分担额度，尽量保证风险损失在各主体可承受的范围内，保证地区经济平稳运行。

二、延展共同体间共担链条

随着中国经济发展水平和市场发育程度的不断提高，区域经济发展差距呈现出一定的缩小态势，但地方市场分割和地方贸易主义依然较为严重，阻碍了各类生产要素的跨区域流动。因此，要实现区域经济协调发展，政府应加快建立区域经济共同体风险共担机制，通过市场化制度创新，打破传统体制下的制度壁垒，从而促进区域经济协调科学可持续发展，其主要内容包括以下三个方面。

（一）建立健全公平公正的市场竞争规则

区域经济协调发展的关键在于市场竞争规则的一致性和公平性。如果缺乏公平公正的市场竞争规则，将会引发区域间的不合理竞争，加剧区域间非均衡发展的现状。因此，应在全国及四大区域范围内建立统一公平的市场竞争规则，主要包括：一是打破制约创新的行业垄断和市场分割，积极加快推进垄断性行业改革，清理和废除妨碍全国用以市场化改革的做法；二是建立政府与企业创新对话机制，让更多企业参与到政策和规划的制定中来，形成反映企业意志的规则和制度，为企业发展注入活力并营造良好的营商环境。

（二）成立跨行政区域的制度性组织协调机构

若区域间缺少统一的跨行政区的区域协调管理机构，区域经济合作就难以切实有效地推进，若区域间没有明确的协议和制度作为约束限制，区域在追求自身利益最大化的同时，很容易危害到其他区域的共同利益，因此在倡导区域协调发展的时代背景下，政府应加快建立区域间共同组织的协调机构，设立明确的管理章程和制度规范，以四大区域自愿合作为基础，明确四大区域的职能和权限，以有效约束和激励各区域最终为目标，构建区域经济共同体风险共担机制，促进各区域机会均等和统一公平管理。

（三）实施区域内基础设施一体化统筹和管理

由于中国四大区域间经济发展不均衡，区域间基础设施建设情况也存在着一定差距，这不利于实现基础设施跨区域的“无缝隙”对接和基本公共服务均等化的实现。因此，政府应加快建立基础设施一体化体制机制，如改革现行的条块分割体制，促进资源和要素在区域间自由流动，降低区域交易成本；加大对落后地区的基础设施投入，改善其基础设施条件，调整区域间基础设施的协作配套问题，从而推动区域经济共同体风险共担机制的建立。

第四节　健全财税监督管理机制

一、完善财税规制的法律保障

统观德国、美国、日本等发达国家促进区域协调发展的财税规制历程，现行的主流基本法律框架可概括如下：以区域协调发展的基本法为主干，辅之以诸如财税专项法、多个单行法和个别地区法。应坚持立法先行，遵循“完善区域发展法律体系—依法建立专门管理机构—拟定具体区域发展政策—强化法律法规执行监督”的基本规制路径，先完善以立法层级所构成的区域法律法规和以协调内容或要素为组合构成的法律法规体系，在中央政府和地方政府层面分别建立负责区域协调发展的专门机构，由各级立法机关制定促进区域协调发展的相关法律法规条文，完善执法监督机制，最终形成稳固的制度体系和规则保障。

（一）健全促进区域协调发展的基本法律

应明确促进区域协调发展的基本法律的纲领性和权威性地位，按照中国《宪法》和立法体制的要求，由全国人大及其常委会统筹现行相关法律，其内容主要包括：规范和统筹国民经济发展规划的部门法律；规范行政区域立法行为的法律，如《立法法》；规范地方政府行为的法律，如《行政处罚法》；规范地方政府司法行为的法律，如《法官法》《警察法》；保障行政区域文化资源的法律，如《文物保护法》《非物质文化遗产法》；保障行政区域自然资源的法律，如《矿产资源法》《土地管理法》；清理整合《黄河水量调度条例》等行政法规。依据中国区域协调发展的现状、目标、内涵和路径，确立《区域协调发展基本法》，理顺促进区域协调发展立法的原则、内容、法律关系及其效力，诸如动议、调整、编制、审批、执行、监督和评估等程序。

（二）制定促进区域协调发展的保障法律

应整合区域协调发展过程中的生活、生产和生态空间的功能安排，统筹考虑社会变革、经济发展和生态演进规律，推进生活空间集中、生产空间集聚和生态空间集约。围绕区域协调发展法律需要，制定“促进区域协调发展财税保障法”“跨区合作保障法”“区域规划保障法”“生态环境保护及资源开发保障法”。其中“促进区域协调发展财税保障法”是规制区域协调发展财税政策的核心，其内容应主要包括：推动技术创新的税收优惠法律制度、激励产业承接的财政补贴法律制度等；平抑政府债务风险的财政预算管理法律制度；促进基本公共服务均等化的转移支付法律制度、优化环境治理区域财税合作法律制度、落实跨区项目建设财政配套资金监管法律制度和缩小居民收入差距的财产税法律制度等。

（三）完善促进区域协调发展的地区法律

基于不同区域发展需求，按照党的十九大提出的“强化举措推进西部大开发形成新格局，深化改革加快东北等老工业基地振兴，发挥优势推动中部地区崛起，创新引领率先实现东部地区优化发展”的战略部署、方针政策和重点任务等内容，分别制定“西部大开发促进法”“东北振兴促进法”“中部崛起促进法”“东部发展促进法”。此外，如前文所述，促进区域协调发展的财税规制是横跨法律、政治、人文地理和生态文明等诸多领域的综合性范畴，应制定“区域发展技术指引”并作为区域协调发展相关法律法规的基础，其内容主要包括：区域规划评估、环境指标测衡、公共设施建设规范；保障区域发展战略与国民经济发展规划、经济区建设、国土资源规划、城乡统筹发展的衔接机制；综合运用现代技术，通过地理信息 3S 系统构建空间数据平台；规范立法交叉备案制度，健全区域立法评估体系。

二、严格财税规制的执行监督

（一）明晰财税规制主体的监督责任

具有义务执行财税规制的主体必须依法履行监督职责，广义而言即前述的市场、政府和第三部门。财税规制的落实应由国务院区域协调发展领导小组和财税主管部门统领，主要分为三大方面：一是立法推动，如制定“促进区域协调发展财税保障法实施条例”；二是转化落实，如根据相关法律制定经济区或产业优惠政策等；三是组织管理，如建立专门的税收优惠宣传队伍，公开数据接受外部监督。在其执行过程中，形成全流程动态化监督机制，包括国家和社会的有关监督：前者主要是权力、行政和司法机关的监督，如省级政府、国务院有关部门、国务院、全国人大及其常委会依次进行执行结果报告；后者主要是社会组织和个人依法享有监督、复议等权利，其监督内容主要包括政策的合理性、执行的合法性、修改的必要性和结果的绩效性。此外，各类监督主体特别是国家层面的监督主体，应明确其监督职责，实施监督工作的奖惩机制。

（二）完善财税规制的监督制衡机制

区域协调发展财税规制的路径是基于共同、自主和效率原则而构建，既是现代财政体制的组成部分，更是国家治理范畴的主要体现。因此，完善财税规制的监督制衡机制，需要与国家治理中的民主治理与动态治理相对应，旨在共同促进财税“权力束”与区域协调发展秩序、个人福祉之间的良性互动。一方面，突出中国特色的人大、审计和财政部门之间的财政监督治理关系，既要强化以财政公开透明为基础的公共问责机制，又要推进以部门预算为基础的全面预算绩效管理机制，并以此构建现代化财税民主监督制衡机制；另一方面，应加强财税规制在经济、政治、文化、社会和生态文明诸多领域的绩效监督，兼顾流量与存量、当代与后代、公众欲求与区域需要，以资源配置、市场统一、社会公平和国家长治久安为向度构成现代化财税动态监督制衡机制。

第五节　明确财税扶持合作机制

一、完善跨区域的税收扶持机制

区域之间税收规范、合理和科学的分配关系，有利于防范税收“逐底竞争”，同时一定的税收返还等税收扶持机制有利于消除区域之间的发展矛盾，减少中部、西部和东北地区的税收流失，保证财政资源的合理分配与流动，加深区域间的合作。其区域间税收扶持机制的原则：一是协同分配原则，如共同建立税收利益协调下的组织机构，对税收日常活动分配进行监督、管理和协调；二是协同制定原则，如经由相关协作平台以联席会议等方式事先制定符合双边或多边利益的税收分配方案、明确税收分配的程序、问题及争议解决措施；三是协同处理原则，在税款征收、分配和政策落实等方面一旦发生争议或问题应及时进行协同处理，避免矛盾激化，对税收共性问题做好备案等。

在制定税收扶持规则方面，应基于税收管辖权优先的前提，明确行政层级间属地化基础，并给予生产地利益优先保障，以达到跨区域开放项目各方共赢的目的；在税收返还方面，采用因素法设置均衡性税收返还科目，中部、西部和东北地区适当提高税收返还额，可设置效率性税收返还科目，促进后发区域切实享受税收经济增加的政策红利，给予后发区域适度征税自主权，促进地方财政税收努力与激励、税收征管与治理有机结合，确保地方政府税收的经济效应最大化；明确税收管辖权的分配问题应以税法为基准，以上述协调与扶持规则为依托，以结果与过程公平为基本考量，对行政层级间的税收管辖权的协调机制进行调整。当出现税收争端时，应及时向上级部门申请行政裁决等方式进行仲裁处理。

二、优化专项民生投入扶持机制

专项转移支付是贯彻中央宏观经济调控目标，实现区域经济协调发展的重要制度安排，可为多类产业和行业的发展提供资金支持。从“区域经济协调发展战略”到党的十九大的“区域协调发展战略”，体现了中央对缩小区域发展差距的决心，可从以下两个方面实现专项转移支付民生投入的协调发展目标。

（一）加大预算专项转移支付民生投入

预算专项转移支付按照转移支付功能分为公共服务（教育、社会保障、就业、环境保护和科学技术等）、行政管理（一般公共服务、公共安全、国防和外交等）、经济调控（农林水事务、城乡社区事务等）和特殊应急（地震灾后恢复重建和其他支出）四类。加大专项转移支付民生投入即加大对公共服务领域的民生投入，适当增加经济调控方面的民生支出，主要包括：一是重点加大公共服务中教育、社会保障、就业、医疗卫生、住房保障和交通运输等领域支出，特别是增加西北地区专项公共服务转移支付，提高落后和经济欠发展地区居民的基本生活水平，在基本公共服务均等化方面缩小与东中部的差距；加大农林水事务的转移支付力度，在乡村振兴战略背景下，完善农村基础设施条件，改善农民基本生存环境，逐步缩小城乡发展差距。

（二）灵活调整专项转移支付资金

预算专项拨款项目明显小于项目专项拨款数量是中国专项转移支付结构不合理的主要表现，虽然项目专项拨款可直接加快项目的落实和推进，但其也可能会阻碍区域协调发展目标的实现，间接地拉大区域间经济发展差距，同时项目专项拨款易出现项目内容交叉重叠、项目规模缺乏科学性、长远性等问题。因此，遵循中央宏观经济目标重点加大民生领域项目专项转移支付的力度，如设立落后地区基础教育、民办教育和高等教育专项拨款项目，以促进欠发达地区民生环境的改善；对交叉重叠的项目内容，结合地区实际情况减少项目资金或取消项目，以提高资金使用效率；通过科学的方法测算合理的项目资金规模，增强其科学性和规范性管理。

第六节 加强财税风险化解机制

一、优化地方政府现代治理机制

（一）完善后发区域政府官员晋升考核机制

以经济发展指标代替经济增长指标；强化政府行为的法制约束和社会监督机制，如组建律法规章联席培训小组等机构，提升各地区对各级政府部门法律的培训宣讲力度；推动“放管服”改革进程，以行政审批和公共服务流程再造为依托，促进市场监管“大部门制”改革；完善政府信用管理机制，坚持依法制衡和“一案双查”原则，明确政府信用管理的重点领域、行业和对象。

（二）培育财源并挖掘新的增长点

提升经济社会整体发展实力，优化营商环境带动主导产业链条的转型升级，增强经济对政府债务的支撑能力；聚合人才促进经济社会发展，形成“汇集—留下—发展”的人力资源良性循环；完善创新驱动发展机制，搭建创新合作、产业对接和技术服务网络；加快新型城镇化发展进程，明确城市圈优化城镇群建设路径。

（三）保障市区财权事权相互匹配

优化区县级的财政激励机制，如完善财政增量分享机制，提高跨区域财税收入让渡比例，将区县经济发展质效与财政奖励资金挂钩；构建支出责任清单，以信息特征、外部性和激励相容等要素为依据，理顺市级、区县级和共有事权；提高转移支付精准度，确立以一般性转移支付为主与专项转移支付相结合的转移支付体系，增强转移支付政策效果。

二、健全融资平台债务管理机制

（一）妥善处理平台存量隐性债务

确立经营性项目负债由经营性收入偿还、公益性项目负债由政府统筹协调处理的基本原则；分类明确公益类、运营类和商业类企业的监管重点；创新平台融资模式，探索 REITs 参与机制，通过增加期间收益、税收优惠和破产风险隔离等方式提升社会资本的参与度。

（二）有序落实政府会计制度改革

进一步完善会计制度改革配套体系，成立政府会计改革领导小组；优化会计规则执行机制，按照契约特征与政府机构相匹配、信息成本与代理成本总额最小化原则，综合运用强制性和压力性规则执行机制；提高政府内控衔接性，如围绕核心会计要素明晰主要管控对象；畅通协同审计机制，明确三方审计主体权责分配；加强审计治理，细化审计强约束制度，明晰政府隐性债务审计重点，鼓励以内审促进政府部门的治理效能自主升级；构建债务信息联动机制，建立地方债务信息披露奖惩制度，明确政府举债信息处理方式，构建债务披露、追踪、宣传和举报一体化平台。

第九章　促进区域经济协调发展的相关政策机制

区域经济协调发展受到财税、货币等多种政策机制的影响，只有不同政策机制间有效协调和紧密配合，才能最大限度地实现政策预期效果。因此，本章研究如何完善区域经济协调发展的相关政策机制问题，提出了优化财税政策与货币政策的联动机制、加强产业政策协调优化区域贸易机制和建立跨区域资源开发与利益补偿机制等内容。

第一节　优化财税政策与货币政策的联动机制

财税政策和货币政策是国家调控宏观经济的重要手段，两大政策对经济调控重点不同，前者致力于经济结构的优化，而后者着眼于经济总量的提升，两者的协调配合是实现“经济增长、充分就业、物价稳定和国际收支平衡”宏观经济目标的必然选择。党的十八大以来，中央经济工作会议多次强调了两大政策的协调配合问题，但因其实施主体、作用机制、运用方式、调节重点、使用工具、调控范围和政策时滞等方面的差异，导致在实践中协调难度较大，甚至出现脱节情况，因而应研究两者的互补性和互动性。

一、构建政策管理协调组织

基于财税政策与货币政策协同配合机制有待完善等问题，政府部门可考虑成立专门的协调机构，针对区域经济发展现实情况，由财政部门和中央银行相关责任人负责执行和调整政策，其举措主要包括：一是组织开展联席会议，实施有效对接四大区域两大政策的执行情况，总结两大政策在不同区域执行过程中存在的问题，并对此做出针对性的政策内容调整；二是开展财税政策与货币政策资金对接监督管理工作，确保中央及各地方财政支出切实投入涉及国家重大发展、民生支出、基础建设等关键性领域，突出宏观经济政策的导向性作用；三是组建项目对接数据库，运用“互联网+”、大数据、云计算和人工智能等现代化技术手段整合财税政策和货币政策的相关信息，建立信息数据库，形成良好的政策实施结果反馈机制。

二、明确货币政策调节重点

（一）明确财税政策和货币政策的侧重点

财政和货币两大政策作为国民经济的重要调控手段，其侧重点和目标有所不同。货币政策强调效率，即通过调整央行存款准备金率、存贷款利率和再贴现率等调节货币供给量，保持总供给与总需求的基本平衡，如通过调整法定存款准备金率和再贴现率，用以调节物价总水平；通过利率调整可调节国民的消费与储蓄水平，刺激消费和投资需求，调节过程具有较强的灵活性。财税政策侧重于公平，以稳定宏观经济为目标，通过财政投资、财政补贴、转移支付和税收优惠等手段调节经济结构，如通过财政直接投资作用于重点性领域和关键性领域；转移支付旨在缩小区域经济发展差距；税收优惠支持重点产业发展等。

兼顾公平和效率是经济发展的重要目标。因此，财税政策和货币政策只有相互配合，最大限度地作用于各自的调节重点，才能实现区域经济协调发展的目标，财税政策通过积极政策手段解决社会分配不均、基本公共服务供给差异等宏观经济问题；货币政策应运用一般性和选择性工具直接作用于社会总需求，有效地激发微观主体发展活力。

（二）发挥充分财税政策和货币政策优势

针对区域经济协调发展过程中存在着的一些财政问题金融化、金融问题财政化、财政问题金融解、金融问题财政解等现象，财税政策和货币政策应发挥各自调节优势，作用于所擅长的领域，促进政策预期效果和有效实现。

对财税政策应协调好中央财政收入在财政收入中占合理比重和适当扩大中央财政支出两者之间关系，提高财政资金使用绩效，增强宏观调控能力，主要包括：一是继续深化财政体制改革，加快建立现代财政制度；二是进一步明确中央与地方财权、事权与支出责任划分，提高各级政府的财政支出能力，特别是夯实基层财力基础，直接作用于地方重点领域和经济发展关键环节。

对货币政策应继续坚持适度且稳健的基本原则，实施以降低央行存款准备金率为代表的逆周期性政策，降低商业银行成本和信贷成本，缓解当前企业投融资渠道单一问题；增加商业银行支持实体经济发展的可持续性；发展政策性银行业务，建立稳定的银行融资渠道，解决当前部分欠发展地区政策性银行资金不足的问题，为落后地区经济发展提供稳定的资金支持。

三、理顺货币政策传导机制

货币政策主要通过商业银行作用于企业、居民等微观市场经济主体，进而对经济社会产生影响。一般情况下，社会的市场化程度越高，货币政策的应变弹性越大，个体消费对政策变动反应越灵敏，货币政策作用效果越积极。但在经济运行过程中，因受资金供求双方意愿和能力等因素制约，出现了部分地区实体经济融资困难等问题。因此，为解决实体经济融资难问题，应建立健全区域性特色化货币政策传导机制，主要包括以下五个方面。

（一）平衡好稳增长和稳货币的关系

2018 年中央首次提出经济稳中求进的“六稳”目标，2020 年在新冠疫情全球蔓延的背景下，中央再次强调做好“六稳”“六保”工作，以应对全球经济下行、经济复杂多变和外部环境复杂的压力，因此货币政策要审时度势，发挥其传导作用，破解资本、流动性和利率的约束，稳定货币杠杆，更好地发挥金融政策支持实体经济的重要作用。

（二）协调好调结构与增信用的关系

货币政策可通过降低央行存款准备金率、存贷款利率等方式，增加长期资金规模，为社会注入更多资金，扶持中小微企业发展，以改善货币信用的利好关系，如 2019 年央行打出“普遍降准+定向降准”组合拳，发放长期资金 9 000 亿元，这将给予实体经济极大的发展活力，切实增强企业发展的动力和活力。

（三）形成财政与货币政策的合力

在 2019 年货币政策大幅降准的宏观经济背景下，国家持续实施积极的财政政策，加大减税降费政策力度。例如，在减税方面，积极贯彻落实国家宏观政策要求，调低增值税税率；在降费方面，继续深化非税收入制度改革，清理规范收费项目，废止已实现预期目标的收费和基金，切实降低企业税费负担。

（四）发挥财政和货币政策导向性作用

中国特色社会主义新时代对经济发展也提出了新的更高要求，为此财政政策和货币政策应继续发挥其导向性作用，加大力度扶持符合产业升级和经济可持续发展的产业，如对基础设施建设及教育、医疗、养老等现代化服务业，应不断满足消费者消费升级的需求，为实体经济发展提供新动能。

（五）建立健全银行风险补偿机制

当前中国宏观经济发展面临着复杂多变的国内外环境，为中小企业发展带来了诸多阻力，对此政府部门应深化利率市场化改革，健全风险补偿机制，如推出逆周期的风险补偿机制，加大银行结构性信贷投放力度，切实解决中小企业融资难、融资贵等问题，为企业发展营造良好的营商环境。

第二节　加强产业政策协调优化区域贸易机制

产业政策和贸易政策作为国家宏观经济政策的重要组成部分，两者的有效配合对促进经济发展意义重大。当前中国四大区域经济发展过程中存在着部分产业政策与国际贸易政策无法有效衔接，国际贸易摩擦已由货物贸易摩擦转向了制度性贸易摩擦，外国以此作为对华发起贸易摩擦的理由等问题。此外，在经济对外开放过程中我国主要实施出口导向型贸易政策，忽略了技术等要素对外资的吸引，导致出口主体结构不均衡等问题，致使中国区域产业结构不合理、区域产业优势不显著，加剧了区域经济发展不平衡、差距过大的现状。因此，只有协调好产业政策和贸易政策的关系，加强产业政策协调优化区域贸易机制，才能切实解决制度性贸易摩擦和内外贸易发展不均衡等问题。

一、明确跨域贸易协调导向

（一）区域经济协调发展产业政策的内容

产业政策从政策类别上可分为政策类、调节类、行业类和经济热点类四个方面，本书主要以 2018 年的产业政策为主来阐释四类政策。

（1）政策类产业政策。2018 年 7 月财政部等四部门联合发布《关于节能新能源车船享受车船税优惠政策的通知》，规定了新的车船税优惠政策；2018 年 10 月工业和信息化部与应急管理部关于印发《国家安全产业示范园区创建指南（试行）的通知》，以加快国家安全产业示范园区建设，促进安全产业集聚；2018 年 12 月工业和信息化部出台《免征车辆购置税的新能源汽车车型目录（第 22

批）》，以及《产业发展与转移指导目录（2018 年本）》，切实贯彻党中央、国务院关于高质量发展和区域协调发展的部署，深入推进产业有序转移。

（2）调节类产业政策。2021 年 3 月，国家发展和改革委员会等13部门联合印发《关于加快推动制造服务业高质量发展的意见》，旨在加快推动制造服务业发展，以高质量的服务供给引领制造业，转型升级和品质提升；2018 年 11月工业和信息化部、国家发展和改革委员会、财政部和国务院国有资产监督管理委员会联合印发《促进大中小企业融通发展三年行动计划》，为中小企业发展创造良好条件，推动中小企业创新发展为目标，贯彻创新驱动发展战略；2018 年12月12 部门联合发布《关于持续加强稀土行业秩序整顿的通知》，以充分发挥稀土资源的战略支撑作用。

（3）行业类产业政策。2018 年 7 月工业和信息化部印发《推动企业上云实施指南（2018-2020 年）》，以推动企业云计算、大数据等技术与实体经济的深度融合；2018 年 11 月工业和信息化部办公厅组织报送符合《环保装备制造行业（污水治理）规范条件》和《环保装备制造行业（环境监测仪器）规范条件》企业名单（第一批），以推进环保装备制造业发展；2018 年 12 月工业和信息化部发布《关于加快推进虚拟现实产业发展的指导意见》，以推动虚拟现实应用创新，培育信息产业新增长点和新动能，加快中国虚拟现实产业发展。

（4）经济热点类产业政策。2017 年国家发展和改革委员会、商务部发布了《外商投资产业指导目录》，以进一步扩大中国的对外开放水平；2018年 11月工业和信息化部办公厅印发了《关于新一代人工智能产业创新重点任务揭榜工作方案》，以加快推动中国新一代人工智能产业创新发展；2018年11月工业和信息化部及国务院扶贫办印发了《关于持续加大网络精准扶贫工作力度的通知》，以通过网络手段推进精准扶贫和精准脱贫工作早日完成，并对特定贫困群众的资费优惠予以明确的政策规定。

（二）产业政策推动区域间贸易协调发展

产业政策具有较强的导向性，能有效地优化地区产业结构，促进区域贸易快速发展，以产业政策推动贸易发展的举措主要包括：一是实施区域一体化产权制度和产业政策，统一区域户籍、就业、教育、医疗和社会保障等制度，以加强各地区间的行政协调，强化区域制度框架的完善和融合，同时从整体上实行统一的区域招商引资、土地批租、外贸出口、人才流动、技术开发和信息共享等产业政策，针对特殊地区（如东北老工业基地）可加大特殊政策的实施力度，以差别化政策推进区域协调发展。二是促进区域基础设施建设均等化。目前中西北地区基础设施条件较先发区域更为落后，中央政府和中西北地区地方政府应加大基础设施建设投入力度，促进区域基础设施建设均等化，以缩小区域经济发展差距。三是建立健全区域产业结构和产业布局的市场化机制，积极发挥市场机制的重要作用，加强四大区域产业联合和重组，加快推进区域产业结构和产业布局优化目标的实现。四是建设统一的区域网络化市场，注重区域资本、技术、人才、文化和资源等生产要素的市场化运作，推进区域贸易融合的深度和广度，以及区域经济的融合发展。

二、构建贸易协调政策机制

（一）合理设置区域生产力布局

合理布局区域生产力，发挥区域比较优势是区域经济协调发展的基础保障和客观要求。新时代中国区域生产力布局以“五位一体”总体布局为基本原则，以供给侧结构性改革为主线，以区域协调发展为重点，以实现国内生产力充分平衡发展，增加人民福祉、推进经济高质量和动态协调发展为目标。随着中国对外开放水平不断提升和“一带一路”倡议的深入推进，国外区域生产力布局需要顺应时代潮流，以构建人类命运共同体为目标，充分尊重区域经济发展水平差异，并在国际生产力布局中积极贡献中国力量，国内外生产力合理布局的实现需要充分发挥产业政策和货币政策的作用，即以区域产业结构的不断优化推动生产力布局的调整，提升区域布局的整体经济效益；以区域贸易政策的调整实现区域生产要素的合理配置，促进有限资源的收益最大化。

（二）实现区域资源的合理配置

区域产业政策即指国家或政府为促进资源在地域空间上的有效配置而制定的政策，以弥补市场机制在区域资源配置过程中的缺陷，实现资源的合理化和最优化配置，其内容主要包括产业结构政策、产业组织政策和产业布局政策三种类型，分别作用于产业结构调整、产业组织改善和产业布局优化；区域贸易政策即指国家为某种目的制定的管理对外活动的方针、原则与办法，包括国内贸易和国际贸易政策，主要是通过经济贸易活动引导生产力要素的合理流动。因此，从政策制定目标看，区域产业政策和区域贸易政策都是政府引导生产要素自由流动的重要保障，而只有实现区域资源的合理配置才能在区域产业政策和贸易政策之间建立有效的协调机制。

三、完善产业政策保障措施

（一）全面提高经济开放水平

较高的对外开放水平是健全产业政策协调机制的重要条件。从中国出口情况看，因长期以来中国产业结构转型压力较大，产品对外出口时竞争力较弱，产业政策机制并未实现增加对外贸易出口额的目标，因此为建立健全区域性产业政策协调机制，四大区域应协调有效提高出口产品质量，优化出口产品结构，坚持“以质取胜”，特别是支持和培育具有自主性知识产权和自主品牌的商品出口；从进口情况看，中国“代购”“微商”等业务发达，消费者对进口国外商品偏好更强，这极大地降低了对中国同类替代品的需求，进而降低第三产业产值，对此政府应加强贸易政策与产业政策的协调配合，在推进进出口贸易增长的同时，加大力度发展利于产业结构调整和升级的进口贸易。

（二）继续优化区域产业结构

区域产业协调发展的目标是推进产业政策的不断完善和产业结构的优化升级。因此，促进区域经济协调发展，应以产业政策为依据，以产业结构优化为核心，配合区域现行的贸易政策，推动对内对外贸易和产品结构升级，确保产品能满足不同国家和地区的需求。区域产业结构优化的路径包括两个方面：一是区域产业结构优化的经济路径，即产业结构优化主要以提高地区经济发展水平为核心，如应重点发展地区主导性产业、大力发展以第三产业为核心的现代服务业和培育壮大战略性新兴产业，以提升地区生产总值；二是区域产业结构优化的绿色路径，即产业结构优化主要以区域能源消耗状况、环境污染程度、污染物排放量作为重点考虑指标，更加注重绿色、低碳、环保和健康发展，全面贯彻落实新发展理念中的“绿色”发展理念，以致经济发展更加符合党和国家号召的“加强生态文明建设”的政策目标。

第三节　建立跨区域资源开发与利益补偿机制

节约资源、保护环境是国家经济发展的重要目标之一。从党的十六届五中全会所提出“谁开发谁保护，谁受益谁补偿”的生态补偿原则，到党的十八大提出“构建横向生态补偿制度”，再到党的十九大提出的“建立市场化、多元化生态补偿机制”，以及党的十九届五中全会提出的“完善生态文明领域统筹协调机制，构建生态文明体系”等政策内容，深刻表明国家深化生态文明体制改革的决心。因生态补偿资源分散在多个部门，跨区域生态补偿机制尚未建立，造成了有限生态资源的低效率使用和浪费，因而应加快探索建立跨区域资源开发与利益补偿机制。

一、明晰开发补偿基本原则

（一）坚持付费与收益相统一原则

在坚持党的十六届五中全会提出的“谁开发谁保护，谁受益谁补偿”的生态保护基本原则下，由资源开发的受益方和破坏方共同承担对生态建设成本的补偿费用，以调动各方主体共同保护资源和环境的热情和积极性。

（二）坚持权利与义务相统一原则

生态环境开发者在享受资源环境红利过程中，各地区应主动履行保护资源环境的义务，在政府生态补偿相关政策的指导下，主动承担纵向和横向的生态补偿费用，保障享受权利与履行义务相统一。

（三）坚持受益主体多元化原则

中西部地区虽生态资源丰富，但大量的生态资源开发却未能使得中西部地区充分受益，因此生态补偿基础应坚持受益主体多元化的基本原则，让西部经济欠发展地区享受到资源红利，发挥资源的“造血”功能。

（四）坚持科学化合理化的补偿原则

跨区域资源开发与补偿机制应科学合理地确定补偿标准、补偿方式、补偿主体等补偿要素，保证生态补偿机制的科学性、合理性和可操作性，为加快建成跨区域补偿机制提供重要保障。

二、制定开发补偿要素标准

（一）补偿主体

补偿主体即在生态资源开发和利用过程中承担补偿责任的主体。按照“付费与收益相统一”原则，补偿主体应为生态环境的受益者和破坏者，前者包括各级政府及受益地区的企业、居民、社会组织等，后者包括开采生态资源的企业、居民和社会组织等。各主体职责主要包括：一是由中央政府和各级地方政府承担纵向补偿责任，通过财政转移支付等手段给予被开采地区一定的补偿费用；二是受益地区和开采生态资源的企业、居民、社会组织承担主要的补偿责任，以形成多主体共同保护生态资源的新格局。

（二）补偿对象

补偿对象即在生态资源开发和利用过程中被补偿的主体，学界关于生态补偿对象的确立持有不同观点，主要包括：一是认为生态补偿对象仅是自然资源经营权人；二是认为生态补偿对象具体包括自然资源经营权人和自然资源承包经营权人；三是认为生态补偿对象是自然资源经营权人和政府；四是认为生态补偿对象是自然资源经营权人、自然资源承包经营权人和自然资源所有权人的集合。本书认同第四种观点，并建议各地区应以多种补偿形式给予生态补偿对象足额的生态补偿，以确保受开采地区居民不同生态资源负担而造成生活水平的下降。

（三）补偿标准

补偿标准即生态补偿的额度。按照科学化、合理化的生态补偿原则，补偿标准的确立既要科学合理，又要具有可操作性。其生态补偿标准的确定方法主要包括：一是生态保护机会成本法，按照生态环境保护者为保护生态环境投入的人财物力等直接投入，以及保护生态环境牺牲发展权的机会成本之和，作为补偿的最低补偿标准；二是生态受益者获利法，按照市场交易法确立生态受益者的获利原则，该获利即生态补偿标准；三是生态破坏的恢复成本法，按照谁破坏谁恢复的原则，将生态恢复的成本作为补偿标准的重要参考；四是生态服务功能法，根据生态服务功能价值综合考虑补偿标准。

（四）补偿方式

补偿方式即如何进行生态补偿。从目前生态补偿的实际情况看，补偿方式主要包括：一是财政补偿，包括横向和纵向补偿两类，前者即省际和省内部地区间实行的补偿，由中央政府或省级政府建立补偿机制，确立补偿标准，后者即中央对地方的补偿，主要通过一般性转移、专项转移支付和税收返还等形式加以实现；二是政策补偿，即政府通过制定生态保护的特殊政策实现对地区的生态补偿，包括产业扶持、生态恢复、异地开发等政策；三是市场补偿，即通过市场交易调节促进生态服务的外部性内部化，有助于弥补“政府失灵”问题和提高生态经济效益。

三、完善跨域开发补偿制度

（一）完善资源开发与生态补偿相关制度

（1）完善生态补偿法律制度。确立生态补偿的法律地位，尽早出台“生态补偿条例”“生态补偿实施办法”等法律规范，明确生态开发利用者的职责与权利，以及明确生态补偿的原则、主体、标准、方式、资金来源等；允许各省、自治区和直辖市在遵循全国统一的法律制度基础上，建立符合区域特色的“生态补偿暂行条例”等政策法令。

（2）明晰自然资源产权制度。党的十八届三中全会首次提出自然资源产权制度，其关键是明晰自然资源产权。故而应加快推进土地、矿产、森林、草原和荒地等自然资源的产权制度改革，明确其所有权、使用权及职责和权利主体，切实激励自然资源开发者和经营者更好地保护自然资源和生态环境，促使生态补偿机制真正发挥应有的作用。

（3）完善生态服务价值评估制度。生态服务价值法是确立生态补偿标准的重要方法，有助于社会各界树立“谁使用谁付费”的意识。因此，应建立专门化的价值评估机构，组织业内专业人士开展生态产品价值评估工作，并支付相应评估费用；完善生态评估方法体系，结合国际先进经验，确立符合中国国情的评估方法体系。

（二）健全资源开发与生态补偿政策体系

（1）健全财政政策。财政转移支付是进行生态补偿最直接、最有效的手段，一方面，中央政府加大对生态保护区或是重点生态功能区的纵向转移支付力度，为生态功能区建设和发展提供稳定的资金支持；另一方面，省级地方政府加大对后发区域、重点生态功能区和自然资源保护区的横向转移支付，增强生态功能区可持续发展能力，构建生态功能区稳定发展的长效机制。

（2）健全税收政策。一是扩大生态产品的税收优惠范围，如给予生态企业、生态产品更多的税收优惠红利；二是把生态文明理念融入消费税、资源税等税种的税收征收中，如对矿产资源类、高污染类产品征收消费税，并适当调高税率；三是扩大资源税的征税范围，将土地、森林、水源等自然资源纳入资源税范围，并将生态产品的税费收入用于生态功能区建设和环境资源保护。

结论与展望

在中国宏观经济在触底企稳的基础上整体反弹，宏观景气、微观绩效、结构调整和新动能培育都出现改善的背景下，区域经济发展协调度逐步提升。然而在贸易主义抬头、经济波动频仍、传统区域间体制机制和观念意识壁垒互相钳制等诸多不确定性因素下，区域分化、生态失调、要素配置失序和收益分配失衡等新的问题不断产生。全书以区域经济协调发展的财税政策创新与机制研究为对象，以“现实的、虚拟的、观念的区域”为基本分析单位，在空间经济学意义上强调资源在区域之间的有效配置对发展中大国实现现代经济增长的意义；在政治经济学意义上，突出区域间利益冲突和市场分割。针对目前区域发展基本格局及其问题，提出了进一步完善中国区域经济协调发展的“创新先发地区经济发展的积极财税政策、强化后发地区经济发展的财税激励政策”，形成理论进路明确、逻辑统一且更具科学性和自主性的财税治理框架。区域无论是对经济发展短期还是长期都是重要的决定因素，要素在区域间进行再配置受到抑制会导致公平和效率兼失，为实现大国公共利益、社会和谐发展和人民福祉最大化，需优化政治经济因素对生产要素在区域间配置手段，即完善区域经济协调发展的财税分配、规制、扶持和评价机制，其结论主要包括以下六个方面。

第一，总结出新时代区域经济发展“协调性增强、区域分化显现”的地理空间格局的基本轮廓。中国四大区域经济发展水平仍有一定差距，且同一区域内各省级区域经济发展水平高低不同。总体而言，财税政策的效应具有明显的非均质性。在产业发展方面，地方财政支出会显著促进第一和第三产业的结构调整与发展，对第二产业作用却不显著；财税激励政策对人均地区生产总值的增长贡献高度显著为正，转移支付政策区域协调效应不彰，但对后发区域尤其是藏桂蒙吉等区域的发展激励效果相对比较明显；区域间民生财政支出占比不均，东部优势明显，其他区域相对稳定，福利支出临时性、脆弱性和不稳定性叠加。

第二，提出新发展理念明确“五型财税”价值理念和兼顾公平与效率的“中和位育”政策思路。基于对财政竞争度的现实测衡和对国外促进区域经济协调发展的财税政策经验借鉴，完善财税治理的效能，提出中国区域经济协调发展的财税政策的价值体系，即以服务型财税为目标、以法治型财税为统摄、以绩效型财税为主导、以预算型财税为约束和以自主型财税为保障的系统性价值体系，以此推进区域经济协调发展财税政策取向相互适配、实施相互协同、成效上相得益彰。完善区域协调发展“效率优先、兼顾公平”的纵向转移支付政策，构建区域协调发展“公平优先、兼顾效率”的横向转移支付政策等。

第三，细化了创新先发地区经济发展的积极财税政策和创新后发地区经济发展的财税激励政策。对先发区域实施积极性财税政策，主要包括调整优化经济结构，如加大“三农”投入力度，大力支持科技创新，推进节能减排，实施鼓励节能环保、自主创新的进口税收优惠政策；大力保障与改善民生，如保障优先发展科教，加大医疗卫生投入，完善社会保障体系，创新横向转移支付、创新财政基金管理和创新预算绩效评价等。对后发区域实施激励性的财税政策，包括创新政府投资、社会保障和非税性管理和实施更加优惠友好的税收政策，以及以结构性减税为抓手，创新地方税体系和增强共享税的横向调控功能等。

第四，规范了区域经济协调发展财税利益分配、风险共担、监督管理、扶持合作和风险化解机制体系。其中：优化财税利益分配机制包括严格横向资金划拨机制和强化纵向支付管理机制；完善财税风险共担机制包括确立共同体的风险共担和延展共同体间共担链条；健全财税监督管理机制包括完善财税规制的法律保障和严格财税规制的执行监督；明确财税扶持合作机制包括完善跨区域的税收扶持机制和优化专项民生投入扶持机制；加强财税风险化解机制包括优化地方政府现代治理机制和健全融资平台债务管理机制。

第五，建立了区域财税政策与其他宏观调控政策联动机制体系。其他宏观调控政策主要包括货币政策、产业政策和区域资源政策，主体体现如下：优化财税政策与货币政策的联动机制，如构建政策管理协调组织，明确货币政策调节重点，理顺货币政策传导机制等；加强产业政策协调优化区域贸易机制，如明确跨域贸易协调导向，构建贸易协调政策机制，完善产业政策保障措施等；建立跨区域资源开发与利益补偿机制，如明晰开发补偿基本原则，制定开发补偿要素标准，完善跨域开发补偿制度等。

诚然，区域经济协调发展的财税政策创新与机制研究具有重大现实和理论意义的命题，同时也是一个宏大的系统性工程，不论是本书提出的诘问还是本书客观存在的不足，这些都为我们今后学术研究和科研工作指明了较为具体的内容与方向，包括财政政策再分配效应、福利效应的实证检验等；财税政策机制的完善和建构不仅是一个立足于实践实然状态的研究，更应该从机制理论着手，深入挖掘和发展其理论价值和理论启示；作为区域经济协调发展的基本导向，共享经济的内在机理还需进一步明晰，特别是适合中国新时代新常态经济运行规律的共享模式和协调模式，还应进一步探索。

此外，“公平优先、兼顾效率”与“效率优先、兼顾公平”财税政策的关系及其互动机制；财税政策的文化价值目前尚处空白，国内主流学界也大多以财税政策对文化产业的调控作为研究重点，但正如本书提示的伦理及非经济因素已经成为限制财税政策充分发挥其协调区域经济发展之功效的阻碍，如何将利他主义、互惠和助人为乐、反感不平等、道德承担等社会偏好因素内生性地纳入财税政策研究和制定中，以促使财税政策对以上社会偏好形成有效的挤入效应，仍然是学界的一个重大挑战。

参 考 文 献

安虎森，吴浩波. 2016. 转移支付与区际经济发展差距. 经济学（季刊），15（2）：675-692.
安树伟，肖金成，吉新峰. 2010. “十二五”时期我国区域政策调整研究. 发展研究，（7）：12-15.
安秀梅，李丽珍，王东红. 2018. 财政分权、官员晋升激励与区域共享发展. 经济与管理评论，（4）：27-39.
巴苏 K. 2016. 政策制定的艺术：一位经济学家的从政感悟. 卓贤译. 北京：中信出版社.
包国宪. 2015. 政府绩效管理学——以公共价值为基础的政府绩效治理理论与方法. 北京：高等教育出版社.
贝纳西-奎里 A，科尔 B，皮萨尼-费里 J. 2015. 经济政策：理论与实践. 徐建炜，杨盼盼，徐奇渊译. 北京：中国人民大学出版社.
庇古 A C. 2009. 福利经济学. 何玉长，丁晓钦译. 上海：上海财经大学出版社.
博西玛 R，马丁 R. 2016. 演化经济地理学手册. 李小建，罗庆译. 北京：商务印书馆.
蔡丽茹. 2018. 从“伙伴”到“合伙人”：粤港澳大湾区区域关系演变及合作路径探讨. 城市观察，（6）：38-46.
曹书. 2017. 韩国公私合作（PPP）立法模式研究. 中国政府采购，（5）：57-67.
陈栋生. 2008. 论构建协调发展的区域经济新格局. 当代财经，（3）：5-13.
陈伟雄，杨婷. 2019. 中国区域经济发展 70 年演进的历程及其走向. 区域经济评论，（5）：1-11，28-38.
陈耀. 2018. 新时代我国区域协调发展战略若干思考. 企业经济，（2）：11-19.
程启军. 2014. 目前中国社会福利分配的核心问题. 社会科学战线，（3）：193-196.
崔万田，徐艳. 2018. 改革开放四十年的区域经济政策创新. 辽宁大学学报（哲学社会科学版），（5）：53-57.
邓恩 W N. 2002. 公共政策分析导论. 谢明译. 北京：中国人民大学出版社.
邓小平. 1993. 邓小平文选（第三卷）. 北京：人民出版社.
丁芸. 2009. 金融危机下协调区域经济发展的税收政策研究. 城市，（3）：7-10.
董秀良，漆柱. 2011. 我国财政政策的区域非均衡效应研究. 宏观经济研究，（6）：29-33.

董珍，白仲林. 2019. 对口支援、区域经济增长与产业结构升级——以对口援藏为例. 西南民族大学学报（人文社会科学版），（3）：130-138.

杜尔劳夫 S N，布卢姆 L E. 2016. 新帕尔格雷夫经济学大辞典. 2 版. 贾拥民，等译. 北京：经济科学出版社.

段义孚. 2017. 空间与地方：经验的视角. 王志标译. 北京：中国人民大学出版社.

段铸，王雪祺. 2014. 京津冀经济圈财政合作的逻辑与路径研究. 财经论丛，（6）：31-37.

樊杰，梁博，郭锐. 2018. 新时代完善区域协调发展格局的战略重点. 经济地理，38（1）：1-10.

樊丽明，解垩. 2014. 公共转移支付减少了贫困脆弱性吗？经济研究，（8）：67-78.

范柏乃，卞晓龙. 2013. 我国省域经济社会发展协调度的实际测度与空间分布研究. 行政与法，（12）：31-38.

范子英，张军. 2010. 中国如何在平衡中牺牲了效率：转移支付的视角. 世界经济，33（11）：41-74，117-138.

费孝通. 1994. 个人・群体・社会——一生学术历程的自我思考. 北京大学学报（哲学社会科学版），（1）：6，7-17，127.

冯长春，曾赞荣，崔娜娜. 2015. 2000 年以来中国区域经济差异的时空演变. 地理研究，34（2）：234-246.

甘家武，杜一峰. 2017. 税收收入和财政支出结构对区域经济均衡增长的影响研究. 石河子大学学报（哲学社会科学版），31（1）：73-77.

高国力. 2018. 新时代背景下中国实施区域协调发展战略的重大问题研究. 国家行政学院学报，（3）：109-115，156.

高新才. 2008. 中国经济改革 30 年（区域经济卷）. 重庆：重庆大学出版社.

宫映华. 2016. 发挥税收职能 促进协调发展. 税务研究，（10）：18-22.

谷牧. 2009. 谷牧回忆录. 北京：中央文献出版社.

顾海良，王天义. 2017. 读懂中国发展的政治经济学. 北京：中国人民大学出版社.

关兴良，方创琳，罗奎. 2012. 基于空间场能的中国区域经济发展差异评价. 地理科学，32（9）：1055-1065.

郭湖斌，邓智团. 2019. 新常态下长三角区域经济一体化高质量发展研究. 经济与管理，33（4）：22-30.

郭婧，贾俊雪. 2017. 地方政府预算是以收定支吗？——一个结构性因果关系理论假说. 经济研究，52（10）：128-143.

何盛明. 1990. 财经大辞典. 北京：中国财政经济出版社.

何文，安虎森. 2013. 财税政策对经济总量和区域差距的影响研究——基于多维框架的新经济地理学理论分析. 财经研究，39（6）：4-15.

贺邦靖. 2008. 国外财政监督借鉴. 北京：经济科学出版社.

洪银兴，刘伟，高培勇，等. 2018. “习近平新时代中国特色社会主义经济思想”笔谈. 中国社会科学，(9)：4-73，204，205.
侯永志，张永生，刘培林. 2016. 区域协调发展：机制与政策. 北京：中国发展出版社.
侯云. 2012. 政策网络理论的回顾与反思. 河南社会科学，20(2)：75-78，107.
胡超美，朱传耿，刘波. 2008. 淮海经济区协调发展度评价研究. 云南地理环境研究，(4)：37-42.
胡军，覃成林. 2014. 中国区域协调发展机制体系研究. 北京：中国社会科学出版社.
胡耘通，孙小童. 2016. 西部地区税收优惠效果评价及完善对策——基于东、中、西部比较的视角. 会计之友，(7)：93-97.
华军，贾文星. 2019. 不同空间网络关联情形下中国区域经济增长的收敛检验及协调发展. 南开经济研究，(3)：104-124.
黄森，蒲勇健. 2011. 区域差异导致经济块状发展的空间机理研究. 统计研究，(4)：42-48.
黄雪琴，黄田园. 2008. 基本公共服务均等化下的财政转移支付制度研究——以江苏省为例. 南京社会科学，(5)：38-47.
黄永春，朱帅，雷砺颖. 2018. 中国资源、经济和环境发展水平与协调度的研究. 经济与管理评论，34(1)：45-54.
黄禹铭. 2019. 东北三省城乡协调发展格局及影响因素. 地理科学，39(8)：1302-1311.
霍顿 G，康塞尔 D. 2015. 区域、空间战略与可持续性发展. 朱献珑，谢宝霞译. 南京：江苏教育出版社.
季剑军. 2017. 全球或区域治理模式比较及对推动人类命运共同体建设的启示. 经济纵横，(11)：25-31.
贾俊雪. 2014. 税收激励、企业有效平均税率与企业进入. 经济研究，(7)：94-109.
贾晓俊，岳希明. 2015. 中国不同形式转移支付财力均等化效应研究. 经济理论与经济管理，(1)：119-133.
江孝君，杨青山，冯婧，等. 2019. 中国生态—经济—社会系统协调发展时空分异及影响机制. 资源开发与市场，35(6)：741-749.
蒋阳，沈于. 2019. 江苏推动长三角高质量一体化的路径选择——基于协同学的视角. 中国商论，(18)：202-203.
蒋永甫，弓蕾. 2015. 地方政府间横向财政转移支付：区域生态补偿的维度. 学习论坛，(3)：38-43.
卡斯特 M. 2006. 网络社会的崛起. 3版. 夏铸九，等译. 北京：社会科学文献出版社.
寇铁军，张晓红. 2015. 财政学教程. 4版. 大连：东北财经大学出版社.
雷根强，黄晓虹，席鹏辉. 2015. 转移支付对城乡收入差距的影响——基于我国中西部县域数据的模糊断点回归分析. 财贸经济，(12)：35-48.

李俊生. 2017. 新市场财政学：旨在增强财政学解释力的新范式. 中央财经大学学报，(5)：3-11.

李俊生，姚东旻. 2018. 重构政府与市场的关系——新市场财政学的“国家观”“政府观”及其理论渊源. 财政研究，(1)：20-32.

李兰，魏红颜，魏占坤. 2017. 财政支出结构对区域经济协调发展的影响研究. 会计之友，(24)：74-80.

李苗，崔军. 2018. 政府间事权与支出责任划分：从错配到适配-兼办事权责任层次和权力要素的双重属性. 公共管理与政策评论，(4)：41-56.

李明，刘同德. 2018. 基于政府主导视角的青海区域协调发展战略路径研究. 青海社会科学，(5)：125-130.

李香菊，祝玉坤. 2011. 区域经济协调发展与税收政策：一个新经济地理学的视角. 税务研究，(7)：24-28.

李妍，赵蕾，薛俭. 2015. 城市基础设施与区域经济增长的关系研究——基于 1997-2013 年我国 31 个省份面板数据的实证分析. 经济问题探索，(2)：109-114.

梁俊娇，李羡於，刘亚敏. 2017. 我国区域税收负担与区域经济增长关系的实证分析. 中央财经大学学报，(6)：22-29.

梁琦. 2005. 空间经济学：过去、现在与未来——兼评《空间经济学：城市、区域与国际贸易》. 经济学（季刊），(3)：1067-1086.

廖原. 2019. 区域一体化下法治与经济行为关系研究. 法制与社会，(25)：116-117.

林光彬. 2018. 财局与政局：中国的政治经济关系. 北京：人民出版社.

林玉华. 2002. 政策网络理论之研究. 台北：瑞兴图书.

刘秉镰，边杨，周密，等. 2019. 中国区域经济发展 70 年回顾及未来展望. 中国工业经济，(9)：24-41.

刘德军，张靖会，樊丽群. 2015. 促进区域协调发展的财税政策研究——以山东省为例. 财政研究，(3)：21-25.

刘华军，贾文星. 2019. 不同空间网络关联情形下中国区域经济增长的收敛检验及协调发展. 南开经济研究，(3)：104-124.

刘立，朱云杰. 2012. 公共财政理论前沿专题. 北京：中国经济出版社.

刘明. 2016. 财政转移支付、地方政府治理和制造业增长. 南方经济，(2)：1-12.

刘鹏飞，赵海月. 2017. 空间哲学的资本批判维度探赜. 理论与改革，(1)：136-141.

刘琦，黄天华. 2014. 区域经济协调发展的财政政策效应研究. 现代管理科学，(2)：63-65.

刘瑞. 2016. 中国经济发展战略与规划的演变和创新. 北京：中国人民大学出版社.

刘尚希，傅志华，等. 2018. 中国改革开放的财政逻辑（1978—2018）. 北京：人民出版社.

刘耀彬，陈文华. 2017. 中国特色社会主义政治经济学的区域发展观：产生、发展与展望. 江西财经大学学报，(1)：3-11.

刘长全，李靖，朱晓龙. 2009. 国外产业集群发展状况与集群政策. 经济研究参考，(53)：3-12.
刘志亭，孙福平. 2005. 基于 3E 协调度的中国区域协调发展评价. 青岛科技大学学报（自然科学版），(6)：555-558.
刘中虎. 2013. 完善横向税收分配机制的国际借鉴与启示. 生产力研究，(2)：138-140，167.
龙凤钊. 2017. 技术理性、政治理性和法律理性：政府绩效管理的理论取向. 中共天津市委党校学报，19（1）：66-74.
楼继伟. 2015. 深化财税体制改革. 北京：人民出版社.
卢盛峰，陈思霞，时良彦. 2018. 走向收入平衡增长：中国转移支付系统“精准扶贫”了吗？经济研究，53（11）：49-64.
卢宪英. 2018. “政经分开”改革及农村社区治理机制创新——对“南海模式”的分析与探讨. 中国发展观察，(15)：52-56.
芦惠，欧向军，李想，等. 2013. 中国区域经济差异与极化的时空分析. 经济地理，33（6）：15-21.
陆铭，陈钊，朱希伟，等. 2011. 中国区域经济发展：回顾与展望. 上海：上海人民出版社.
陆铭，刘雅丽. 2019. 区域平衡发展：中国道路的“空间政治经济学”思考. 广西财经学院报，32（4）：1-10.
罗黎平. 2017. 协调发展视角下区域战略升级及空间干预策略——以湖南省长沙县为例. 经济地理，37（11）：46-51.
马丁内斯-维斯奎泽 G，瓦利恩考特 F. 2013. 区域发展的公共政策. 安虎森，刘军辉，皮亚彬，等译. 北京：经济科学出版社.
马海涛. 2004. 财政转移支付制度. 北京：中国财政经济出版社.
马理，巫慧玲，张卓. 2013. 货币政策与财政政策的区域效应研究——基于中国 31 个省级面板数据的 PVAR 模型分析. 财经理论与实践，34（186）：14-20.
马斯格雷夫 R A，皮考克 A T. 2015. 财政理论史上的经典文献. 刘守刚，王晓丹译. 上海：上海财经大学出版社.
马斯-克莱尔 A，温斯顿 M D，格林 J R. 2014. 微观经济理论（下册）. 曹乾译. 北京：中国人民大学出版社.
母爱英，武建奇，武义青. 2010. 京津冀：理念、模式与机制. 北京：中国社会科学出版社.
讷克斯 R. 1966. 不发达国家的资本形成问题. 谨斋译. 北京：商务印书馆.
倪文卿. 2019. 京津冀产业一体化测度及可行性研究. 资源与产业，21（3）：31-37.
帕特南 R D. 2011. 独自打保龄：美国社区的衰落与复兴. 刘波，祝乃娟，张孜异，等译. 北京：北京大学出版社.
帕特南 R D. 2015. 使民主运转起来：现代意大利的公民传统. 王列，赖海榕译. 北京：中国人民大学出版社.

潘乃穆. 1999. 中和位育——潘光旦百年诞辰纪念. 北京：中国人民大学出版社.
彭宝玉，谢桂珍，魏雪燕，等. 2016. 中国区域经济、金融发展差异分析. 地域研究与开发，35（4）：1-5，11.
皮凯蒂 T. 2014. 21 世纪资本论. 巴曙松，陈剑，余江，等译. 北京：中信出版社.
乔俊峰，张春雷. 2019. 转移支付、政府偏好和共享发展——基于中国省级面板数据的分析. 云南财经大学学报，35（1）：15-28.
乔旭宁，张婷，安春华，等. 2014. 河南省区域发展协调度评价. 地域研究与开发，33（3）：33-38.
全毅，尹竹. 2017. 中国—东盟区域、次区域合作机制与合作模式创新. 东南亚研究，（6）：15-36，152，153.
人民网-人民日报. 2019-07-23. 习近平总书记指出“一个国家、一个民族要振兴，就必须在历史前进的逻辑中前进、在时代发展的潮流中发展. http://theory.people.com.cn/GB/n1/2019/0723/c40531-31250161.html.
任超然，耿曙，郭圣莉. 2017. 谁能落实财政问责?内部监督 vs 外部监督. 比较政治学研究，（1）：26-50.
萨缪尔森 P，诺德豪斯 W. 2018. 经济学. 19 版. 于健译. 北京：人民邮电出版社.
瑟尔沃 A P. 2015. 发展经济学. 9 版. 郭熙保，崔文俊译. 北京：中国人民大学出版社.
尚勇敏. 2016. 绿色·创新·开放：中国区域经济发展模式的转型. 上海：上海社会科学院出版社.
石风光，李宗植. 2010. 中国区域经济差距收敛性的协整检验. 管理评论，22（4）：34-38.
思履. 2013. 四书五经. 北京：中国华侨出版社.
孙存一，谭荣华. 2019. 大数据视角下的区域税收发展不平衡探析. 商业研究，（3）：29-35.
孙久文. 2016. 区域经济学前沿：21 世纪区域经济发展研究. 北京：中国人民大学出版社.
孙久文. 2018. 论新时代区域协调发展战略的发展与创新. 国家行政学院学报，（4）：109-114，151.
孙全胜. 2015. 空间生产——从列斐伏尔到福柯. 江汉大学学报（社会科学版），32（4）：89-95，126.
孙毅. 2018. 区域协调发展战略视角下的内蒙古发展路径选择. 现代商贸工业，39（13）：30-31.
锁利铭，阚艳秋，涂易梅. 2018. 从“府际合作”走向“制度性集体行动”：协作性区域治理的研究述评. 公共管理与政策评论，7（3）：83-96.
锁利铭，杨峰，刘俊. 2013. 跨界政策网络与区域治理：中国地方政府合作实践分析. 中国行政管理，（1）：39-43.
塔洛克 G. 2010. 官僚体制的政治. 柏克，郑景胜译. 北京：商务印书馆.

覃成林，郑云峰，张华．2013．中国区域经济协调发展的趋势及特征分析．经济地理，33（1）：9-14．
檀怀玉．2016．税收区域转移与区域经济发展差距的研究．税收经济研究，21（5）：74-80．
唐斯 A．2005．民主的经济理论．姚洋，邢予青，赖平耀译．上海：上海人民出版社．
唐文娟．2017．加强财政支出绩效评价结果应用的探索与建议．预算管理与会计，（7）：12-17．
藤田昌久，克鲁格曼 P R，维纳布尔斯 A J．2013．空间经济学：城市、区域与国际贸易．梁琦译．北京：中国人民大学出版社．
田发，苗雨晴．2018．央地间财政事权和支出责任划分：效应评估与政策引申．财经科学，（4）：111-120．
田海燕，李秀敏．2018．财政科教支出、技术进步与区域经济协调发展——基于引致技术进步动态多区域 CGE 模型．财经研究，44（12）：85-99．
涂永珍．2014．论美国财政联邦制的发展演变对我国构建和谐央地关系的启示——对十八届三中全会关于财政体制改革重要精神的解读．学习论坛，30（4）：76-80．
汪碧瀛．2016．地方政府公共投资对区域经济差距影响的实证研究．价值工程，（2）：40-42．
汪波，方丽．2004．区域经济发展的协调度评价实证分析．中国地质大学学报（社会科学版），（6）：52-55．
王海平．2013．江苏强政府与强市场的深层逻辑调查：从替补到互补．21 世纪经济报道，（5）：1-5．
王华春，林志清，玛尔哈巴·肖开提．2016．纵向财政失衡、土地财政与地方债务危机——基于 2001～2012 年省级政府面板数据模型的实证检验．新疆社会科学，（3）：23-29．
王慧，孙晋芳，余静．2014．山东省县域经济时空分异演化特征研究．地域研究与开发，33（5）：16-20，33．
王佳宁，罗重谱．2017．新时代中国区域协调发展战略论纲．改革，（12）：52-67．
王庆华，张海柱．2012．社会管理创新的政策学解读：基于社会建构论的理论探讨．社会科学战线，（9）：168-173．
王绍光，胡鞍钢．1993．中国国家能力报告．沈阳：辽宁人民出版社．
王守义．2017．财政分权、转移支付与基本公共服务供给效率．北京：社会科学文献出版社．
王曙光．2015．区域经济协调发展的财政激励政策研究．北京：中国财政经济出版社．
王曙光．2018．中国论衡——系统动态平衡发展理论与新十大关系．北京：北京大学出版社．
王曙光．2019．财政税收理论与政策研究（修订版）．北京：经济科学出版社．
王曙光，金向鑫．2014．我国区域经济发展差异及其协调的财政政策研究．中国行政管理，（9）：97-101．
王曙光，李金耀，章力丹．2019．促进区域协调发展财税规制的主体与路径．哈尔滨商业大学学报（社会科学版），（1）：85-94．

王曙光，梁伟杰．2017．区域经济协调发展的 ISSP 测度指标体系研究．商业研究，(9)：103-109．
王曙光，王丹莉．2019．新中国 70 年区域经济发展战略变革与新时代系统动态均衡格局．经济体制改革，(4)：5-10．
王曙光，周丽俭，刘西涛．2006．我国区域经济发展的财税特征及其对策．中国林业经济，(1)：36-38．
王贤彬，黄亮雄，徐现祥，等．2017．中国地区经济差距动态趋势重估——基于卫星灯光数据的考察．经济学（季刊），16（3）：877-896．
王霄雅，张继彤．2016．财政转移支付的区域协调发展效应研究．华东经济管理，(8)：94-101．
王一鸣．2017．实施区域协调发展战略．载《党的十九大报告辅导读本》．北京：人民出版社．
王莹，王允武．2018．区域发展视域下民族区域自治地方法治协调机制研究．领导科学，(23)：57-60．
魏后凯，高春亮．2011．新时期区域协调发展的内涵和机制．福建论坛・人文社会科学版，(10)：147-152．
吴福象．2019．长三角区域一体化发展中的协同与共享．人民论坛・学术前沿，(4)：34-40．
吴继贵，叶阿忠．2016．环境、能源、R&D 与经济增长互动关系的研究．科研管理，37（1）：58-67．
吴雨坤．2014．加拿大财政转移支付制度及其借鉴．宏观经济管理，(12)：84-86．
梧题，刘志伟．2018．京津冀税收与税源背离问题探究与经验启示．经济论坛，(10)：68-74．
伍长南．2018．改革开放 40 年福建经济协调发展新探索．东南学术，(6)：83-91．
习近平．2017-10-28．决胜全面建成小康社会夺取新时代中国特色社会主义伟大胜利——在中国共产党第十九次全国代表大会上的报告．人民日报．
夏飞．2018．区域协调发展战略思想的鲜明特征．当代广西，(12)：19．
肖迪．2015．我国税收政策与区域经济发展刍议．合作经济与科技，(22)：182-183．
谢晖．2009．论规范分析方法．中国法学，(2)：36-44．
新华网．2014-09-24．习近平：在纪念孔子诞辰 2565 周年国际学术研讨会上的讲话．http://www.xinhuanet.com//politics/2014-09/24/c_1112612018.htm．
徐慧华．2019．福建自贸区驱动闽台区域经济增长研究．重庆科技学院学报（社会科学版），(4)：48-51．
颜银根．2014．转移支付、产业跨区转移与区域协调发展．财经研究，40（9）：50-61．
晏朝飞．2017．中国城镇公共投资的区域差异与时空演进：2003—2015．江西社会科学，(6)：74-85．
杨灿明，赵福军．2004．关于财政分权后果的理论述评．财贸经济，(7)：51-56，96．

杨得前. 2016. 中国区域税收收入差距及其收敛性分析. 税务研究,(10): 94-100.
杨得前, 齐亚伟. 2016. 我国区域税收收入差距及其收敛性分析. 税务研究,(10): 94-100.
杨开忠. 2016. 区域协调发展新格局的基本特征. 中国国情国力,(5): 5, 6-8.
杨龙, 胡慧旋. 2012. 中国区域发展战略的调整及对府际关系的影响. 南开学报(哲学社会科学版),(2): 35-47.
杨龙见, 徐琰超, 尹恒. 2015. 转移支付形式会影响地方政府的收支行为吗? ——理论研究和经验分析. 财经研究, 41(7): 95-109.
杨义武, 方大春. 2012. 安徽省城市群协调发展研究. 安徽工业大学学报(社会科学版), 29(1): 3-5.
杨志勇. 2018. 中国财政体制改革与变迁(1978~2018). 北京: 社会科学文献出版社.
岳云华, 冉清红. 2006. 基于非线性映射的西部区域经济发展协调性的分形研究. 绵阳师范学院学报,(2): 69-73.
贠杰. 2018. 中国政府绩效管理40年: 路径、模式与趋势. 重庆社会科学,(6): 5-13.
曾淑婉, 刘向东, 张宇. 2015. 财政支出对区域经济差异变动的时空效应研究——基于动态空间面板模型的实证分析. 财经理论与实践, 36(193): 89-94.
张佰瑞. 2007. 中国区域协调发展度的评价研究. 工业技术经济,(9): 90-93.
张春宇. 2017. 从税权角度谈优化中央与地方政府间税收关系. 税务研究,(3): 106-109.
张敦富. 2013. 区域经济学导论. 北京: 中国轻工业出版社.
张尔俊, 马立平, 闫博. 2013. 财政支出对我国区域经济增长的影响研究. 统计与决策,(23): 169-172.
张贡生. 2019. 中国区域发展战略之70年回顾与未来展望. 经济问题,(10): 10-18.
张健. 2018. 京津冀区域产学研协同创新绩效评价系统研究. 商业经济,(4): 35-36, 39.
张可云. 2018. 新时代的中国区域经济新常态与区域协调发展. 国家行政学院学报,(3): 102-108, 156.
张可云, 沈洁. 2017. 区域协调发展中的政府体制改革思路. 中州学刊,(1): 20-26.
张胜磊. 2018. 粤港澳大湾区建设: 理论依据、现存问题及国际经验启示. 兰州财经大学学报, 34(5): 12-21.
张晓蓓, 李子豪. 2014. 人力资本差异加剧了区域经济失衡吗. 经济学家,(4): 14-21.
张羽, 蹇令香, 宓淑婧. 2019. 粤港澳大湾区产业的协同发展. 大连海事大学学报, 45(3): 24-31.
赵放, 刘一腾. 2019. 区域经济发展影响因素的效应差异研究——基于中国四大经济区域的面板数据分析. 福建师范大学学报(哲学社会科学版),(3): 41-50, 168.
赵桂芝, 郭丽英. 2018. 中国财政转移支付福利效应评估与改进对策分析——基于农村居民收入分配福利的视角. 经济经纬, 35(5): 158-164.
赵威. 2017. 区域经济增长: 空间俱乐部趋同检验及影响因子研究. 北京: 中国经济出版社.

赵为民，李光龙. 2016. 财政分权、纵向财政失衡与社会性支出效率. 当代财经，(7)：24-35.
赵永辉，付文林. 2017. 转移支付、财力均等化与地区公共品供给. 财政研究，(5)：13-23.
郑代良. 2017. 武陵山片区发展跨省协作机制：成效、挑战与战略举措——以武陵山大（龙）新（晃）经济协作示范园为个案. 湖南社会科学，(6)：135-140.
郑雪梅. 2017. 生态补偿横向转移支付制度探讨. 地方财政研究，(8)：40-47.
郑长德. 2018. 新时代民族地区区域协调发展研究. 西南民族大学学报（人文社会科学版），39（4)：92-100.
中共中央马克思恩格斯列宁斯大林著作编译局. 1995. 马克思恩格斯选集（第 2 卷）. 北京：人民出版社.
钟茂初. 2018. 绿色发展理念融入区域协调发展战略的对策思考. 区域经济评论，(5)：84-88.
周飞舟，谭明智. 2014. 当代中国的中央地方关系. 北京：中国社会科学出版社.
周金荣. 2009. 促进区域经济协调发展的财政政策选择研究. 经济与社会发展，(7)：39-41.
周黎安. 2007. 中国地方官员的晋升锦标赛模式研究. 经济研究，(7)：36-50.
周文，赵果庆. 2016. 中国的区域经济协调发展：空间集聚与政策效应——基于 2136 个市县 1999、2010 年数据. 经济科学，(4)：17-29.
朱舜. 2011. 促进长三角及其经济腹地协调发展的理论与对策研究. 北京：经济科学出版社.
朱伟. 2018. 西方政策设计理论的复兴、障碍与发展. 南京社会科学，(5)：75-81.
朱熹. 1983. 四书章句集注. 北京：中华书局.
竺乾威. 2019. 服务型政府：从职能回归本质. 行政论坛，26（5)：96-101.
Afonso A，Furceri D. 2008. Government size，composition，volatility and economic growth. European Central Bank Working Paper，Series No：849.
Aghion P，Hémous D，Kharroubi E. 2014. Cyclical fiscal policy，credit constraints，and industry growth. Journal of Monetary Economics，62（3)：41-58.
Agnoletti C，Bocci C，Iommi S，et al. 2015. First- and second-tier cities in regional agglomeration models. European Planning Studies，23（6)：1146-1168.
Akai N，Nishimura Y，Sakata M. 2007. Complementarity，fiscal decentralization and economic growth. Economics of Governance，8（4)：339-362.
Althaus P G. 2010. A life-cycle model of locational choice in a two-region economy. Journal of Regional Science，44（2)：351-366.
Aoki M. 2001. Toward a Comparative Institutional Analysis. Cambridge：The MIT Press.
Arachi G，Zanardi A. 2004. Designing intergovernmental fiscal relations：some insights from the recent Italian reform. Fiscal Studies，25（3)：325-365.
Aregay W. 2018. Local governance. Rural Development Planning in Africa.

Arias A D L. 2018. The saving/investment explanation of business cycles in hayek and myrdal: similarities and differences//Robert L. Hayek : A Collaborative Biography. London : Palgrave: 273-288.

Atkinson M M, Coleman W D. 1989. Strong statesand weak states: sectoral policy networks in advanced capitalist economies. British Journal of Political Research, 19 (1): 47-67.

Bagchi-Sen S, Pigozzi B W. 1993. Occupational and industrial diversification in the United States: implications of the new spatial division of labor. Professional Geographer, 45 (1): 44-54.

Bande R, Fernández M, Montuenga V. 2008. Regional unemployment in Spain: disparities, business cycle and wage setting. Labour Economics, 15 (5): 885-914.

Banks L M, Kuper H, Polack S. 2017. Poverty and disability in low-and middle-income countries: a systematic review. Plos One, 12 (12): e0189996.

Baptista R, Leitão J, Acs Z J, et al. 2015. Entrepreneurship, human capital, and regional development. Quarterly Journal of Economics, 128 (1): 105-164.

Barro R J. 1990. Government spending in a simple model of endogenous growth. Journal of Political Economy, 98 (5): 103-125.

Bashir F, Andleeb F, Fatima R. 2016. Intra industry trade, fiscal policy and terms of trade of Pakistan: a long run analysis using ARDL technique. Pakistan Journal of Humanities and Social Science (PJHSS), 4 (1): 1-6.

Baxter M, Kouparitsas M A. 2005. Determinants of business cycle comovement: a robust analysis. Journal of Monetary Economics, 52 (1): 113-157.

Becker G S, Murphy K M, Tamura R. 1990. Human capital, fertility, and economic growth. Journal of Political Econarny, 98 (5): 12-37.

Behrens K, Gaigné C, Ottaviano G I P, et al. 2007. Countries, regions and trade: on the welfare impacts of economic integration. European Economic Review, 51 (5): 1277-1301.

Beker G. 1964. Human Capital. New York: Columbia University Press.

Bell J A. 1992. Adam Smith's theory of economic development: of the natural progress of opulence. Journal of Economics and Finance, 16 (1): 137-145.

Bendor J, Kumar S, Siegel D A. 2009. Satisficing: a 'pretty good' heuristic. The B. E. Journal of Theoretical Economics, (9): 1-36.

Beugelsdijk S. 2007. Entrepreneurial culture, regional innovativeness and economic growth. Journal of Evolutionary Economics, 17 (2): 187-210.

Bleaney M, Hallad H. 2009. The resource curse and fiscal policy volatility. Working Paper.

Blundell R, Dearden L, Griffith R. 1999. Public finance, employment and labor markets. International Tax & Public Finance, 6 (3): 235-237.

Bo Z. 2014. Empirical study on Japan's fiscal policy to promote the development of emerging industries：take new energy vehicles as example. International Conference on Management Science & Engineering 21th Annual Conference Proceedings.

Bolívar M P R. 2016. Characterizing the role of governments in smart cities：a literature review//Gil-Garcia J R，Pardor T A，Nam T. Smarter as the New Urban Agenda：A Comprehensive View of the 21st Century City. Boston：Springer：49-71.

Börzel T A. 1998. Organizing babylon：on the different conceptions of policy networks. Public Administration，76（2）：253-273.

Boukhatem J. 2016. Assessing the direct effect of financial development on poverty reduction in a panel of low-and middle-income countries. Research in International Business and Finance，37：214-230.

Bredemeier C，Juessen F，Winkler R. 2017. Man-cessions，fiscal policy，and the gender composition of employment. Economics Letters，158：73-76.

Broadberry S，Klein A. 2012. Aggregate and per capita GDP in Europe，1870-2000：continental，regional and national data with changing boundaries. Scandinavian Economic History Review，60（1）：79-107.

Brons L L. 2010. Indirect measurement of regional culture in the Netherlands. Tijdschrift Voor Economische En Sociale Geografie，97（5）：547-566.

Buchanan J M . 1965. An economic theory of clubs. Economica，32（125）：1-14.

Burger J D，Warnock F E，Warnock V C. 2017. The effects of U. S. monetary policy on emerging market economies' sovereign and corporate bond markets. NBER Working Paper Series.

Caballero R J，Hammour M L. 1998. Jobless growth：appropriability，factor substitution，and unemployment. Social Science Electronic Publishing，48（1）：95-99.

Carcla-penalosa C，Turnovsky S J. 2007. Growth，income inequality，and fiscal policy：what are the relevant trade-offs? Journal of Money，Credit and Banking，39（2/3）：369-394.

Carter S. 2016. The great escape：health，wealth，and the origins of inequality. Eastern Economic Journal，42（1）：157-159.

Castelló A，Doménech R. 2002. Human capital inequality and economic growth：some new evidence. The Economic Journal，112（478）：C187-C200.

Chenery H B，Taylor L. 1968. Development patterns：among countries and over time. The Review of Economics & Statistics，50（4）：391-416.

Chung S. 2016. Assessing the regional business cycle asymmetry in a multi-level structure framework：a study of the top 20 US MSAs. The Annals of Regional Science，56（1）：229-252.

Clifton N. 2011. Regional culture in the market place: place branding and product branding as cultural exchange. European Planning Studies, 19 (11): 1973-1994.

Coase R H. 1960. The problem of social cost//Gopalakrishnan C. Classic Papers in Natural Resource Economics. London: Palgrave Macmillan.

Coase R H. 1972. Durability and monopoly. Journal of Law and Economics, 15 (1): 143-149.

Coase R H. 2006. The conduct of economics: the example of fisher body and general motors. Journal of Economics & Management Strategy, 15 (2): 255-278.

Colacicco R. 2016. Environment, imperfect competition, and trade: insights for optimal policy in general equilibrium. Department of Economics Finance & Accounting Working Paper.

Conefrey T, Fitzgerald J D, Valeri L M, et al. 2013. The impact of a carbon tax on economic growth and carbon dioxide emissions in Ireland. Journal of Environmental Planning and Management, 56 (7): 934-952.

Considine M. 2013. Governance networks and the question of transformation. Public Administration, 91 (2): 438-442.

Cooke P, Clifton N, Oleaga M. 2005. Social capital, firm embeddedness and regional development. Regional Studies, 39 (8): 1065-1077.

Criste A. 2009. Toward a New Paradigm in the Monetary Economic Science. Social Science Electronic Publishing.

Crone T M. 2005. An alternative definition of economic regions in the United States based on similarities in state business cycles. The Review of Economics and Statistics, 87 (4): 617-626.

Deaton A. 2013. The Great Escape: Health, Wealth, and the Origins of Inequality. Princeton: Princeton University Press.

Devarajan S, Swaroop V, Zou H F. 1996. The composition of public expenditure and economic growth. Journal of Monetary Economics, 37 (2): 313-344.

Dixon R, Shepherd D. 2013. Regional dimensions of the Australian business cycle. Regional Studies, 47 (2): 264-281.

Drinkwater S. 2010. Labour mobility: interregional and international trade.

Eboli F, Parrado R, Roson R. 2010. Climate-change feedback on economic growth: explorations with a dynamic general equilibrium model. Environment & Development Economics, 15 (5): 515-533.

Edmund M. 2004. Good local governance: a key to economic growth. World Bank.

Faraz N, Iftikhar Z. 2020. The regional asymmetric responses to central bank's monetary policy in pakistan. The Singapore Economic Review, 65 (2): 351-364.

Farley R. 1981. Poverty and enterprise：towards the sixth stage of economic growth. Review of Black Political Economy，11（2）：229-250.

Fleisher B，Li H，Min Q Z. 2010. Human capital，economic growth，and regional inequality in China. Journal of Development Economics，92（2）：215-231.

Freeman C. 2002. Continental，national and sub-national innovation systems—complementarity and economic growth. Research Policy，31（2）：191-211.

Freeman J R，Quinn D P. 2012. The economic origins of democracy reconsidered. American Political Science Review，106（1）：58-80.

Fremstad A，Paul M. 2019. The impact of a carbon tax on inequality. Ecological Economics，163：88-97.

Fremstad A，Underwood A，Zahran S. 2018. The environmental impact of sharing：household and urban economies in CO_2 emissions. Ecological Economics，145：137-147.

Friedmann J R. 1966. Regional Development Policy：A Case Study of Venezuela. Cambridge：The MIT Press.

Fu Y，Gabriel S A. 2012. Labor migration，human capital agglomeration and regional development in China. Regional Science & Urban Economics，42（3）：473-484.

Gardiner B，Martin R，Peter T. 2004. Competitiveness，productivity and economic growth across the European regions. ERSA Conference Papers，European Regional Science Association.

Garud R，Kumaraswamy A，Karnøe P. 2010. Path dependence or path creation? Journal of Management Studies，47（4）：760-774.

Gaspar J M，Castro S B S D，Correia-Da-Silva J. 2018. Agglomeration patterns in a multi-regional economy without income effects. Economic Theory，66（4）：863-899.

Giménez-Nadal J I，Molina J A，Velilla J. 2018. Spatial distribution of US employment in an urban efficiency wage setting. Journal of Regional Science，（1）：141-158.

Goodey B. 1974. The sense of places in British planning：some considerations. Man Environment Systems，4：195-202.

Greenhalgh C，Rogers M. 2011. Innovation，intellectual property，and economic growth. Science-Technology and Management，6（5）：347-348.

Greenwald B C，Levinson A，Stigliz J E，et al. 1993. Capital market imperfections and regional economic development//Giovannini A. Finance and Development Issues and Experience. Cambridge：Cambridge University Press.

Grossman G M，Helpman E. 1993. Innovation and growth in the global economy. MIT Press Books，1（2）：323-324.

Gründler K，Köllner S. 2018. Culture，diversity，and the welfare state. Cesifo Working Paper.

Hassink R. 2007. The strength of weak lock-ins: the renewal of the westmünsterland textile industry. Environment & Planning A, 39 (5): 1147-1165.

Hepp R, von Hagen J. 2009. Fiscal federalism in Germany: stabilization and redistribution before and after unification. Journal of Federalism, (42): 234-259.

Hettich W, Winer S L. 1988. Economic and political foundations of tax structure. The American Economic Review, 78 (4): 701-712.

Hirschman A O. 1992. Industrialization and its manifold discontents: west, east and south. World Development, 20 (9): 1225-1232.

Hoover E M, Fisher J L. 1949. Research in Regional Economic Growth. Cambridge: National Bureau of Economic Research.

Hotelling H. 1929. Stability in competition. The Economic Journal, 39 (153): 41-57.

Howlett M, Newman J. 2010. Policy analysis and policy work in federal systems: policy advice and its contribution to evidence-based policy-making in multi-level governance systems. Policy & Society, 29 (2): 123-136.

Huggins R, Izushi H, Prokop D, et al. 2014. Regional competitiveness, economic growth and stages of development. Zbornik Radova Ekonomskoy Fakulteta a Rijeci/Proceedings of Rijeka Faculty of Economics, 32 (2): 255-283.

Huggins R, Thompson P. 2017. The behavioural foundations of urban and regional development: culture, psychology and agency. Journal of Economic Geography, 19 (1): 121-146.

Hurwicz L. 1972. On informationally decentralized systems//McGuire C B, Radner R. Decision and Organization: A Volume in Honor of Jacob Marschak. Amsterdam: North Hollond: 297-336.

Hurwicz L. 1973. The design of mechanisms for resource allocation. American Economic Review, 63 (2): 1-30.

Iyer S, Kitson M, Toh B. 2005. Social capital, economic growth and regional development. Regional Studies, 39 (8): 1015-1040.

Jackson T. 2009. The diagnosis and treatment of disparities in United Kingdom regional economic performance: a critique. International Journal of Sustainable Society, 1 (3): 270-291.

Jacobs B, Yang H. 2016. Second-best income taxation and education policy with endogenous human capital and borrowing constraints. International Tax and Public Finance, 23 (2): 234-268.

Johnson J P, Lenartowicz T. 2011. Culturel, freedom and economic growth: do cultural values explain economic growth? Journal of World Businessl, 33 (4): 332-356.

Johnston K. 2015. Public governance: the government of non-state actors in 'partnerships'. Public Money & Management, 35 (1): 21-22.

Jones B. 2011. Driving a green economy through public finance and fiscal policy reform. Journal of International Commerce，Economics and Policy，2（2）：325-349.

Jordan G. 1990. Sub-governments，policy communities and networks：refilling the old bottles? Journal of Theoreticcal Politics，2（3）：319-338.

Joutz F L，Abdih Y. 2008. The impact of public capital，human capital，and knowledge on aggregate output. IMF Working Papers，8（218）：1-48.

Kaldor N. 1970. The case for regional policies. Scottish Journal of Political Economy，17（3）：337-348.

Kanatas G，Stefanadis C. 2005. Culture，financial development，and economic growth. SSRN Electronic Journal.

Kickert W J M. 1997. Public governance in the Netherlands：an alternative to anglo-American ‘managerialism’. Public Administration，75（4）：731-752.

Kindleberger C P. 1981. Dominance and leadership in the international economy：exploitation，public goods，and free rides. International Studies Quarterly，25（2）：242-254.

King M，Tarbush B，Teytelboym A. 2019. Targeted carbon tax reforms. European Economic Review，119：526-547.

Klijn E H，Koppenjan J. 2006. Institutional design. Public Management Review，8（1）：141-160.

Kouparitsas M A. 2002. Understanding U. S. regional cyclical comovement：how important are spillovers and common shocks? Economic Perspectives，26（4）：30-41.

Krugman P. 1991. Increasing returns and economic geography. Journal of Political Economy，99（3）：483-499.

Krugman P. 2015. Interregional and international trade：different causes，different trends? Regional Science Matters：27-34.

Krugman P. 2019. Perspectives on debt and deficits. Business Economics，54（3）：157-159.

Krugman P，Venables A J. 1995. Globalization and the inequality of nations. The Quarterly Journal of Economics，110（4）：857-880.

Laffont J J，Martimort D. 1999. Separation of regulators against collusive behavior. Rand Journal of Economics，30（2）：232-262.

Laszkiewicz E，Kronenberg J，Marcińczak S. 2018. Corrigendum to “attached to or bound to a place? The impact of green space availability on residential duration：the environmental justice perspective”. Ecosystem Services，32：158.

Lecocq F，Shalizi Z. 2007. How might climate change affect economic growth in developing countries? A Review of the Growth Literature with a Climate Lens. Policy Research Working Paper.

Lefebvre H. 1992. The Production of Space. New York：Wiley-Blackwell.

Lerner D. 1958. The passing of traditional society：modernizing the middle east. American Sociological Review，24（1）：117.

Letiche J M. 1960. Adam smith and david ricardo on economic growth. The Punjab University Economist，1（2）：7-35.

Lucas R E. 1988. On the mechanics of economic development. Journal of Monetary Economics，22（1）：3-42.

Lucas R E. 1990. Supply-side economics：an analytical review. Oxford Economic Papers，42（2）：293-316.

Lustig N. 2017. Fiscal policy，income redistribution and poverty reduction in low and middle income countries. Commitment to Equity Working Paper.

Mankiw N G，Romer D，Weil D N. 1992. A contribution to the empirics of economic growth. The Quarterly Journal of Economics，107（2）：407-437.

Martin P，Ottaviano G I P. 2001. Growth and agglomeration. International Economic Review，42（4）：947-968.

Martinez-Vazquez J，McNab R M. 2003. Fiscal decentralization and economic growth. World Development，31（9）：1597-1616.

Maskin E S. 1983. The theory of implementation in Nash equilibrium：a survey. Working Papers.

Massey D. 1979. In what sense a regional problem? Regional Studies the Journal of the Regional Studies Association，13（2）：233-243.

Mathiesen B V，Lund H，Karlsson K. 2011. 100% Renewable energy systems，climate mitigation and economic growth. Applied Energy，88（2）：488-501.

Matutinovic I，Salthe S N，Ulanowicz R E. 2016. The mature stage of capitalist development：models，signs and policy implications. Structural Change and Economic Dynamics，39：17-30.

Maxwell I E. 2009. Innovation and Economic Growth. Boston：Springer.

Maxwell I E. 2011. Innovation and economic growth. Monthly Labor Review，21：55-56.

McGuire M C. 1973. Notes on grants-in-aid and economic interactions among governments. Canadian Journal of Economics，6（2）：207-220.

McGuire M C. 1974. Group segregation and optimal jurisdiction. Journal of Political Economy，82（1）：112-132.

McKean R N. 1965. The unseen hand in government. The American Economic Review，5（3）：496-506.

Mcnall S G，Inkeles A，Smith D H. 2010. Becoming modern：individual change in six developing countries. Ethos，3（2）：323-342.

Mezzetti C. 1997. Common agency with horizontally differentiated principals. The Rand Journal of Economics，28（2）：323-345.

Minoiu C，Reddy S G . 2010. Development aid and economic growth：a positive long-run relation. Quarterly Review of Economics and Finance，50（1）：27-39.

Mona K. 2008. Regional business cycle and real estate cycle analysis and the role of federal governments in regional stability. Dissertations & Theses-Gradworks.

Mughal M Y，Ahmed J. 2014. Remittances and business cycles：comparison of South Asian countries. International Economic Journal，28（4）：513-541.

Musgrave R A. 1969. Theories of fiscal federalism. Public Finance，24（4）：521-536.

Myerson R B. 1981. Optimal auction design. Discussion Papers，6（1）：58-73.

Newell R G，Raimi D. 2018. The fiscal impacts of increased U. S. oil and gas development on local governments. Energy Policy，117：14-24.

None. 1979. Economic development//Charles P. Kindleberger and Bruce Herrick. 3rd ed. （New York：McGraw-Hill）. Journal of Development Economics，6（4）：591，592.

North D C. 1992. Institutions，ideology，and economic performance. Cato Journal，11（3）：477-496.

North D C. 1993. Economic performance through time，Nobel Prize lecture，9 December. https://www.nobelprize.org/prizes/economic-sciences/1993/north/lecture/.

North D C，Books N. 1982. Structure and change in economic history. Journal of Economic History，56（2）：299-301.

Nurkse R. 1963. Equilibrium and growth in the world economy. Journal of Political Economy，44（4）：503.

Oakley K，Ward J. 2018. The art of the good life：culture and sustainable prosperity. Cultural Trends，27（1）：4-17.

Oates W E. 1972. Fiscal Federalism. New York：Harcourt Brace Jovanovic.

Oates W E. 1999. An essay on fiscal federalism. Journal of Economic Literature，37（3）：1120-1149.

Ohlin B. 1967. Interregional and International Trade. Cambridge：Harvard University Press.

Oosterhaven J，Piek G，Stelder D. 1986. Theory and practice of updating regional versus interregional interindustry tables. Papers in Regional Science，59（1）：57-72.

Ostapenko N. 2016. National culture，institutions and economic growth. Journal of Entrepreneurship & Public Policy，4（3）：331-351.

Ostrom E. 1987. The Future of Democracy. New York：Telos Press.

Oudiz G，Sachs J. 1984. Macroeconomic policy coordination among the industrial economies. Brookings Papers on Economic Activity，（1）：1-65.

Paudel R. 2014. Trade liberalisation and economic growth in developing countries: does stage of development matter? Crawford School Research Papers.

Pecchi L, Pigas G. 2008. Revisiting Keynes. Cambridge: MIT Press.

Perroux F. 1955. Note sur la notion de pole de croissance. Economic Appliqee, (1/2): 307-320.

Piontek F, Kalkuhl M, Kriegler E, et al. 2019. Economic growth effects of alternative climate change impact channels in economic modeling. Environmental and Resource Economics, 73 (4): 1357-1385.

Porter M E. 1990. The Competitive Advantage of Nations. New York: The Free Press.

Puscasu V. 2018. Cultural Landscape and Creative Practices-Some Useful Notes for Regional Context. Social Science Electronic Publishing.

Qian Y Y, Roland G. 1998. Fedralism and the soft budget constrain. American Economic Review, 88 (5): 1143-1162.

Roh J W, Kim H. 2018. The effects of Paris agreements on Korean economy and trade analyzed by the computational general equilibrium method considering firm's heterogeneity. Journal of Korea Trade, 22 (3): 280-305.

Romer P M. 1989. Endogenous technological change. Nber Working Papers, 98 (5): 71-102.

Romer P M. 1990. Endogenous technological change. The Journal of Political Economy, 98 (5): 71-102.

Ronald C. 1972. Durability and monopoly. Journal of Law and Economics, 15 (1): 143-149.

Rosen H S, Gayer T. 2009. Public Finance. 9th ed. New York: McGraw-Hill Education.

Rosenstein-Rodan P. 1943. Problems of industrialization of Eastern and South-Eastern Europe. Economic Journal, 53 (210/211): 202-211.

Roson R, van der Mensbrugghe D. 2012. Climate change and economic growth: impacts and interactions.Inderscience Enterprises Ltd, 4 (3): 270-285.

Rostow W W. 1971. Politics and the Stages of Growth. Cambridge: Cambridge University Press.

Sabaruddin S S. 2014. The Impact of indonesia-China trade liberalisation on the welfare of Indonesian society and on export competitiveness. Bulletin of Indonesian Economic Studies, 50 (2): 292-293.

Sachs J. 2008. The end of poverty: economic possibilities for our time. European Journal of Dental Education, 12: 17-21.

Samuelson P A. 1983. Thunen at two hundred. Journal of Economic Literature, 21 (4): 1468-1488.

Semmler W, Greiner A. 2000. Endogenous growth, government debt and budgetary regimes. Journal of Macroeconomics, 22 (3): 363-384.

Sheppard E. 1991. The evolution of regional economies：entrepreneurship and regional change by Luis Suarez-Villa. Economic Geography，67（2）：169-172.

Shilpi F，Fafchamps M. 2016. The spatial division of labor in Nepal. Economics，39（6）：23-66.

Shleifer A. 1985. A theory of yardstick competition. The Rand Journal of Economics，16（3）：319-327.

Siguret V，Gouin-Thibault I，Gaussem P，et al. 2013. The impact of fiscal policy on the regional economy：evidence from South Sulawesi，Indonesia. Journal of Applied Sciences Research，273（3）：644-650.

Smith A. 1976. An Inquiry into the Nature and Causes of the Wealth of Nations，1776. Reprinted. by Edwin Cannan，405. Chicago，IL：The University of Chicago Press.

Solow R M. 1980. On theories of unemployment. American Economic Review，70（1）：1-11.

Soroka S N，Wlezien C. 2005. Opinion-policy dynamics：public preferences and public expenditure in the United Kingdom. British Journal of Political Science，35（4）：665-689.

Soskice D，Hope D，Iverson T. 2016. The Eurozone and political economic institutions. Annual Review of Polilical Science，（19）：163-185.

Sotarauta M，Suvinen N. 2018. Institutional agency and path creation. Regional Studies Association Conference.

Soumonni O. 2014. Schumpeterian analysis of economic catch-up：knowledge，path-creation，and the middle-income trap. African Journal of Science，Technology，Innovation and Development，6（2）：159-161.

Spolaore E. 2014. Culture and economic growth. Enrico Spolaore，（11/12）：1378-1399.

Stuetzer M，Audretsch D B，Obschonka M，et al. 2018. Entrepreneurship culture，knowledge spillovers and the growth of regions. Regional Studies，52（5）：608-618.

Suarez-Villa L. 1989. The Evolution of Regional Economies：Entrepreneurship and Macroeconomic Change. New York：Praeger.

Tanzi V，Schuknecht L. 2000. Public Spending in the 20th Century：A Global Perspective. Cambridge：Cambridge University Press.

Thompson M. 2018. Social capital，innovation and economic growth. Journal of Behavioral & Experimental Economics，73：46-52.

Tiebout C M. 1956. A pure theory of local expenditures. Journal of Political Economy，（64）：416-424.

Townsend A R，Taylor C C. 1975. Regional culture and identity in industrialized societies：the case of North-East England. Regional Studies，9（4）：379-393.

Tsiapa M，Kallioras D，Tzeremes N G. 2018. The role of path-dependence in the resilience of EU regions. European Planning Studies，26（1）：1-22.

Turner V. 1973. The center out there：Pilgrim's goal. History of Religions，12（3）：191-230.

Turnovsky S J. 2007. Growth，income inequality，and fiscal policy：what are the relevant trade-offs? Journal of Money，Credit and Banking，39（2/3）：369-394.

Uchida N，Eshel N，Watabeuchida M. 2013. Division of labor for division：inhibitory interneurons with different spatial landscapes in the olfactory system. Neuron，80（5）：1106-1109.

Vaizey J，Schultz T W. 1972. Investment in human capital. The Economic Journal，82（326）：787-788.

Vargas H，González A，Lozano I. 2012. Macroeconomic effects of structural fiscal policy changes in Colombia. Borradores De Economia，（7）：76-87.

Vining R. 1945. Regional variation in cyclical fluetuations viewed as a frequency distribution. Eeonometriea，（3）：182-213.

von Thunen J H. 1826. Der Isolierte staat in Beziehung Auf landtschaft Und Nationaloknomie. Oxford：Pergammon Press.

Wessel T. 2005. Industrial shift，skill mismatch and income inequality：a decomposition analysis of changing distributions in the oslo region. Urban Studies，42（9）：1549-1568.

World Bank. 2007. From social funds to local governance and social inclusion programs. World Bank Other Operational Studies，107（D5）：ACH 2-1-ACH 2-14.

Xie D，Zou H F，Davoodi H. 1999. Fiscal decentralization and economic growth in the United States. Cema Working Papers，45（2）：228-239.

Yang K L，Tobin M J. 1991. A prospective study of indexes predicting the outcome of trials of weaning from mechanical ventilation. The New England Journal of Medicine，324（21）：1445-1450.

Yang Y，Greaney T M. 2016. Economic growth and income inequality in the Asia-Pacific region：a comparative study of China，Japan，South Korea，and the United States. Journal of Asian Economics，48：6-22.

Youngson R B A J . 1967. An inquiry into the principles of political economyby James Steuart// Skinner A S. Selected Economic Writings by James Mill. The Scottish Historical Review，46（142）：170-171.

Zhuravskaya E V. 2000. Incentives to provide local public goods：fiscal federalism，russian style. Journal of Public Economics，（76）：337.